本书出版受到国务院扶贫办"习近平总书记关于扶贫工作的重要论述学习研究成果征集项目"经费资助

脱贫攻坚丛书

POVERTY ALLEVIATION SERIES

新时代脱贫攻坚前沿问题研究

黄承伟　燕连福／主编

人民出版社

目 录 CONTENTS

序　言

　　习近平指出："反贫困是古今中外治国理政的一件大事。消除贫困、改善民生、逐步实现共同富裕，是社会主义的本质要求，是我们党的重要使命。"①党的十八大以来，习近平将脱贫攻坚摆到治国理政的重要位置，从全面建成小康社会、实现中华民族伟大复兴的战略高度，提出了一系列新思想新观点，作出了一系列新决策新部署，形成了思想深邃、内涵丰富、逻辑严密的关于扶贫工作的重要论述，为中国特色减贫事业的发展提供了根本遵循，揭开了人类反贫困的历史新篇章。

　　2020年是全面打赢脱贫攻坚战的收官之年，为深入学习贯彻习近平关于扶贫工作的重要论述，总结相关研究的最新理论和实践成果，在国务院扶贫办中国扶贫发展中心、全国扶贫宣传教育中心的指导下，西安交通大学马克思主义学院面向全国征集各类作品1643种，先后邀请资深专家进行三轮评选，共产生98种优秀作品。本书以理论阐释、实践探索和案例研究为立足点，从优秀作品中选取了具有代表性的30种汇编成册，旨在从不同维度宣传和阐释习近平关于扶贫

---

① 《习近平关于全面建成小康社会论述摘编》，中央文献出版社2016年版，第155页。

工作重要论述的深邃思想，呈现习近平关于扶贫工作重要论述的鲜明品格。

本书具有以下突出特点：

一是注重理论与实践相结合。紧紧围绕着习近平关于扶贫工作的重要论述展开，针对当前脱贫攻坚领域的重点难点问题，立足于基础理论为具体实践提供方法论指导，从理论与实践相结合的维度进行了深入剖析，具有重要的理论意义和现实价值。

二是注重历史与现实相结合。对于习近平关于扶贫工作的重要论述的解读是多维的，不仅立足于中国共产党领导中国特色减贫事业的一脉相承，也突出了新时代脱贫攻坚战略的鲜明特色，更着力于打赢脱贫攻坚战面临的重大现实问题，从历史与现实相结合的维度对当前的重点难点问题作出了回答。

三是注重整体与局部相结合。突出习近平关于扶贫工作重要论述的整体战略性和局部求实性，以中国典型贫困地区的脱贫现状、中国脱贫攻坚的全面发展，以及与世界上其他国家反贫困事业的合作共赢为研究视角，从整体与局部相结合的维度阐释了在习近平关于扶贫工作重要论述指导下中国特色减贫事业的历史性成就。

以习近平同志为核心的党中央始终坚持以人民为中心的发展思想，将人民对于美好生活的向往作为奋斗目标，推动中国减贫事业取得了历史性成就，对加速世界减贫进程作出了重大贡献，向全世界证明了中国共产党领导和中国特色社会主义制度的优越性。本书对习近平关于扶贫工作重要论述的理论诠释和实践解读，对于对内做好思想引领和经验总结，对外讲好中国脱贫故事，为全球减贫事业贡献中国智慧和方案提供了丰富素材。

黄承伟

2020 年 9 月 27 日

第一部分
理 论 篇

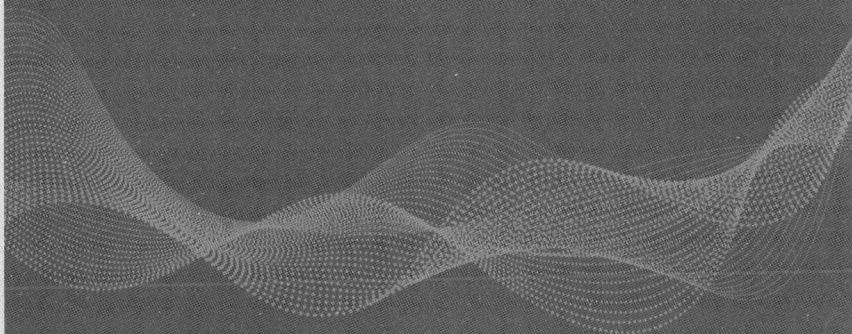

论新时代扶贫攻坚战略

雷　明[①]

习近平新时代中国特色社会主义思想，深刻回答了当前我国面临的重大时代课题，是马克思主义中国化的最新理论成果，是中国特色社会主义理论体系的重要组成部分。作为习近平新时代中国特色社会主义思想中重要组成部分，新时代扶贫攻坚战略的核心就是以人民为中心思想下的精准扶贫，而作为精准扶贫核心的创新、协调、绿色、开放、共享这五大基本点，则又是相互贯通、相互促进的有机整体，统一于"四个全面"战略布局和"五位一体"总体布局中，统一于"六个精准""六个到村到户""五个一批""十项行动"精准扶贫内涵中。

一、一个核心

新时代扶贫攻坚战略中的一个核心就是以人民为中心思想下的精

[①]　雷明，北京大学贫困地区发展研究院院长，北京大学光华管理学院二级教授、博士生导师，英国爱丁堡大学荣誉教授，国务院扶贫领导小组专家咨询委员会委员。

准扶贫。精准扶贫中的精准包含了三个层面上的内涵。

一是准，即对象要准，方法、工具要准，实践中的建档立卡要精准识别。扶贫必须精准识别工作的对象，真正弄清楚扶持谁，让谁脱贫，既要把现有的贫困家庭确定出来，又要把已经脱贫的家庭退出去，把返贫的家庭纳为帮扶对象。这是精准扶贫和脱贫的基础性工作。只有精准识别了扶贫对象，才可能确保扶贫资金、扶贫资源和扶贫力量精准配置到户到人。

二是精，即专精，到位，职业化，看菜吃饭，对症下药，精准施策。政策措施、工作方法，人员、项目、资金不仅要准确到位，而且要切实有效、精益求精。这里精准又包括了思想精准、体制精准、机制精准、组织精准、方式精准、方法精准。

三是可持续，包括扶贫方式的可持续性和扶贫效果的可持续性，扶贫方式的可持续性是扶贫效果可持续性的根本保障，而扶贫效果的可持续性又是扶贫方式可持续性的最终目的。扶贫方式的精准性实现，是在实现扶贫效果可持续性的基础和背景下才能呈现的。精准扶贫效果的可持续性具体体现在两个方面：其一是脱贫的可持续性，主要就是收入的稳定增加，生活的持续性改善，持续的收入来源，持续的就业岗位，或者持续的转移支付，此所谓两不愁；其二是不返贫的可持续性，打造不返贫的空间，不给返贫留机会（主要可能在生态、教育、医疗卫生、自然灾害四大方面出现），建立健全教育、卫生、医疗、防灾、救助、保险等基本保障体系，此所谓三保障。

精准扶贫看似一句工作层面的提法，背后却有着深刻的思想内涵和历史渊源，这是和中国共产党人的价值观和终极奋斗目标——解放天下劳苦大众一脉相承，是和建设中国特色社会主义奋斗目标一脉相承，是和中华文明价值诉求一脉相承、一以贯之的，是中国共产党人自觉践行共产主义价值观的充分体现。

习近平关于精准扶贫、精准脱贫方面的论述，是习近平新时代中国特色社会主义思想中扶贫攻坚战略的核心部分，是马克思主义中国化的重大理论发展成果，是中国特色社会主义道路的重大实践，也是中国共产党兑现在建党时就提出来的带领全中国人民脱贫攻坚奔小康、实现伟大复兴中国梦的庄严承诺，是马克思主义理论自信和社会主义道路自信的现实体现。

二、五个基本点

习近平在党的十九大报告中强调："坚持新发展理念。发展是解决我国一切问题的基础和关键，发展必须是科学发展，必须坚定不移贯彻创新、协调、绿色、开放、共享的发展理念。"[①] 对扶贫攻坚来说，创新、协调、绿色、开放、共享同样构成了新时代扶贫攻坚战略的五个基本点。

（一）创新

创新，就是要更换"发动机"，注重解决培育扶贫新动力问题。这不仅包括思想上的创新，还包括体制、机制、方式、方法上的创新，更有组织保障上的创新。随着扶贫攻坚进入决胜的关键时期，可持续减贫对"发动机"的要求愈来愈高，要把扶贫动力主要依靠资金、资源要素投入转向创新驱动，把创新作为引领扶贫的第一动力，

---

① 《习近平谈治国理政》第三卷，外文出版社 2020 年版，第 17 页。

摆在脱贫攻坚全局的核心位置，加快形成有利于创新的体制架构，塑造更多依靠创新驱动、更多发挥先发优势的引领型扶贫；要紧紧抓住产业、就业、科技、市场创新这个"牛鼻子"，推动大众创新、万众创业，激发创业创新活力，拓展扶贫新空间，培育扶贫新动力，加快实现扶贫动力转换。

按照精准扶贫、精准脱贫思想，就是要创新思想，创新体制机制，创新扶贫方式和方法，创新组织保障。组织动员并整合扶贫资金，把专项扶贫资金、相关涉农资金和社会帮扶资金捆绑集中使用，推动扶贫攻坚项目与贫困地区区域发展整体战略相衔接，使扶贫攻坚与贫困地区基础设施建设、新型城镇化、特色产业发展、乡村振兴融合起来，既作用于贫困地区，更要作用于贫困家庭和贫困人口，这样才能提高扶贫资金使用效果。组织动员并整合人才和人力资源，集中用于贫困地区贫困人口的脱贫，在贫困乡建立扶贫工作站，在贫困村选派好第一书记、建设好驻村工作队，配合村两委落实帮扶措施和帮扶责任，保证贫困户有人帮、有人扶。

围绕精准扶贫方略，我国精准扶贫工作中创新性地提出了"六个到村到户"（即结对帮扶干部到村到户、产业发展扶持到村到户、教育培训安排到村到户、农村危房改造到村到户、扶贫生态移民到村到户、基础设施建设到村到户），"五个一批"（通过发展生产脱贫一批、易地搬迁脱贫一批、生态补偿脱贫一批、发展教育脱贫一批、社会保障兜底一批）和"十项行动"（即基础设施建设扶贫行动、产业和就业扶贫行动、扶贫生态移民行动、教育扶贫行动、医疗健康扶贫行动、财政金融扶贫行动、社会保障兜底扶贫行动、社会力量包干扶贫行动、特困地区特困群体扶贫行动、党建扶贫行动十项扶贫攻坚行动计划）等一系列措施和手段。

（二）协调

协调，就是要正确处理扶贫中的重大关系问题，切实强化短板意识，坚持精准扶贫与农村社区建设协调推进、与区域发展协调推进、与城乡一体化协调推进，在协调扶贫中拓展扶贫空间，在加强薄弱领域中平衡扶贫结构，在全面建成小康社会中紧紧扭住短板，全力做好补齐短板这篇大文章。

首先就是要解决扶贫与发展阶段、发展环境的协调问题。习近平强调，扶贫要实事求是，不要定好高骛远的目标，切忌喊口号。按照他后来的阐述，全面建成小康社会让贫困人口如期脱贫，是指农村几千万人口的生活水平要提高到贫困标准线以上。

其次就是要实现四大资本的和谐和协调。按照世界银行的界定，人类社会的发展是通过四类资本支撑的：第一是物质资本，包括厂房机器、现金、人造资本；第二是自然资本；第三是人力资本；第四是社会资本。要实现社会的可持续发展，这四大类资本必须有机地协调。从生产力和生产关系来看，既要强调先进的生产力，同时也要强调先进的生产关系。

对扶贫攻坚以及贫困地区发展来说，要实现四大资本的协调，最终实现可持续减贫和贫困地区的可持续发展，就需要在五个方面做好协调。

一是战略的协调。在推进扶贫工作、推进贫困地区发展过程中，必须要考虑具体的发展阶段，根据不同的具体发展阶段，实施不同的战略。比如，在贫困地区初级发展阶段，实施导入性战略，这个阶段我们强调的是增加物质财富，提高人们生存的需要，使人们能够很好地生活下去。

二是产业的协调。市场经济中产业扶贫是解决可持续减贫的一个有效途径。为了实现可持续减贫和贫困地区可持续发展，什么样的产业业态、产业融合更合适，这一定要考虑当地的实际情况特别是市场情况和贫困对象的实际情况，考虑产业间、产业内部、产业与市场、产业与劳动者（主要为广大贫困群体）、产业与环境间的协调，必须要经过实地的调查研究和反复不断地摸索，寻求最佳的结构。

三是素质的协调。人的素质的提高，不是仅仅关注领导干部素质，民众特别是广大贫困群体素质的提高尤为关键，这包括观念的转变。只有干部素质提高与民众素质提高保持协调，才能够真正维持扶贫效果的持续性。

四是体制与机制的协调。体制的设计和安排是一项长期的工作，但是机制的调整往往可以在短期内完成，可以先从政策调整到机制调整入手，实现体制的合理化，最终实现可持续减贫和区域持续和谐的发展。

五是政策的协调。从实现可持续减贫和区域持续和谐的发展方面来看，我们最终需要的是一个协调的政策体系，而不仅仅是一个或几个单一的倾斜政策。

（三）绿色

扶贫是解决当代人的公平性问题，即解决代内公平问题，可持续发展是解决这代人和下一代人或下几代人间的公平问题，即解决代际公平问题。绿色扶贫，则是将这两个看似矛盾冲突的公平问题统一在一起一并解决，既解决代内公平又同时实现代际公平。新时代扶贫攻坚战略的绿色基本点，就是坚持"绿水青山就是金山银山"的理念，注重处理好人与自然和谐共生的问题，实现具有可持续效果的绿色扶贫。

绿水青山就是金山银山系列表述，其实质就是减贫富民强国、构筑美丽中国梦的一种形象化表达，是社会主义生态文明观的一种形象化表达，也是当下治国理政核心理念的一种形象化表达，它所强调的是通过大力推进社会主义生态文明建设，在逐渐解决目前所面临的严峻生态环境难题的同时，找到一条通向中国特色社会主义的人与自然、社会与自然关系和谐，实现减贫富民强国、美丽中国伟大梦想的新型现实道路。

可以说，在当今世界推动和践行可持续发展战略大潮中，在构建生态文明实现绿色发展的框架下制定绿色减贫战略，是突破现实扶贫减贫瓶颈，实现广大贫困地区和贫困群体可持续性脱贫、走上可持续发展之路的关键。

一方面，暂时缓解收入上的贫困并不能称为真正意义上的减贫，必须关注人类的长期发展问题，以防止贫困人口脱贫后重新返贫，同时尽量减小非贫困人口陷入贫困的风险；另一方面，消除贫困的目标不是孤立的，而应当有机融合于我国社会经济发展的总体目标之中，与保护资源和生态环境、促进社会稳定发展、加速经济增长等目标紧密联系，形成一种相互促进的良性循环机制，这样才有助于每个目标的最终实现。

"绿水青山就是金山银山"的两山理论的根本要义正在于此，在于守住两条底线，在于树立底线思维。因此可以说，减贫发展和生态保护是须臾不能松劲的两件大事，目前减贫发展工作中正确处理好减贫发展和生态保护的关系至关重要。

（四）开放

扶贫攻坚作为大系统工程必须开放思想，以更加开放的姿态广结朋友，积极动员全社会加入扶贫攻坚事业中，并辅之以强有力的组织保障，此所谓流水不腐，户枢不蠹。

开放，就是要在"引进来""走出去"上双向发力，注重解决好扶贫的内外联动问题。作为这种开放性的具体分解和支撑，开放式扶贫则体现为以社会参与为基础的反贫困行动新战略，具体即反贫困工作领域与工作目标开放、反贫困行动模式开放、反贫困参与机制开放三个方面。

开放式扶贫就是以开放为中心，通过调动政府、市场和社会多方的力量，构建一个扶贫主体开放、扶贫领域开放、扶贫资源开放、扶贫方式开放的全方位开放式扶贫治理结构，探索开放式扶贫的多元模式。在目前脱贫攻坚关键阶段，需要在政府、市场与社会的大扶贫开发框架下，完善激励多元主体参与的体制机制，化解开放式扶贫的资源困境，建立科学严谨的监控手段，开展因地制宜的扶贫实践，才能发挥出开放式扶贫的社会效能，助力贫困人口脱贫并同步小康。

开放式扶贫是减贫的重要理念，是开放和扶贫的辩证统一。在贫困地区发展道路上，开放和扶贫彼此融合，相互依存，相互促进，缺一不可。开放能促进扶贫攻坚的硬环境和软环境改善，促进扶贫攻坚的机制创新，促进扶贫社会治理结构完善。实践证明，开放是加快地方经济发展、完善社会治理、提高科教文卫水平的活力源泉，由此改善贫困区域物质文化生活、促进社会就业、提升区域福利，同时为扶贫机制创新提供基础。开放和扶贫的辩证统一，是扶贫模式创新、提高扶贫效果、实现反贫困可持续发展的重大原则。实现开放式扶贫，将更有效地增进社会活力、促进社区发展、增强社会稳定，为贫困地区形成更具开放性的经济、社会发展环境提供支持。

（五）共享

习近平在党的十九大报告中指出："全面建成小康社会，一个也不能少；共同富裕路上，一个也不能掉队。"①"小康不小康，关键看老乡"，不让一个群众掉队，其本质就是共享思想的充分体现。

共享，就是要把"蛋糕"分配好，注重解决好社会公平正义问题。让广大人民群众共享改革扶贫成果，是我们党坚持全心全意为人民服务根本宗旨的重要体现。改革开放以来，我国经济扶贫的"蛋糕"不断做大，但分配不公问题还比较突出，收入差距、城乡区域公共服务水平差距较大。为此，必须坚持扶贫为了人民、扶贫依靠人民、扶贫成果由人民共享，从解决人民群众最关心最直接最现实的公平正义问题入手，作出更有效的制度安排，增加公共服务供给，提高公共服务共建能力和共享水平；实施精准扶贫、精准脱贫；健全再分配调节机制，明显增加低收入劳动者的收入，扩大中等收入者比重，形成两头小、中间大的橄榄型收入分配格局；坚守底线、突出重点、完善制度、引导预期、注重机会公平，保障基本民生，形成人人共享扶贫成果的良性生态链。

共同富裕是中国特色社会主义的本质规定，是中国特色社会主义理论的重要组成部分。过去，社会主义理论认识到共同富裕需要发展公有制经济，后来这一理论突破了"又大又公"的认识局限，鼓励发展多种所有制经济，先富带后富再共同富裕，从而在理论上实现了马克思主义中国化的发展。实现共同富裕，除了让有能力有条件发展经济的所有人能够脱贫致富，也不能让没有能力条件或者暂时没有能力条件发展的人被忽略，这就需要对每个困难人口开展参与式扶贫，这是精准扶贫、精准脱贫，实现共同富裕思想的核心所在。

---

① 《习近平谈治国理政》第三卷，外文出版社 2020 年版，第 66 页。

三、总结

习近平在党的十九大报告中指出："坚决打赢脱贫攻坚战。让贫困人口和贫困地区同全国一道进入全面小康社会是我们党的庄严承诺。要动员全党全国全社会力量，坚持精准扶贫、精准脱贫，坚持中央统筹省负总责市县抓落实的工作机制，强化党政一把手负总责的责任制，坚持大扶贫格局，注重扶贫同扶志、扶智相结合，深入实施东西部扶贫协作，重点攻克深度贫困地区脱贫任务，确保到二〇二〇年我国现行标准下农村贫困人口实现脱贫，贫困县全部摘帽，解决区域性整体贫困，做到脱真贫、真脱贫。"①

在扶贫攻坚工作进入啃硬骨头、攻坚拔寨冲刺期的关键阶段，必须以习近平新时代中国特色社会主义思想中扶贫攻坚战略为指导，以新发展理念为指引，围绕精准扶贫这一核心，紧紧抓住创新、协调、绿色、开放、共享这五个基本点，坚持创新发展和创新式扶贫、坚持协调发展和协调式扶贫、坚持绿色发展和生态扶贫、坚持开放发展和开放式扶贫、坚持共享发展和共享式扶贫，扎实推进扶贫攻坚工作任务目标的最终实现。大胆改革创新，践行"两山理论"，努力走出一条精准脱贫可复制、可推广、可持续的中国特色扶贫攻坚的新路。

（本文原载于《南京农业大学学报（社会科学版）》2018 年第 1 期）

---

① 《习近平谈治国理政》第三卷，外文出版社 2020 年版，第 37 页。

学习领会习近平关于扶贫工作
重要论述的逻辑内涵与时代价值

邓　红　尚娜娜①

习近平关于扶贫工作的重要论述是习近平新时代中国特色社会主义思想的重要组成部分。马克思主义反贫困理论、习近平基层工作实践、国际国内环境变迁带来的全新挑战构成了习近平开展扶贫脱贫工作的理论之基、历史之源和时代之势。习近平关于扶贫工作的重要论述具有丰富的理论内涵，具体表现为："有的放矢"的扶贫脱贫格局、"科学高效"的扶贫脱贫策略、"授人以渔"的扶贫脱贫方法、"合作共赢"的扶贫脱贫实践。这些理论内涵逻辑地构成了具有坚持世界性和民族性相统一、物质扶持和精神关照相并存、当前发展与未来进步相结合等鲜明特点的科学思想体系。它构成了深入推进中国特色社会主义扶贫脱贫工作的实践指南，并为解决世界性贫困问题贡献了中国智慧和中国方案。

---

①　邓红，南开大学马克思主义学院教授、博士生导师；尚娜娜，南开大学马克思主义学院研究生。

一、习近平关于扶贫工作重要论述产生的基本依据

马克思主义反贫困理论是习近平关于扶贫工作重要论述产生的理论之基，长期的基层工作实践是习近平关于扶贫工作重要论述产生的历史之源，新时代国际国内环境变迁带来的全新挑战是习近平关于扶贫工作重要论述产生的时代之势。

（一）理论之基：马克思主义反贫困理论

扶贫脱贫问题是马克思主义反贫困理论关注的基本问题。虽然马克思在其著作中并未明确提出"扶贫脱贫"这一概念，但是他认为，无产阶级获得解放的前提首先是物质解放，其次才是思想解放，进而能够实现人的全面而自由的发展。马克思、恩格斯在其合著的《德意志意识形态》一文中明确指出："当人们还不能使自己的吃喝住穿在质和量方面得到充分保证的时候，人们就根本不能获得解放。"[①]无产阶级要赢得解放，首先要有物质的充分保证和供给，没有这个条件，无产阶级很难进一步取得革命胜利。关于无产阶级摆脱贫困、获得解放的途径，马克思在其著作中提出两个核心要义：第一，废除私有制，大力发展生产力。"由社会全体成员组成的共同联合体来共同地和有计划地利用生产力；把生产发展到能够满足所有人的需要的规模……使社会全体成员的才能得到全面发展，——这就是废除私有制

[①] 《马克思恩格斯选集》第 1 卷，人民出版社 2012 年版，第 154 页。

的主要结果。"① 第二，全世界无产阶级的联合行动。"各文明国家的联合的行动，是无产阶级获得解放的首要条件之一。"② 党的十八大以来，以习近平同志为核心的党中央坚持继承和发扬马克思主义关于无产阶级摆脱贫困、获得解放的思想，在解决贫困问题的途径上，倡导通过大力发展生产力从根源上消除贫困。习近平指出："我们坚持开发式扶贫方针，把发展作为解决贫困的根本途径"③；在解决贫困问题的方式上，主张各国摒弃地域、民族和国界限制，倡议各文明国家联合行动，共同为世界减贫事业保驾护航。

（二）历史之源：长期的基层工作实践

习近平在长期的基层工作实践中，关于"为什么扶贫、如何扶贫、怎样扶贫"作出了深邃的思考，形成了丰富而宝贵的实践经验，这些基层工作实践构成了新时代习近平关于扶贫工作重要论述的历史之源。1969 年习近平到了陕北，一待就是七年，这七年的知青岁月给习近平治国理政奠定了良好的实践基础。习近平说："那时，中国农村的贫困状况给我留下了刻骨铭心的记忆。我当时和村民们辛苦劳作，目的就是要让生活能够好一些，但这在当年几乎比登天还难。40 多年来，我先后在中国县、市、省、中央工作，扶贫始终是我工作的一个重要内容，我花的精力最多。"④ 亲历了陕北农民困苦的生活环境，这是习近平重视扶贫脱贫问题的一个重要开端，也是

---

① 《马克思恩格斯选集》第 1 卷，人民出版社 2012 年版，第 308—309 页。

② 《马克思恩格斯选集》第 1 卷，人民出版社 2012 年版，第 419 页。

③ 习近平：《携手消除贫困　促进共同发展——在 2015 减贫与发展高层论坛的主旨演讲》，《人民日报》2015 年 10 月 17 日。

④ 习近平：《携手消除贫困　促进共同发展——在 2015 减贫与发展高层论坛的主旨演讲》，《人民日报》2015 年 10 月 17 日。

习近平在以后的工作中致力于扶贫脱贫工作的重要原因之一。此后，习近平先后在中国的县、市、省以及中央等各个层级的工作岗位上历练，他始终将扶贫脱贫工作放在首位，不断拓展扶贫脱贫事业的空间，完善扶贫脱贫事业的治理体系，提高扶贫脱贫事业的机制效率。关于如何实现贫困人口脱贫，习近平多次对扶贫脱贫问题作出重要论述，强调将关注点聚焦于最贫困地区。习近平提出："全面建成小康社会，最艰巨最繁重的任务在农村、特别是在贫困地区。没有农村的小康，特别是没有贫困地区的小康，就没有全面建成小康社会。"[1] 在现阶段实施扶贫脱贫工作中，习近平始终把扶贫脱贫的重点放在农村和边远山区，避免以往"一刀切"模式的弊端，而采取有目的、有针对性的扶贫脱贫措施。关于怎么实现贫困人口脱贫，习近平指出要把扶贫与扶智、扶志相结合。"我在福建宁德工作时就讲'弱鸟先飞'，就是说贫困地区、贫困群众首先要有'飞'的意识和'飞'的行动。"[2]

（三）时代之势：国际国内环境变迁带来的全新挑战

中国特色社会主义进入新时代，国际国内环境变迁带来了全新的挑战：南北贫富差距继续拉大，全球经济增长动能不足。2016 年《人类发展报告》指出，世界 1% 的地区占据了世界 46% 的财富。发达国家依仗先进的科学技术和生产手段，给第三世界国家造成了更多的区域动荡与贫富悬殊。新加坡国立大学东亚研究所所长郑永年指出："在物质生活如此丰富的 21 世纪，全球各地仍有许多人生活在贫困之

---

[1] 《习近平谈治国理政》第一卷，外文出版社 2018 年版，第 189 页。

[2] 《习近平谈治国理政》第二卷，外文出版社 2017 年版，第 90 页。

中。"①因此，帮助世界贫困人口摆脱贫困的任务任重而道远。从国内扶贫脱贫问题的解决状况来看，个别地区的扶贫脱贫工作也不容乐观。自 20 世纪 80 年代开始，中国政府致力于开展扶贫脱贫工作已经持续了 40 年。随着一部分人口脱贫，剩余的贫困人口往往集中于更加偏远、物质资源更加匮乏的地区，这也是当前扶贫脱贫工作攻坚克难的关键区。"截至 2017 年底，全国贫困人口还有约 3000 万人，其中相当一部分居住在艰苦边远地区，处于深度贫困状态，属于脱贫攻坚'最重的担子'、'最硬的骨头'。"②

二、习近平关于扶贫工作重要论述的理论内涵

习近平关于扶贫工作的重要论述是在中国特色社会主义进入新时代之后逐渐形成和发展起来的，它是马克思主义反贫困理论中国化的最新成果，是习近平长期基层工作实践的经验总结，是对新时代条件下如何全面应对国际国内环境变迁带来的全新挑战，使中国人民可以真正摆脱贫困而进行的理论思考，并为解决世界性贫困问题贡献了中国智慧和中国方案。总体来看，习近平关于扶贫工作的重要论述主要包括以下几个方面的内涵。

---

① 李应齐、韩晓明：《共谋发展，推动国际减贫合作——改革开放与中国扶贫国际论坛综述》，《人民日报》2018 年 11 月 2 日。

② 《习近平新时代中国特色社会主义思想三十讲》，学习出版社 2018 年版，第 230 页。

（一）"有的放矢"的扶贫脱贫格局

"有的放矢"的扶贫脱贫格局源于习近平提出的"精准扶贫脱贫"理念。2013年11月，习近平到湖南湘西考察时首次提出了"实事求是、因地制宜、分类指导、精准扶贫"的扶贫脱贫格局观。"有针对性、有目标性"是"有的放矢"的扶贫脱贫格局的本质属性。"有的放矢"的扶贫脱贫格局可以从两个方面来理解：从国内层面来看，"有的放矢"的扶贫脱贫观要求跳出传统"粗放"扶贫和扶贫模式"一刀切"的误区，而将扶贫资金、扶贫力度有针对性地放置于贫困区。自习近平提出精准扶贫脱贫理念以后，中央又以"六个精准"来进一步识别贫困地区和贫困人口的标准，制定了详细的扶贫规划和目标，采取因地制宜的有效措施进一步推动了扶贫脱贫问题的有效解决；从国际方位来说，为了践行"有的放矢"的扶贫脱贫格局，中国设立"南南合作援助基金"，倡议共建"一带一路"经济线，其目的是根据其他国家发展的实际需要，有针对性地开展经济合作、共商共建共享，有助于广大发展中国家解决扶贫脱贫问题。这既体现了我国现阶段"有的放矢"扶贫脱贫格局的本质要求，又进一步彰显了中国在全球减贫事业中的独特贡献。

（二）"科学高效"的扶贫脱贫策略

党的十八大以来，中国逐渐形成了具有中国特色的扶贫脱贫体系，反映了全面深化改革的目标性要求。在习近平"科学高效"的扶贫脱贫策略指导下，中国从两个层面对扶贫脱贫体系进行了改革。在组织层面，着力打造科学高效的扶贫脱贫体系。2014 年，国务院扶贫办等七部门联合印发《建立精准扶贫工作机制实施方案》，该方案要求各省（区、市）扶贫部门通过建档立卡，明确贫困村、贫困户的识别标准，将扶贫措施与扶贫开发建档立卡紧密衔接，提高扶贫工作的精准性和有效性，其目的是要打造科学高效的扶贫脱贫策略。在制度层面，中国进一步完善了扶贫脱贫治理制度。2015 年出台了《中共中央、国务院关于打赢脱贫攻坚战的决定》，为了进一步贯彻落实该文件精神，2017 年财政部印发了《中央财政专项扶贫资金管理办法》，要求专款专用，对扶贫资金的利用、监督等各个环节进行了制度化规范与约束，推进了中国实施扶贫脱贫策略的制度化水平。这是新时代中国共产党人领导中国人民摆脱贫困的战略性要求，形成了"科学高效"的扶贫脱贫策略。

（三）"授人以渔"的扶贫脱贫方法

提升扶贫脱贫的有效性问题既是习近平关于扶贫工作重要论述中的核心问题，也是国际社会减贫事业中一直关注的热点话题。西方国家经过半个世纪的努力，仍然没有办法实现有效减少贫困和促进发展，有些国家甚至试图建造围墙来阻挡来自贫困地区的移民，这种极端的"保护主义"措施无法从根本上解决世界性贫困问题。党的十八大以来，关于如何从根源上消除贫困，习近平进行了深邃而系统的思考，提出坚持"授人以鱼，更要授人以渔"[①]。

---

① 习近平：《永远做可靠朋友和真诚伙伴——在坦桑尼亚雷尔国际会议中心的演讲》，《人民日报》2013 年 3 月 26 日。

（四）"合作共赢"的扶贫脱贫实践

面对百年未有之大变局，包括中国在内的广大发展中国家几乎都面临着扶贫脱贫的繁重任务，加强"合作共赢"的扶贫脱贫实践显得尤为重要。习近平关于扶贫工作的重要论述，高度契合了时代的发展要求，提出了"合作共赢"的扶贫脱贫实践模式。

三、习近平关于扶贫工作重要论述的鲜明特色

党的十八大以来，习近平关于扶贫工作的重要论述既着眼于世界发展格局的总体趋势，又立足于中国的历史和现实，既坚持了对广大人民群众的物质扶持，又兼顾对广大人民群众的精神关照，既聚焦于当前发展局面，又注重未来发展趋势，具有鲜明的时代特色。

（一）坚持世界性和民族性相统一

坚持世界性和民族性相统一是习近平关于扶贫工作重要论述的一个重要特色，主要表现在两个方面：第一，通过积极发展本国经济跨越摆脱贫困的"障碍"。习近平反复强调，发展是甩掉贫困帽子的总办法，发展是解决贫困问题的根本途径，欠发达地区和发达地区一样，都努力转变发展方式，着力提高发展质量和效益，[①] 中国近几年解决扶

---

① 参见艾四林：《把发展作为解决贫困的根本途径》，《人民日报》2018 年 11 月 8 日。

贫脱贫问题取得成功的一个非常重要的经验，就是中国的减贫以扶贫开发为主要途径。第二，通过发展本国经济带动"一带一路"沿线国家经济发展，致力于广大发展中国家贫困人口减贫脱贫。中国积极倡导共建"一带一路"，带动沿线国家经济发展，将中国依托国际社会发展取得的巨大经济成效再次反馈给世界，推动世界减贫事业的进步。

（二）坚持物质扶持和精神扶持相并存

坚持物质扶持和精神扶持相并存是习近平关于扶贫工作重要论述的精髓。习近平关于扶贫工作的重要论述摒弃了单纯物质"帮扶"的局限，把对广大人民群众的精神扶持作为重要内容。发展是摆脱贫困的根本途径，新时代习近平关于扶贫工作的重要论述体现了坚持物质扶持与精神扶持相并存的鲜明特色。阿奇姆·施泰纳认为，中国采取了发展与减贫相并存的战略。中国一方面积极发展经济努力增加人民的平均收入，努力从整体经济发展层面使广大人民群众摆脱贫困；另一方面努力提高基础设施建设、公共服务的水平，健全社会保障制度，防止返贫，不断推动经济的可持续发展。在解决"怎么扶"的问题时，习近平所提出的"五个一批"工程，即"发展生产脱贫一批""异地搬迁脱贫一批""生态补偿脱贫一批""发展教育脱贫一批""社会保障兜底一批"，鲜明地体现出对贫困地区人口的物质扶持与精神扶持相统一的特色，这些扶贫脱贫措施都具有长期性的效应。

（三）坚持当前发展与未来进步相结合

习近平关于扶贫工作的重要论述是谋求长远规划格局、坚持当前发展与未来进步相结合的科学思想体系。其基本特点体现为在实施扶贫脱贫战略中，习近平注重将扶贫与扶智、扶志相结合。在致力于解决贫困地区贫困人口物质资源匮乏的基础上，习近平更加强调从提升就业机会、改善教育环境、培育基本技能等方面激发贫困群众的内在活力，这是谋求长远发展的一个重要策略。习近平提出，治贫先治愚，即将脱贫的重点思维聚焦于满足贫困地区下一代人力资本的开发上，特别是要注重山区贫困地区的新生代人力资本的开发，把贫困地区孩子培养出来，这才是全面摆脱贫困的根本之道。

四、习近平关于扶贫工作重要论述的时代价值

习近平关于扶贫工作的重要论述是习近平新时代中国特色社会主义思想的重要组成部分，它孕育于马克思主义扶贫开发理论基础之上，在新时代中国特色社会主义脱贫攻坚计划中不断提升实践智慧，亦为其他国家实施减贫计划提供了有效范式。

（一）马克思主义反贫困理论中国化的最新成果

关于贫困产生的根源以及摆脱贫困的途径，马克思及其后继者进行了不懈的探索。早在170多年前，马克思、恩格斯在《共产党宣言》中提出，"资产者彼此日益加剧的竞争以及由此引起的商业危机，使工人的工资越来越不稳定；机器的日益迅速的和继续不断的改良，使工人的整个生活地位越来越没有保障"[①]。这说明，资本主义社会

---

① 《马克思恩格斯选集》第 1 卷，人民出版社 2012 年版，第 409 页。

越发展，机器工业化程度越深，工人的生活就越不稳定，赤贫率就越高。推翻资产阶级的统治地位、建立无产阶级专政直至走向共产主义，是工人阶级摆脱贫困、获得全面自由发展的根本途径。党的十八大以来，习近平在充分吸收和借鉴马克思主义反贫困理论以及当代中国马克思主义经典作家扶贫开发思想的基础上，重新认识了扶贫脱贫问题在国家发展以及国际交往中的重要作用和地位，将解决扶贫脱贫问题提升到国家战略层面，在新的历史时期丰富和发展了马克思主义反贫困理论，形成了马克思主义反贫困理论中国化的最新成果。

（二）继续深入推进当前扶贫脱贫工作的实践指南

党的十八大以来，习近平审时度势，运筹帷幄，既立足于国际视角，又着眼于国内民生，提出精准扶贫脱贫战略，将对贫困人口的物质扶持与精神关照相结合，当前发展与未来发展相统一，形成了一个内涵丰富、逻辑严密的扶贫开发理论体系，这一思想高度符合当前中国国情，是新时期继续深入推进扶贫脱贫战略工程的理论和实践引领。习近平关于扶贫工作的重要论述，从一定意义上说，"是为我国贫困人口最后实现如期脱贫而'量身定做'，是当代中国脱贫攻坚的指导思想"[1]。

---

[1]　欧健、刘晓婉：《十八大以来习近平的扶贫思想研究》，《社会主义研究》2017年第 6 期。

（三）为其他国家扶贫开发事业贡献了中国智慧和中国方案

习近平关于扶贫工作的重要论述在实践方面取得了重大成效，赢得了国内外一致好评。在 2018 年召开的改革开放与中国扶贫国际论坛上，与会各方代表纷纷赞誉新时代的中国在习近平的带领下为全球减贫事业作出的突出贡献。联合国秘书长古特雷斯向本次论坛发来贺信指出："我对中国在促进可持续发展诸多方面取得的进展表示欢迎，中国的经验是宝贵的财富。我看到中国正坚定地致力于同其他发展中国家开展合作，我支持中国继续发挥领导作用。"①

（本文原载于《北京行政学院学报》2019 年第 3 期）

---

① 李应齐、韩晓明：《共谋发展，推动国际减贫合作——改革开放与中国扶贫国际论坛综述》，《人民日报》2018 年 11 月 2 日。

精准扶贫：决胜全面小康社会的重要法宝

李程骅①

党的十八大以来，以习近平同志为核心的党中央，从实践以人民为中心的发展思想、夯实执政基础的高度，强化总体部署，全面实施精准扶贫、精准脱贫战略。习近平就扶贫开发工作发表的一系列重要讲话，形成了新的历史时期我国扶贫开发的战略思想，他所建构的精准扶贫思想体系及对扶贫攻坚的具体指导，是我国决胜全面小康社会的重要法宝，是其治国理政新理念、新思想、新实践的重要组成部分，进一步丰富和充实了中国特色社会主义建设的理论与实践内涵。

一、精准扶贫思想体系是我国扶贫攻坚的指导思想

习近平关于精准扶贫、精准脱贫方面的一系列论述，展现出高瞻

---

① 李程骅，江苏省中国特色社会主义理论体系研究中心特聘研究员，南京大学教授、博士生导师。

远瞩的战略思维，是马克思主义中国化的又一重大理论发展成果，是中国特色社会主义道路的又一重大实践，也是我们党牢记初心，兑现带领全中国人民走社会主义共同道路的庄严承诺，进一步强化了我们党的马克思主义理论自信和社会主义道路自信。

（一）解决现实难题的责任担当

精准扶贫思想的创立与发展，是在中国特色社会主义理论体系中进行的，是针对我国经济社会阶段性特征等现实状况提出并日益完善的。改革开放以来，我国实施大规模扶贫开发，使 7 亿多农村贫困人口摆脱贫困，成为全球首个实现联合国千年发展目标、贫困人口减半的国家，取得了举世瞩目的成就。[1] 但是，作为一个发展中的大国，我国脱贫攻坚形势依然严峻，中西部一些省（自治区、直辖市）深度贫困地区的人口规模仍然不小，且贫困程度深，致贫原因复杂，减贫难度大，为此，党的十八大以来，以习近平同志为核心的党中央把扶贫开发纳入"四个全面"战略布局之中，扶贫开发已由解决温饱问题，转向加快贫困地区和贫困人口的脱贫致富、实现全面建成小康社会的新阶段。[2]

（二）体现社会主义的本质要求

在我国实现全面建成小康社会的目标，彻底消除贫困，达到共

---

[1] 参见中华人民共和国国务院新闻办 2016 年 10 月发布《中国的减贫行动与人权进步》白皮书，新华网，2016 年 10 月 17 日。

[2] 刘永富：《不忘初心　坚决打赢脱贫攻坚战——党的十八大以来脱贫攻坚的成就与经验》，《求是》2017 年第 11 期。

同富裕、共享发展，是精准扶贫思想的现实基础。习近平多次指出："消除贫困、改善民生、逐步实现共同富裕，是社会主义的本质要求。"①在2020年实现全面小康，是党的十八大根据中国经济社会实际作出的重大决策。对贫穷落后地区扶贫、实现脱贫，一个不丢、一户不落，是全面小康的"最后一公里"。我国的扶贫脱贫已进入攻坚克难的重要阶段，确保如期脱贫、杜绝返贫，需要精细化的扶贫思想，促使贫困地区整体脱贫、全面脱贫，共享改革发展的成果。精准扶贫思想是我国扶贫攻坚进行到新阶段后的新战略、新举措。

（三）实践以人民为中心的发展思想

始终坚持以人民为中心，构成了精准扶贫思想的厚重底色。民本思想是中华民族优秀传统治理理念，人民性是马克思主义区别于其他"主义"的根本标志。回顾历史，我们党能取得革命的成功，走向中国特色社会主义道路，关键就在于牢记初心，始终代表了最广大人民的根本利益，拥有广泛的群众基础。作为马克思主义政党，我们党的根本宗旨就是全心全意为人民服务，始终坚持以人民为中心。做好扶贫开发工作，支持困难群众脱贫致富，帮助他们排忧解难，使发展成果更多更公平惠及人民，是我们党坚持全心全意为人民服务根本宗旨的重要体现，也是党和政府的重大职责。要按照全面建成小康社会的各项要求，突出抓重点、补短板、强弱项，特别是要坚决打好防范化解重大风险、精准脱贫、污染防治的攻坚战，坚定不移深化供给侧结构性改革，推动经济社会持续健康发展，使全面建成小康社会得到人民认可，经得起历史检验。

---

① 《习近平谈治国理政》第二卷，外文出版社2017年版，第83页。

（四）增强对基层社会的稳定作用

习近平提出的扶贫攻坚思想、精准扶贫思想，落实到治国理政的实践行动中，就是让作为社会基础的广大农村居民获得实实在在的物质利益、发展红利，用取得的实绩来说话，这在增强党对基层号召力的同时，还起到稳定基层社会的作用。"小康不小康，关键看老乡，关键看贫困老乡能不能脱贫。"[①]全面建成小康社会，不让现行标准下的任何一个贫困人口落下，就是证明社会主义制度优越性的最好例证。"我们不能一边宣布全面建成了小康社会，另一边还有几千万人口的生活水平处在扶贫标准线以下，这既影响人民群众对全面建成小康社会的满意度，也影响国际社会对我国全面建成小康社会的认可度。"[②]

二、精准扶贫政策体系保障我国扶贫攻坚精准发力

习近平提出的精准扶贫思想，是我国实施扶贫攻坚战略的指导思想，体现出严谨有序的系统思维，直接指导着扶贫攻坚的工作实践，确保我国如期实现全面建成小康社会的目标。

[①] 《习近平关于全面建成小康社会论述摘编》，中央文献出版社2016年版，第154页。

[②] 《十八大以来重要文献选编》（中），中央文献出版社2016年版，第775页。

（一）扶贫开发，贵在精准，重在精准，成败之举在于精准

习近平提出的精准扶贫思想，是他的扶贫攻坚思想的发展和深化。2013 年 11 月，他在湖南湘西考察时，首次提出"精准扶贫"。2014 年 10 月在首个"扶贫日"之际作出重要批示时，第一次提出扶贫应"注重精准发力"，这是习近平论述扶贫问题时第一次用到"精准"两字，也是他第一次公开谈精准扶贫。此后，习近平进行了一系列深入的调查研究，并不断丰富和完善其精准扶贫思想的内涵，持续扩展其外延。他在多个调研场合指出了精准扶贫的落实到位问题：扶贫要实事求是，因地制宜。要精准扶贫，切忌喊口号，也不要定好高骛远的目标。他强调，坚持精准扶贫、精准脱贫"关键是要找准路子、构建好的体制机制，在精准施策上出实招、在精准推进上下实功、在精准落地上见实效"[①]。

（二）精细化的扶贫工作方式是精准发力的关键

精准扶贫就是要求实施精细化的扶贫方式，把"精准"的理念和工作方式落实在实践与操作层面。把精准化的扶贫思想转化为精细化的扶贫工作方式，是做到精准发力的关键。最为突出的是，我国的扶贫工作在"大水漫灌"取得了整体的成效之后，贫困地区仍然存在着一批从未实现过脱贫的群体，另有一度脱贫后因病等又返贫的群体，导致扶贫工作成效不持久。因此，从扶贫机制上要由主要依赖经济增长的"涓滴效应"到更加注重"靶向性"对目标人群直接加以扶贫干

---

① 《习近平谈治国理政》第二卷，外文出版社 2017 年版，第 84 页。

预的动态调整。

（三）因人因地施策，要在"六个精准"上下实功、见实效

新的扶贫攻坚阶段，要实施精准扶贫、精准脱贫，因人因地施策，提高扶贫实效。扶贫工作贵在看真贫、扶真贫、真扶贫，少搞一些"盆景"，多搞一些惠及广大贫困人口的实事，关键是从实际出发，因地制宜，找准路子，构建好的体制机制，在精准施策上出实招，在精准推进上下实功，在精准落地上见实效。为此，习近平提出了"六个精准"要求：扶持对象精准、项目安排精准、资金使用精准、措施到户精准、因村派人精准、脱贫成效精准。"精准"的措施体现在"六个精准"的各环节各方面。推进精准扶贫，重点是项目安排精准。项目建设是扶贫开发的重要举措，是推动贫困地区加快发展的重要抓手，要让扶贫项目成为贫困地区发展、贫困群众脱贫的动力之源、致富之源。①

（四）扶贫先扶志，以精神脱贫深化精准扶贫工作实践

在落后的农村地区树立脱贫信心、营造脱贫环境，帮助贫困群体充分认识到自身优势以及主观能动性的重要性，拿出敢想敢干的毅力和决心，在精神上保持向上的追求，是习近平提出的精准扶贫思想的重点内容之一。脱贫致富贵在立志，只要有志气、有信心，就没有迈不过去的坎。精准扶贫，心理扶贫很重要。早在20世纪80年代后期，习近平在闽东调查提出了扶贫的"先飞"理论：与发达地区相比，贫

---

① 唐任伍：《习近平精准扶贫思想阐释》，《人民论坛》2015年第30期。

困地区好比一只"弱鸟"，地方贫困，观念不能"贫困"，"弱鸟可望先飞，至贫可能先富"①。习近平多次强调，精神脱贫，教育要放在第一位。阻隔"代际贫困"，必须大力发展乡村教育。发展乡村教育，让每个乡村孩子都能接受公平、有质量的教育，增强贫困地区的自我发展能力，阻止贫困现象代际传递。到 2020 年稳定实现扶贫对象不愁吃、不愁穿，保障其义务教育、基本医疗和住房，是中央确定的目标。其中，把贫困地区孩子培养出来，这才是根本的扶贫之策。

三、精准扶贫实践路径引领深化我国大扶贫格局

习近平提出的精准扶贫思想是其治国理政新理念、新思想、新实践的重要组成部分，是在总结数十年扶贫工作经验、教训基础之上，并根据现阶段中国贫困群体状况、完成扶贫攻坚的艰巨任务要求，所提出的战略判断、实施路径和具体的实施对策，创造性地运用辩证思维和底线思维，把精准化理念贯穿于脱贫攻坚的全过程，把握主动，突出实效，建立了健全稳定脱贫的长效机制，以精准扶贫引领，构建"三位一体"大扶贫格局，成为我国彻底消灭贫困的制胜法宝。

（一）全盘统筹扶贫攻坚，发挥政府投入的主体和主导作用

扶贫开发、脱贫攻坚是全面建成小康社会的重要任务，是践行新发展理念、改善民生的首要工作，必须树立全盘统筹的观念，体现社

---

① 习近平：《摆脱贫困》，福建人民出版社 1992 年版（2019.10 重印），第 2 页。

会主义制度的优越性，充分发挥政府投入的主体和主导作用。习近平强调，扶贫开发是全党全社会的共同责任，要动员和凝聚全社会力量广泛参与。坚持党政一把手负总责的工作责任制，坚持专项扶贫、行业扶贫、社会扶贫等多方力量、多种举措有机结合和互为支撑的"三位一体"大扶贫格局。健全东西部协作、党政机关定点扶贫机制，广泛调动社会各界参与扶贫开发积极性。要坚持输血和造血相结合，坚持民族和区域相统筹，重在培育自我发展能力，重在促进贫困区域内各民族共同发展。精准扶贫能有效引领大扶贫格局的实施重点、提升扶贫的质量和效果。大扶贫格局的形成，有助于贫困地区产生内生动力，最大限度地调动起当地群众积极性，变"你来扶贫"为"我要脱贫"，变"要我发展"为"我要发展"。

（二）科学运用精准化工具，按期完成阶段性扶贫攻坚任务

习近平在党的十八届五中全会上所作的《关于"十三五"规划建议的说明》中，指出了产业扶持、转移就业、异地搬迁、社保兜底等因情况不同而可能采取的各种不同的脱贫方式，以确保我国决胜全面小康。具体要求为"四个一批"："通过扶持生产和就业发展一批"，要因地制宜制定特色扶持政策、机制，帮助一批具备软硬件基本条件的群体迅速脱贫；"通过移民搬迁安置一批"，要有计划把因居住地自然条件恶劣等而无法脱贫的贫困群体，搬迁安置到条件相对较好的居住地来实施帮扶，直至其脱贫；"通过低保政策兜底一批"，要针对那些劳动能力低下或丧失劳动能力的贫困人群，果断通过低保等救助的方式保障其基本生活；"通过医疗救助扶持一批"，要杜绝因病致贫、因病返贫，防止扶贫工作倒退。在践行新发展理念的进程中，"要通过推进就业创业，发展社会事业，打好扶贫开发攻坚战，不断打通民

生保障和经济发展相得益彰的路子"，"脱贫致富终究要靠贫困群众用自己的辛勤劳动来实现。"①要始终坚持扶贫开发与经济社会发展相互促进、精准帮扶与集中连片特困地区开发紧密结合、扶贫开发与生态保护并重、扶贫开发与社会保障有效衔接，从而巩固建立起长效的精准扶贫机制。

（三）重点解决突出制约问题，实现对深度贫困地区的脱贫攻坚

党的十八届五中全会明确提出，到 2020 年全面建成小康社会时按 2010 年贫困标准确定的贫困人口全部如期脱贫。把关键的深度贫困群体的生活水平提高到贫困的标准线以上，是精准扶贫的核心任务，是补全面小康的"短板"。全面建成小康社会的要义在于"全面建成"，要补齐"这个短板"，必须实事求是，拿出真招实招硬招。②对此，习近平多次强调，扶贫开发成败系于精准，要找准"穷根"、明确靶向，量身定做、对症下药，真正扶到点上、扶到根上。"实践证明，深度贫困并不可怕。只要高度重视，思路对头，措施得力，工作扎实，深度贫困是完全可以战胜的。"③坚持因人因地施策，因贫困原因施策，因贫困类型施策，做到对症下药、靶向治疗，强化针对人口、家庭的精准扶贫措施，既不漏网，又要兜底，就能真正完成补齐"短板"任务，实现让中国老百姓认可、让世界信服的全面建成小康社会的目标。

① 《习近平谈治国理政》第二卷，外文出版社 2017 年版，第 362、86 页。
② 胡鞍钢：《全面建成小康社会的核心是补短板》，《新华日报》2017 年 3 月 23 日。
③ 习近平：《在深度贫困地区脱贫攻坚座谈会上的讲话》，人民出版社 2017 年版，第 12 页。

四、精准扶贫成效高度验证中国道路的正确抉择

贫困是人类社会发展进程中一直存在的现象，扶贫资源如何更好聚焦贫困的目标人群，是一个世界性的难题。在中国这样一个世界上人口最多的国家里，通过政府主导的大规模开放式扶贫，让数亿农村人口摆脱贫困，创造了世界扶贫减贫史上的"中国奇迹"。精准扶贫、精准脱贫的中国智慧，在世界减贫行动中作出了重大贡献，也充分验证了改革开放以来中国道路的正确性和未来的光明前景。

（一）精准扶贫彰显超凡的国家治理能力

党的十八大以来，党中央把贫困人口脱贫作为全面建成小康社会的底线任务和标志性指标，在全国范围全面打响了脱贫攻坚战。习近平提出的精准扶贫思想和系统的战略部署，在这场前所未有的攻坚战中发挥了指挥棒作用，充分展现了以习近平同志为核心的党中央打赢脱贫攻坚战的坚定决心和超凡能力，体现了新发展理念对国家治理能力提升的全局影响力。

（二）为人类包容性发展作出重要贡献

中国作为发展中国家所取得的扶贫成效、脱贫成绩，为人类减贫事业作出的贡献，获得了国际社会的广泛赞誉。我国承诺到2020年实现农村贫困人口全部脱贫，既是全面建成小康社会的必要条件，也

是落实联合国《2030 年可持续发展议程》的重要一步，体现了中国作为负责任大国的历史担当。仅党的十八大以后的 4 年多中，我国又有 5564 万贫困人口摆脱了贫困，每年减贫人数都在 1000 万以上，贫困的发生率从 2012 年底的 10.2% 下降到 2016 年的 4.5%。[①] 面对尚有的数千万深度贫困地区的人口，尽管脱贫任务依然艰巨繁重，但在精准扶贫战略的"精耕细作"之下，通过超常规的举措的实施，到 2020 年底，这些深度贫困地区一定会与全国一起迈上全面小康的台阶。

（三）为实现第二个百年目标布阵筑基

基于中国特色社会主义进入新的发展阶段的战略要求，在"十三五"时期最后的 3 年多时间里，精准扶贫战略指导下的脱贫攻坚战，不仅将补齐全面建成小康社会"短板"，而且还为全面小康之后的实现第二个百年目标发展道路，起到布阵筑基作用。[②] 我国在 2020 年实现全面小康之后，整体经济发展的不平衡性，城乡、地域、阶层之间的收入、发展差距还难以发生根本性的改变，局部地区的相对贫困问题依然存在。同时，国家整体的发展水平特别是创新能力、劳动生产率、社会水平等方面还会与发达国家存在一定的差距，益贫式的经济增长的多元效应还有待进一步释放，共享发展理念还要通过深化改革来落实[③]。尽管精准扶贫在不同的地域有不同的方式方法，

---

① 顾仲阳：《扶贫精准有力　减贫提质增速》，《人民日报》2017 年 7 月 13 日。

② 李程骅：《以全面建成小康社会目标引领经济发展新常态》，《南京社会科学》2015 年第 12 期。

③ 范从来、谢超峰：《益贫式增长、分配关系优化与共享发展》，《学术月刊》2017 年第 3 期。

但各地都必须在新发展理念的统领之下，找准自身的比较优势、解决如何实现小康社会的可持续性特色优势和后发优势，抓住战略机遇期，在转变发展方式上下功夫，解决实现全面小康之后发展的可持续性问题，持续开拓发展的新境界。

（本文原载于《南京社会科学》2017 年第 9 期）

反贫困与国家治理

——中国脱贫攻坚的创新意义

燕继荣①

由贫穷所直接导致或者衍生的一系列社会问题是当今世界最具挑战的问题。结构性贫困是困扰发展的国家问题，因此，贫困问题的解决不仅应该被视为国家发展状况的衡量尺度，也应该成为国家治理的任务，反映国家治理的水平。中国扶贫成就突出，尤其是 2012 年之后在大扶贫格局之下开展了脱贫攻坚战，把贫困治理纳入国家治理的战略目标，实行政府专项治理的方式，动员党政机构、企业、军队、学校、社会组织与团体全员参与，采用精确识别、建档立卡、责任到人的方法，凭借国家制度体系的政治和行政优势，运用中央和地方政府财政储备，精准施策，对口支援，采用产业脱贫、搬迁脱贫、生态补偿脱贫、教育支持脱贫、社会保障兜底脱贫等多种手段，实现了农村贫困人口的大幅度减少。中国贫困治理丰富了"发展型国家"的内涵，为后发展国家走出"中等收入陷阱"提供了经验。

---

① 燕继荣，北京大学政府管理学院院长、教授、博士生导师。

一、反贫困的一般理论

贫穷所直接导致或者衍生的一系列社会问题是当今世界最尖锐的治理难题。贫困（poverty）是一个相对于生产能力和普遍的经济发展水平而存在的、反映在特殊个体或群体身上的生活贫乏窘困的状况。因为它是一个相对概念，所以，在很长一段时间内，它在不同的国家或地区都会不同程度地存在。因而，反贫困（anti-poverty）问题也便受到政治、经济、社会、文化领域的学者们的广泛关注，进而形成不同性质的贫困与反贫困理论。

长期以来，人们围绕贫困问题展开辩论，形成了至少两种反贫困观念：一种是平等主义的，另一种是功利主义的。在功利主义者看来，贫困不仅是穷人个人的不幸，而且也会成为社会问题；所以，无论如何，决不能让人们贫困到被迫犯罪或危害社会的地步。思想传统更加深厚久远的应该是平等主义观念。平等主义者认为，共同富裕共享发展是人类的理想目标，当我们生活有所改善的时候，不应该容忍我们的同类依然生活在贫困的状态，过如此不幸的生活。无论基于哪种观念，贫困都被看作需要共同解决的议题。

关于贫穷的具体辩论首先是围绕贫穷的本质和原因问题而展开的。归总起来，可以分为3种——收入贫困理论、能力贫困理论和权利贫困理论，它们基本对应了贫困原因分析及反贫困战略发展的3个面向。

其一，贫困表现为收入低下。"贫困是一种人们没有足够收入的状况"。经济学家最早从收入角度来解释或定义贫困概念，因此，便形成了基于物质匮乏测量标准的贫困和反贫困理论。由于收入是评价居民生活状况的一个十分重要的指标，易于统计、测量和监测，因此收入贫困成为当今各国反贫困中一个非常重要的概念，如何提高贫困人口的收入是收入贫困理论的核心问题。

其二，贫困反映能力不足。随着认识的深化，人们意识到，"贫困"不仅仅是收入低下，而是一个多维概念。像阿玛蒂亚·森（Amartya Sen）这样的经济学家从能力贫困的视角，提出贫困的实质是人们创造收入和机会的能力贫困，也即，人们缺乏维持正常生活和参与社会活动的可行能力，所以，贫困实则是对人们可行能力的剥夺。收入水平的低下既然是个人和家庭经济能力不足的表现，而造成贫困人口能力不足的主要原因来自健康和教育的缺失，因此，提高教育水平、免除饥饿和营养不良、克服疾病困扰、维持基本教育和健康保障，是反贫困治理的主要举措。

其三，贫困源于权利匮乏。1990 年开始，联合国不断发布《人类发展报告》，先后研制了"人类发展指数"和"人类贫困指数"。2000 年，联合国《千年发展目标》提出 8 个目标，建构了多维反贫困概念。世界银行在广义贫困概念的基础上，也提出了综合性减贫战略框架，包括扩大经济机会、促进参与赋权、加强安全保障。

贫穷辩论的第二个问题是如何认识贫富差距。归结起来，贫困理论可以分为两大类别。一类属于激进观点，该类观点基于贫富对立的立场，把"穷人"的贫困视为"富人"的掠夺，诸如"剥夺者说"（朱栋梁、宁晓青，2000）和"依附理论"（安德烈·冈德·弗兰克，1999）大体认为，一个国家内部一个阶层的人群的贫困，是生产资料私人占有制基础上的另一阶层的人的剥削所造成的；世界上一个国家的不发达也是另一些发达国家的富裕所导致的。因此，"消灭剥削"（消灭财产私有制）和"摆脱依附"（实现脱钩战略）是解决贫困人群和贫困国家问题的出路。

另一类属于温和观点，认为贫困是一个相对概念。同一时期人们在收入、能力方面的差距是客观存在的，贫困的存在是因为有些人或家庭处于生存难以维持的状态，贫困的根源或许在于能力的局限，或许在于制度的约束，使得特定群体没有自我改善生活的机会和条件。因此，反贫困的路径在于通过建立合理的分配体制，控制和缩小贫富差距，具体对策包括：（1）建立完善的社会福利保障体系；（2）提高个人和家庭生活能力；（3）创造和提供实现表达和参与权利的机会等。

贫穷辩论的第三个问题应该是围绕如何脱贫，尤其是围绕如何看待"外援"的作用而展开的。有人把这个讨论归结为"贫穷陷阱"的立场问题。一种观点认为，真正的穷人来自贫穷国家，贫穷国家之所以贫穷，原因在于这些国家往往气候炎热、土地贫瘠、疾病肆虐、四周被陆地所包围。因此，如果没有大量的原始投资改变这种状况，这些国家很难提高自己的生产力。然而，现实的问题是，正是因为这些国家贫穷，无法支付投资回报，所以不可能靠自己而发展。这就形成了所谓的"贫穷陷阱"——贫穷是贫穷的原因，也是贫穷的结果（讷克斯，1960）。不解决原始投资问题，无论是自由市场，还是民主制，都帮不了大忙。要破解"贫穷陷阱"，外来援助和支持最为关键。

另一种观点否认"贫穷陷阱"的存在，认为只要有自由市场和恰当的奖励机制，人们就能自己找到解决问题的方法，避免接受外国人或自己政府的施舍，而援助则使人们停止寻找自己解决问题的努力，腐蚀地方机构并削弱其作用，导致一些援助机构形同虚设，所以，扶贫援助弊大于利。

二、贫困治理的政策导向

贫困问题首先作为"穷人问题"被道德哲学和社会学家所关注，之后被纳入经济学视野，成为所谓"发展经济学"的主题。在过去的实践中，贫困问题被纳入政府公共管理和公共政策的范畴，被认为起始于17世纪的英国。18世纪60年代英国工业革命开启了人类工业文明的时代，也开始了资本主义经济发展时代。技术革命改变了人们的生产和生活方式，推动了城市化的发展。同时，工业化和城市化也带来了新的社会问题：城市人口密集，引起卫生、住房、环境、就业等诸多社会问题；原始资本主义的自发秩序，产生了新的贫富分化，使财富向资本家阶级集中，而无产阶级走向贫困化。恩格斯于1845年发表《英国工人阶级状况》，用事实说明无产阶级不仅是一个受苦的阶级，也是社会主义的推动力量。

解决自由放任资本主义下由于贫富悬殊而造成的贫困问题，要求政府承担更大的责任，并具备相应的权力和能力。在这种背景下，自由放任的"消极政府"逐渐式微，取而代之的是不同形式的"积极政府"模式。作为对社会抗议运动的回应，有两种贫困问题的解决思路在以后的实践中被推广开来：一种是提倡生产资料公有、实行政府计划的社会主义和共产主义方案；另一种是在原来自由市场竞争基础上增加"二次分配"能力的政府干预资本主义方案（或称为"新自由主义"方案）。

福利国家制度和社会保障政策的普遍推广，标志着贫困问题的解决超越了社会"道德情操"和慈善事业的层面，提上了政府政策和政府管理的议程，成为国家的任务。于是，政府自觉地通过财政补贴、转移支付、社会福利、公共工程、公共服务来扶贫减贫，国际组织和机构也为发展中国家扶贫减贫提供在资金、项目、技术、管理等方面的援助。随着扶贫资金的大量投入，如何用好扶贫资金，有效开展扶贫项目，避免权力腐败、资金挪用、供需错位、资源利用的无效和低效等现象，成为人们进一步关注的问题。

自 20 世纪 90 年代开始，"治理"概念成为热点话题。应用"治理"观点和原则，设计反贫困政策，其政策导向应该包括以下方面：（1）推进国家公共设施、公共服务的均等化，克服公共设施和公共服务在乡村和偏远地区的分布不足而导致这些地区的整体性贫困；（2）促进经济社会发展在全国范围内的均衡性，缩小人口的经济能力、社会能力以及发展机会在地域分布上的差距；（3）推行和完善基于公民平权原则的社会福利体系，减少绝对贫困人口；（4）动员社会各方力量，实现广泛参与，保持反贫困治理中各种主体（包括被扶助对象）能够分工协作，形成合力，实现扶贫效应最大化。

三、中国贫困治理的实践及成效

在过去相当长的历史时段中，中国一直被描述为"贫穷落后"的国家。改革开放以来，中国的扶贫开发大体经历 3 个阶段（李小云等，2019）：（1）1978—1985 年，通过农村经济体制改革，解放生产力，普遍提高农民收入，推动农村人口减贫；（2）1986—2012 年，通过工业化、城镇化、农村劳动力转移、支农惠农政策、建立社会保障制度、实施区域开发战略（西部大开发）等综合政策，推动中西部农村人口减贫；（3）2012—2020 年，通过实施精准扶贫、精准脱贫战略，消灭农村人口的绝对贫困问题。按照规划，2020 年之后，中国农村地区的贫困治理工作将整体上纳入乡村振兴战略计划之中。

2012年开始，中国领导人作出一系列重大部署，把脱贫攻坚工作纳入"五位一体"总体布局和"四个全面"战略布局，作为实现第一个百年奋斗目标的重点任务。值得特别关注的是，此次脱贫攻坚任务明确，政府要求到2020年确保现行标准下农村贫困人口实现脱贫，消灭绝对贫困；贫困县全部摘帽，解决区域性整体贫困问题。

中国的扶贫工作取得了更加明显的成效。据统计，经过5年时间，中国农村贫困人口从2012年的9899万人，减少到2018年的1660万人，累计减少8239万人，贫困发生率从10.2%降至1.7%[①]，率先完成联合国千年发展议程。2020年是实现脱贫攻坚上述目标的最后一年，眼下正在进行的抗击新冠肺炎疫情的"战役"或许会影响中国政府脱贫攻坚战，但能够解决如此大规模人口的绝对贫困问题，已经为世界范围内消除贫困作出了重要贡献。

中国何以能够取得如此成效？中国脱贫攻坚战直接回答了贫困治理学术讨论的第三个问题，即，在保障财政供给的前提下，什么样的扶贫方式才是有效的。首先，中国根据自己的国情，制定了"两不愁三保障"的扶贫标准线，作为指导全国脱贫攻坚的评估和考核标准。其次，从2013年开始，将农村扶贫开发全方位转入精准扶贫、精准脱贫战略，通过"六个精准""五个一批"，从扶贫对象识别到项目安排、资金使用、帮扶措施、帮扶责任人和脱贫考核全过程进行系统性政策设计，对扶贫对象实行精细化管理，对扶贫资源实行精准化配置，对扶贫村庄实行精准化扶持。最后，将脱贫攻坚战与污染防治攻坚战相结合，不仅实现贫困人口经济收益的增长，还要保证贫困

---

① 习近平：《在解决"两不愁三保障"突出问题座谈会上的讲话》，《求是》2019年第16期。

人口生活环境的改善。

综合考察，精准识别、精准帮扶是此次脱贫攻坚成果的最大保障，"干部下乡"是中国此轮贫困治理的组织方式；"对口支援"也是中国体制基础上为协调区域发展、应对危机事件、开展国家专项工程而开展跨地区、跨部门、跨政府合作，实现协同治理的有效方式。

四、中国贫困治理的创新意义

后发国家如何走上健康发展轨道，这是自 20 世纪中期以来世界关注的话题。后发国家一般被称为"落后国家"，通俗的说法就是"贫穷国家"（poor country），表现为国家实力不足，百姓生活贫困。所以，说到底，后发国家的总任务就是要"脱贫"，实现"从贫困到富裕"的转变。第二次世界大战以来，一批批国家走上了"脱贫"道路，塑造了"发展型国家"（development state）经验的不同版本（黄宗昊，2019）。中国作为一个发展中的大国，在经济发展、环境保护、城市化、区域协调、公共服务均等化、社会福利与保障、腐败治理、贫困治理等各个方面更具有值得观察和研究的典型性。

中国对贫困治理的认识和实践在很大程度上丰富了人类反贫困的理论。生产和分配、效率与公平的关系问题被认为是现代国家治理的基本命题。在过去很长的时段，贫困治理只被看作社会慈善事业，没有纳入国家行动的范畴，因此也没有成为政府政策和政府管理的议题。自由资本主义所形成的自由市场秩序，可以有效地促进经济发展，但未能提供贫困治理的有效方案。共产主义革命从所有制入手，结束自由资本主义发展，以政府计划取代自由市场秩序，可以有效抑制贫富差距，但在保持经济活力方面显示不足。第二次世界大战以后随着社会主义运动的发展，福利国家普遍兴起，为贫困治理提供了宝贵经验。但是，在既有国际援助有限的条件下，如何自力更生摆脱贫困，而且必须在较短时间内让大规模贫困人口解决温饱问题、摆脱绝对贫困的境地，这是许多低度发展国家面临的难题。中国把贫困治理看作政府的责任和国家治理的内容，也把贫困治理的成效视为政府和官员绩效考核的标尺，这应该是对"发展型国家"理论的重要推进。

"中等收入陷阱"被认为是发展中国家在经济起飞之后必须突破的一道门槛。如何开发国家内部需求，改善国民生活，提高国内人民购买力，实现经济的可持续发展，这是经济学在"发展型国家"理论基础上开拓的新话题。被认为构成"中等收入陷阱"的标志性因素很多，例如，环境污染、资源浪费、官员腐败等，但核心的要素是收入分配不公，贫富差距扩大，造成社会不稳定，使得经济发展出现中断。通过"脱贫攻坚"为政府高额财政积累确定新的投资方向，真正实现"取之于民用之于民"的治国理念，这不仅是"穷人经济学"的原理，也是发展中国家国家治理值得探索的方向。

中国把扶贫任务纳入构建现代国家治理体系和治理能力的战略构想中，把当前目标与长远目标结合起来，在城乡统筹、区域协调、党政主导、社会参与的格局中，构建以经济救助、能力救助、权利救助为一体的以救济式扶贫、福利式扶贫、开发式扶贫、赋权式扶贫多重方式叠加的贫困治理体系。正如有学者所指出的，中国提出了构建以项目、行业、社会扶贫等多方力量为支撑，将流程管理、部门合作、区域协同有机结合的大扶贫格局，要求坚持党和政府在扶贫开发中的主导地位，发挥政府和社会两方面力量作用，引领市场、社会协同发力，完善东西部扶贫协作和定点扶贫机制，促进内部与外部统一，"输血"与"造血"并行，扶贫与扶志、扶智相结合，形成全社会广泛参与脱贫攻坚格局。

（本文原载于《管理世界》2020 年第 4 期）

溯源与发展：新时代中国特色精神扶贫理论研究

向德平　刘　欣①

精神扶贫是中国共产党领导推动扶贫开发历史实践的产物，它以马克思主义反贫困理论为基础，根植于中国传统济贫理念，具有深厚的历史渊源和文化基础。特别是 20 世纪 90 年代，国内一些研究者开始提出精神贫困是导致地区贫困的重要原因，推动了国家开展以"文化扶贫""智力扶贫"为主题的精神扶贫工作。进入新时代脱贫攻坚阶段，习近平基于长期对扶贫工作的认识体悟，以及对当前中国农村贫困问题的深入思考，在一系列有关扶贫的考察、会议、讲话中不断提出精神扶贫、激发贫困人口内生动力、扶贫同扶志扶智相结合等重要论断，阐述了精神扶贫的重要意义，实施主体、内容、方法路径等，形成了一套丰富、系统、科学的精神扶贫观，推动中国特色精神扶贫理论进一步丰富和发展。

①　向德平，华中科技大学社会学院教授、博士生导师，华中科技大学减贫发展研究中心、社会工作研究中心主任；刘欣，北京市社会科学院社会学所助理研究员。

一、溯源：中国特色精神扶贫理论产生的基础与历史演进

（一）理论基础：马克思主义反贫困理论

马克思主义反贫困理论为中国特色精神扶贫理论的形成与发展奠定了基础。一方面，马克思指出精神贫困的客观存在及其与物质贫困、生活贫困、文化贫困的关系，奠定了精神贫困的认识论基础。资本主义财富积累的同时伴随着工人物质和精神的贫困积累，在贫困根源"生产过程中物的因素与人的因素的分离"作用下，不仅导致了生产资料的贫困，也进一步衍生出劳动者的生活贫困、精神贫困和文化贫困。由此，马克思将精神贫困引入贫困问题的讨论，不仅指出其客观存在，也深刻分析了其产生的原因和后果。

另一方面，马克思在论及反贫困时提出精神解放目标，并指出消除精神贫困、实现精神解放的道路。按照马克思、恩格斯理解的消除贫困的"好日子"，就是要有足够的物质生活资料，摆脱自然界的奴役和压迫，实现经济解放；有和谐平等的社会关系，摆脱社会的奴役和压迫，实现政治解放；以及精神舒畅，摆脱思想的奴役和压迫，实现思想解放。①

因此，马克思主义反贫困理论有关精神贫困的论述，为认识和理解精神贫困、探索精神扶贫提供了基本论点和方向，成为中国特色精

---

① 王斯敏、张胜：《马克思主义的理论主题和历史使命——访北京大学马克思主义学院执行院长孙熙国》，《光明日报》2015 年 12 月 17 日。

神扶贫理论的理论基础。

（二）文化基础：中国传统济贫理念

长期以来，中华民族形成了扶贫济困的传统美德以及改善民生的内在追求。特别是在儒家民本思想、佛教慈悲观念等影响下，推动了以宗族、宗教及个人为主体的民间慈善事业发展。这些为中国近现代减贫提供了借鉴启示，也成为当代中国特色扶贫开发理论的重要文化来源。

从文化溯源来看，精神扶贫理论在一定程度上承袭了传统"教养兼施"的救助理念。"教养"即"教"和"养"的合称，"养"是要实现人民衣食丰裕，"教"则表现为国家通过"教化"实现人民具有良好品性与行为的目标。

作为中国传统文化民本思想延伸以及基本的救助理念，"教养兼施"在推动解决经济意义贫困的同时，内在地包含了启智扶志的精神扶贫维度，为中国特色精神扶贫理论的形成与发展提供了文化渊源与历史基础。

（三）历史演进：历代党和国家领导人的精神扶贫思想

20世纪初，毛泽东在一系列农村社会调查中已经意识到精神文化贫困问题的存在。新中国成立后，毛泽东将"扫除旧中国所留下来的贫困和愚昧，逐步地改善人民的物质生活和提高人民的文化生活"[1] 作为奋斗目标，提出德、智、体全面发展的教育观，在探索中

---

[1] 《毛泽东文集》第五卷，人民出版社1996年版，第348页。

国建设过程中提出坚持党的领导以及农民主体地位，调动人民群众积极性、主动性和创造性，倡导自力更生、艰苦奋斗等观点，成为后续扶贫工作的基本理念。

改革开放之初，邓小平在论述中国发展和反贫困问题时，提出"社会主义的首要任务是发展生产力，逐步提高人民的物质和文化生活水平"[①]。因而在发展过程中必须抓好几方面的工作：一是扶贫要先扶智；二是扶贫发展要以独立自主为前提；三是要敢于转变观念。在毛泽东"实事求是"思想基础上，邓小平进一步提出"解放思想"，强调打破思想上的僵化，发挥人民和基层的积极性。可以说，扶贫扶智、独立自主、转变观念等，就是要摆脱智力、文化以及思想意识上的贫困，实际都体现了精神扶贫的意涵。

以历代党和国家领导人为代表形成的中国扶贫开发理论中，蕴含了精神扶贫的深刻理念、观点和内涵。这对于当前推进精神扶贫具有重要指导意义，也为新时代中国特色精神扶贫理论的丰富和发展奠定了基础。

二、发展：新时代中国特色精神扶贫
理论的丰富与拓展

习近平基于其长期对农村贫困问题的探索、关注和思考，深刻阐述了新时代精神扶贫的重要意义，系统回答了精神扶贫"为什么""扶持谁""扶什么""怎么扶"等一系列理论问题，推动中国特色精神扶贫理论进一步丰富和拓展。

---

① 《邓小平文选》第三卷，人民出版社1993年版，第116页。

（一）精神扶贫是摆脱贫困与提升脱贫质量的关键

习近平在探索农村工作过程中较早意识到了精神贫困及精神扶贫问题。在《摆脱贫困》一书中，习近平从历史唯物主义出发，指出脱贫致富的实践过程"不但是我们改造客观世界、建设物质文明的过程，也是我们改造主观世界、建设精神文明的过程"[①]。习近平不仅指出了实施精神扶贫、推进精神文明建设是摆脱贫困的题中之义，也从历史唯物主义角度剖析了建设物质文明与精神文明、物质扶贫与精神扶贫的辩证关系。

在推动打赢脱贫攻坚战进程中，习近平提出"扶贫既要富口袋，也要富脑袋。要坚持以促进人的全面发展的理念指导扶贫开发，丰富贫困地区文化活动，加强贫困地区社会建设，提升贫困群众教育、文化、健康水平和综合素质，振奋贫困地区和贫困群众精神风貌"[②]；"摆脱贫困首要并不是摆脱物质的贫困，而是摆脱意识和思路的贫困。扶贫必扶智，治贫先治愚"[③] 等重要观点，进一步指出了精神扶贫特别是摆脱意识贫困、思路贫困的重要意义。2017 年，在党的十九大报告中，习近平作出"注重扶贫同扶志、扶智相结合"的重要部署，明确提出实施精神扶贫、激发内生动力对于建立健全稳定脱贫长效机制、提升脱贫质量的重要意义。

[①]　习近平：《摆脱贫困》，福建人民出版社 1992 年版（2019.10 重印），第 153 页。
[②]　《十八大以来重要文献选编》（下），中央文献出版社 2018 年版，第 50 页。
[③]　《习近平关于社会主义经济建设论述摘编》，中央文献出版社 2017 年版，第 232 页。

（二）精神扶贫要兼顾贫困人口与扶贫干部

认识和理解精神贫困是实施精神扶贫的前提和基础。早期，习近平结合闽东调查工作实践提出："地方贫困，观念不能'贫困'。'安贫乐道'，'穷自在'，'等、靠、要'，怨天尤人，等等，这些观念全应在扫荡之列。弱鸟可望先飞，至贫可能先富，但能否实现'先飞'、'先富'，首先要看我们头脑里有无这种意识。"①伴随扶贫开发进程的推进，习近平进一步指出贫困群众精神贫困在文化、智力及教育上的表现，特别是精准扶贫阶段日益突出的精神贫困问题。"贫穷并不可怕，怕的是智力不足、头脑空空，怕的是知识匮乏、精神委顿。"②

因此，从精神扶贫来看，"干部和群众是脱贫攻坚的重要力量"，既要注重贫困对象的精神扶贫，又要"重视发挥广大基层干部群众的首创精神，支持他们积极探索，为他们创造八仙过海、各显神通的环境和条件"③。一方面，"脱贫攻坚，群众动力是基础。必须坚持依靠人民群众，充分调动贫困群众积极性、主动性、创造性，坚持扶贫和扶志、扶智相结合，正确处理外部帮扶和贫困群众自身努力关系，培育贫困群众依靠自力更生实现脱贫致富意识，培养贫困群众发展生产和务工经商技能，组织、引导、支持贫困群众用自己辛勤劳动实现脱贫致富，用人民群众的内生动力支撑脱贫攻坚"④。另一方面，"致富不致富，关键看干部"。精神扶贫也需要转变扶贫干部思想观念，"淡

---

① 习近平：《摆脱贫困》，福建人民出版社 1992 年版（2019.10 重印），第 2 页。
② 《习近平关于社会主义经济建设论述摘编》，中央文献出版社 2017 年版，第232 页。
③ 《十八大以来重要文献选编》（下），中央文献出版社 2018 年版，第 50 页。
④ 《习近平谈治国理政》第三卷，外文出版社 2020 年版，第 152 页。

化贫困县意识"，拿出"'敢教日月换新天'的气概，鼓起'不破楼兰终不还'的劲头，攻坚克难，乘势前进"①。

（三）精神扶贫要坚持扶贫与扶志扶智相结合

坚持扶贫与扶志扶智相结合是新时代中国特色精神扶贫理论的核心内容。2012 年习近平赴河北阜平考察时，就提出扶贫要扶志，强调有志气、自力更生的重要性；2013 年在湖南考察工作时，又提出"脱贫致富贵在立志，只要有志气、有信心，就没有迈不过去的坎"②等重要论述。随后，习近平不断提出"人穷志不能短，扶贫必先扶志""激发内生动力，调动贫困地区和贫困人口积极性"等重要观点和论述③，强调扶贫与扶志相结合，把激发贫困人口内生动力、增强发展能力作为根本举措，引导贫困群众树立自强自立、自力更生、不等不靠的信心，以及"宁愿苦干、不愿苦熬"的观念，从而实现从"要我脱贫"到"我要脱贫"的转变，靠辛勤劳动改变贫困落后面貌，形成脱贫光荣的新风尚。

同时，习近平特别强调发展教育、扶贫扶智的重要意义。一方面，指出"授人以鱼，不如授人以渔。扶贫必扶智，让贫困地区的孩子们接受良好教育，是扶贫开发的重要任务，也是阻断贫困代际传递的重要途径"④。另一方面，强调文化和道德教育的重要性，倡导教育和引导贫困群众改变陈规陋习、树立文明新风。贫困群众要"发扬中华民族孝亲敬老的传统美德，引导人们自觉承担家庭责任、树立良好

---

① 《十八大以来重要文献选编》（下），中央文献出版社 2018 年版，第 46 页。
② 《习近平扶贫论述摘编》，中央文献出版社 2018 年版，第 132 页。
③ 《十八大以来重要文献选编》（下），中央文献出版社 2018 年版，第 49 页。
④ 《十八大以来重要文献选编》（中），中央文献出版社 2016 年版，第 720—721 页。

家风"①；地方干部则要"端正思想认识，树立正确政绩观"②。

因此，习近平强调以"扶志"和"扶智"改善强化贫困地区贫困人口的精神世界、文化水平和社会风气，正确处理外部帮扶与贫困群众自身努力的关系，以打破扶贫过程中的"福利依赖"以及贫困问题"代际传递"，也为探索精神扶贫实践提供了指引。

（四）精神扶贫要注重转变传统扶贫方式

习近平指出："幸福不会从天降。好日子是干出来的。脱贫致富终究要靠贫困群众用自己的辛勤劳动来实现。要尊重扶贫对象主体地位，各类扶贫项目和扶贫活动都要紧紧围绕贫困群众需求来进行，支持贫困群众探索创新扶贫方式方法。上级部门要深入贫困群众，问需于民、问计于民，不要坐在办公室里拍脑袋、瞎指挥。贫困群众需要的项目往往没有扶持政策，而明眼人都知道不行的项目却被当作任务必须完成。这种状况必须改变。"③同时，针对"干部干，群众看""靠着墙根晒太阳，等着别人送小康"等现象，习近平提出建立正向激励机制，通过总结推广脱贫致富成功经验、宣传脱贫致富先进典型等方式，充分调动贫困人口积极性。

总的来看，习近平着眼于不同类型的精神贫困现象，在强调扶贫与扶志扶智相结合的同时，也进一步反思扶贫策略，提出转变传统扶贫方式，构建更加综合性、多元化的精神扶贫政策体系，以实现贫困人口脱贫致富和内源性发展。

---

① 《习近平谈治国理政》第二卷，外文出版社2017年版，第90页。
② 《习近平扶贫论述摘编》，中央文献出版社2018年版，第143页。
③ 《十八大以来重要文献选编》（下），中央文献出版社2018年版，第50页。

三、价值：新时代中国特色精神扶贫
理论的意义

解决精神贫困问题，激发贫困地区贫困人口内生动力，是打赢打好脱贫攻坚战的关键，也是习近平关于扶贫工作重要论述的重要内容。总的来看，习近平关于精神贫困的思考特别是党的十八大以来有关激发贫困人口内生动力、扶贫与扶志扶智相结合等重要论断，进一步丰富了中国特色精神扶贫理论，对于当前打赢打好脱贫攻坚战，实现贫困地区贫困人口稳定可持续脱贫具有重要意义。

（一）进一步丰富中国特色扶贫开发理论模式

中国在扶贫历程中，不断探索出一条具有中国特色的扶贫开发道路。在此过程中，中国始终强调政府主导、社会参与与贫困人口自力更生相结合，扶贫开发从向贫困人口提供满足最低生活需要的物质援助发展到政策扶贫、投资扶持与贫困人口内生发展相结合，并通过加强农业基础设施和公共服务建设投入，以及教育扶贫、健康扶贫等人力资本建设，逐步完善贫困地区发展的外部环境，提升贫困人口自我积累、自我发展的素质和能力。[①]

进入新时代脱贫攻坚阶段，习近平着眼于摆脱精神贫困的核心要义以及实现更高层次的精神文明建设目标，进一步反思现阶段扶贫

[①] 凌文豪、刘欣：《中国特色扶贫开发的理念、实践及其世界意义》，《社会主义研究》2016 年第 4 期。

工作，针对精准扶贫实施过程中存在的贫困人口内生动力不足、"等、靠、要"思想严重、"有体力无能力"等内生性贫困问题，提出扶贫同扶志扶智相结合、激发内生动力等重要论断，深刻阐述了精神扶贫的重要意义、对象、内容及实施手段。同时，习近平从辩证唯物主义视角出发，对贫困发生的根本原因、不同主体和不同类型的精神贫困问题、扶贫内力与外力的关系以及摆脱贫困的核心要义等问题进行分析，形成了新时代中国特色精神扶贫理论，进一步拓展和完善了中国特色扶贫开发理论，为新时期"造血式"扶贫方式转变提供了行动指南。

（二）为推动打赢打好脱贫攻坚战提供实践指引

伴随脱贫攻坚进程推进，贫困地区贫困人口精神贫困问题等成为新的考验和挑战。在此意义上，习近平着眼于贫困主体和扶贫干部在脱贫攻坚过程中出现的不同精神贫困问题，提出从尊重贫困对象主体性、创新扶贫工作方式、将扶贫同扶志扶智相结合层面实施精神扶贫，为调动贫困地区干部群众积极性和创造性、增强贫困人口自我发展能力提供了行动指引和路径选择。

总之，作为中国特色扶贫开发理论模式的重要组成部分，精神扶贫理论具有深厚的理论渊源、文化基础及演进历史。特别是习近平在新时代脱贫攻坚过程中推动发展的精神扶贫理论，成为中国特色扶贫理论的最新进展，不仅为当前打赢打好脱贫攻坚战提供了理论指导和行动指南，也将促进精准扶贫、精准脱贫方略进一步完善，推动中国构建更具综合性、人文性和可持续性的减贫发展策略，以中国特色扶贫方式回应世界减贫进程中出现的共性问题，为世界减贫发展提供中国智慧和中国方案。

（本文原载于《西安交通大学学报（社会科学版）》2020 年第 1 期）

学习领会习近平关于教育扶贫论述的生成基础与丰富内涵

李正元①

扶贫必扶智，治贫先治愚。习近平在长期的改革和建设实践中，始终心系贫困地区人民，情系贫困地区教育，以马克思主义为基础，提出了一系列教育扶贫的新理念新观点，构成习近平扶贫论述的有机组成部分。习近平关于教育扶贫的论述具有深厚的基础、丰富的内涵，蕴含了深邃的要义，是打赢打好教育脱贫攻坚战的根本遵循，必须发挥其对教育扶贫工作实践的指导性、统领性、先导性作用。

一、习近平关于教育扶贫论述的生成基础

任何科学理论都有其生成的内在逻辑，都有其产生的时代背景、现实根基和理论语境。习近平关于教育扶贫的论述既有深厚的理论基础、文化根基，又有坚实的实践进路和坚定的人民立场。

---

① 李正元，天水师范学院党委书记、教授。

（一）习近平关于教育扶贫论述的理论基础

马克思反贫困思想和中国共产党反贫困理论是习近平关于教育扶贫论述的理论基础。马克思立足共产主义革命语境研究资本主义社会的贫困问题，并从人类社会基本矛盾方面提出了消除贫困的根本路径，以期实现人类的解放和共同富裕。在教育方面，马克思认为人的自由而全面发展是教育公平的最高理想。人要自由发展，"为改变一般人的本性，使它获得一定劳动部门的技能和技巧，成为发达的和专门的劳动力，就要有一定的教育或训练"①。同时，马克思还把教育同无产阶级的解放联系起来，"强调教育在消灭阶级、消灭剥削、提高人们的物质生活和文化生活水平方面的作用，强调教育对工人阶级的彻底解放和建设共产主义的重要意义"②。

中国共产党近百年的奋斗史和新中国成立70多年的发展史实际上就是一部党领导人民与贫困作斗争的历史。党的第一代领导核心毛泽东一生都在追求人民幸福、民族复兴，与贫困进行了艰苦卓绝的斗争。他认为，为了革命的需要，必须发展教育事业。"严重的问题是教育农民。农民的经济是分散的，根据苏联的经验，需要很长的时间和细心的工作，才能做到农业社会化。"③邓小平同样十分重视教育扶贫，提出共同富裕是社会主义的本质要求，强调"抓科技必须同时抓教育"④，发挥教育和科技在扶贫中的作用。江泽民强调，做好扶贫开

① 《马克思恩格斯全集》第44卷，人民出版社2001年版，第200页。
② 李正元：《马克思恩格斯教育思想及其在中国的发展》，《甘肃社会科学》2008年第6期。
③ 《毛泽东选集》第四卷，人民出版社1991年版，第1477页。
④ 《邓小平文选》第二卷，人民出版社1994年版，第40页。

发工作，要坚持"他扶"与"自扶"的有机统一，认为抓好教育扶贫"是脱贫致富的重要条件，也是经济发展后劲所在"。① 胡锦涛强调，教育公平是社会公平的重要基础，要以教育的发展推进社会公平，缩小差距，共享社会发展成果。习近平关于教育扶贫的论述就是在继承马克思和中国共产党教育反贫困理论的基础上，运用马克思主义的立场、观点和方法，聚焦我国现阶段贫困问题，面向新时代发展需要提出的最新理论成果。

（二）习近平关于教育扶贫论述的文化根基

习近平在党的十九大报告中指出，要"深入挖掘中华优秀传统文化蕴含的思想观念、人文精神、道德规范，结合时代要求继承创新，让中华文化展现出永久魅力和时代风采"②。中华文化博大精深、浩瀚无穷，其中，中国传统文化中尊师重教、勤学乐学等理念对习近平影响深远。这一方面培养了他重视读书、喜欢学习的好习惯；另一方面奠定了他重视教育的思想基础。习近平指出，"古人提出'敬教劝学，建国之大本；兴贤育才，为政之先务'是很有见地的"③。党的十八大之后，习近平围绕"培养什么人、怎样培养人、为谁培养人"这一根本问题对教育提出一系列重要论述，作出了优先发展教育事业、加快教育现代化、建设教育强国的重大部署，提出把中华优秀传统文化全方位融入扶贫思想道德教育、文化知识教育、艺术教育、体育和劳动实践教育各环节，贯穿于教育扶贫各领域，践行全员育人、全程育

---

① 《江泽民参加山西贵州代表团全体会议时指出推进经济结构战略性调整　进一步做好扶贫开发工作》，《人民日报》2000 年 3 月 11 日。

② 《习近平谈治国理政》第三卷，外文出版社 2020 年版，第 173 页。

③ 习近平：《摆脱贫困》，福建人民出版社 1992 年版（2019.10 重印），第 174 页。

人、全方位育人。习近平对教育扶贫的重视和关心关怀，与他深受中国传统文化尊师重教思想的影响是分不开的，也奠定了他关于教育扶贫论述产生的文化根基。

（三）习近平关于教育扶贫论述的实践进路

实践是理论之源。习近平关于教育扶贫论述的实践基础主要来自中国共产党的扶贫实践积累和习近平自己丰富的扶贫实践。新中国成立后，政府把消除贫困、改善民生、实现共同富裕作为奋斗目标，带领人民开展了土地改革，使 3 亿多农民获得土地。在教育领域，面对 80% 的文盲率，党和政府在全国开展了扫除文盲的运动，启动"三西"专项扶贫计划，出台了一系列政策。特别是党的十八大以来，党中央把脱贫攻坚作为全面建成小康社会的底线任务、标志性指标和全面建成小康社会的三大攻坚战之一。教育扶贫伴随脱贫攻坚战的持续推进，取得丰硕成果，积累了丰富经验，也为习近平关于教育扶贫论述的产生和发展奠定了坚实的实践基础。

从实践来看，教育始终是习近平牵心的问题。在正定县工作时他就十分重视教育，认为"教育是立国之本，是富国强兵之路，人人有责，必须抓好"①。在主政宁德时，他提出"弱鸟先飞""滴水石穿"的扶贫思路，提出要把科技教育作为闽东经济社会发展的头等大事来抓。在给延安杨家岭小学的信中他说，帮助老区、贫困地区发展教育事业，解决学生入学困难问题，是实现共同富裕的一个重要方式。党的十八大以来，习近平对扶贫更是牵挂在心，每年都到贫困地区考

---

① 中国共产党新闻网：《习近平同志在正定》，2014 年 1 月 2 日，见 http://cpc. people.com.cn/n/2014/0102/c64094-24000956-5.html。

察调研。2015年至今，他先后主持召开多次专题座谈会研究脱贫攻坚，反复强调，要紧紧扭住教育这个脱贫致富的根本之策，再穷不能穷教育，再穷不能穷孩子，务必把义务教育搞好。在长期的革命生涯中，面对不同地区的不同贫困状况，习近平坚定执着、实践探索，提出了一系列关于教育扶贫的新理念新思想新观点，形成了习近平关于教育扶贫的论述，把我们党对教育扶贫的规律性认识推进到一个新的境界。

（四）习近平关于教育扶贫论述的人民立场

教育事业涉及千家万户，寄托亿万家庭对美好生活的期盼，更是贫困家庭从根子上摆脱贫困的治本之策。习近平坚定坚实的人民立场，奠定了他重视教育、关心关怀教育的基础和情怀。在教育地位上，他认为，教育决定着人类的今天，也决定着人类的未来。教育兴则国家兴，教育强则国家强。必须把教育事业放在优先位置。在教育奋斗目标上，他提出，要立足中国大地，深化教育改革，加快教育现代化，办好人民满意的教育，"努力让13亿人民享有更好更公平的教育，获得发展自身、奉献社会、造福人民的能力"[1]。在教育发展方向上，他提出教育要为人民服务，为中国共产党治国理政服务，为巩固和发展中国特色社会主义制度服务，为改革开放和社会主义现代化建设服务，始终把人民对教育的期盼作为奋斗的目标。党的十八大之后，我国把教育放在优先发展位置，着力推进教育扶贫，让教育发展成果更多更公平地惠及全体人民，让孩子们享受更好更公平的优质教育。人民对教育的满意度不断提升、获得感不断增强，彰显了习近平

---

[1] 《习近平谈治国理政》，外文出版社2014年版，第191页。

以人民为中心、办好人民满意教育的思想和理念。

二、习近平关于教育扶贫论述的丰富内涵

习近平关于教育扶贫的论述内容丰富、内涵深刻，既有实践探索、理论阐述，又有方法指引、路径措施，涵盖了教育扶贫战略地位、使命任务、重要内容、内生动力、重要路径和奋斗目标等多个方面。

（一）教育扶贫的战略地位：扶贫的先行官和根本大计

教育具有先导性、基础性、全局性作用。早在宁德工作时，习近平就指出扶贫要"真正把教育摆在先行官的位置"①，在党的十九大报告中，他强调必须把教育事业放在优先位置，办好人民满意的教育。这充分体现了习近平坚持教育先行的一贯思想。一是揭示了扶贫大局中教育优先发展的必要性。贫困地区要稳步实现脱贫，要持续巩固和发展脱贫成果，不断满足老百姓对美好生活发展的需要，就必须优先发展教育，从根本上解决贫困和发展问题。二是揭示了教育扶贫对贫困地区经济社会的推动作用。针对一些贫困地区不重视教育的现象，他提出"治贫先治愚"，强调"坚持'富脑袋'和'富口袋'并重，加强扶贫同扶志扶智相结合，加强开发式扶贫同保障性扶贫相衔接"②。他从战略高度科学回答了在扶贫实践中如何正

---

① 习近平：《摆脱贫困》，福建人民出版社 1992 年版（2019.10 重印），第 174 页。
② 人民网：《脱贫攻坚必须坚持"富脑袋"和"富口袋"并重》，2020 年 3 月 21 日，见 http://politics.people.com.cn/BIG5/n1/2020/0321/c1001-31642381.html。

确处理经济与教育的关系问题。三是指出教师是教育扶贫的"先行者"。贫困地区发展教育，必须优先建设一支政治过硬、结构合理、素质优良、数量充足的教师队伍，"要把乡村教师队伍建设摆在优先发展的战略位置"①。

教育是民族振兴、社会进步的重要基石。一个地区的发展是一个涉及政治、经济、教育、科技、医疗、文化、生态等多方面内容的系统工程，其中教育起着基础性、全局性、根本性作用。习近平站在党和国家事业全局的高度，着眼于从全局上、战略上、深层次上看待教育扶贫，坚持教育先导地位，提出"抓好教育是扶贫开发的根本大计"②。这一方面揭示了教育作为国计民生在扶贫大局中居于根本性的突出位置，彰显了教育在扶贫中的重要地位；另一方面揭示了教育在扶贫中应该发挥根本性的作用，起到其他要素起不到的作用。

（二）教育扶贫的使命任务：阻断贫困代际传递

导致贫困的原因千差万别，根本原因还在于缺乏良好的教育。有学者通过对湖南武夷山片区调研，认为贫困表面是穷在经济，根子是穷在教育。③ 很多贫困地区孩子不上学、上不了学，缺乏现代知识，不具备脱贫致富的意识、能力，就会形成贫困代代传递恶性循环的局面，可以说这是导致贫困的最大根源。对此，习近平提出，"让贫困地区的孩子们接受良好教育，是扶贫开发的重要任务，也是阻断贫困

---

① 人民网：《习近平主持召开中央全面深化改革领导小组第十一次会议》，2015年4月1日，见 http://jhsjk.people.cn/article/26785689。

② 《习近平扶贫论述摘编》，中央文献出版社2018年版，第133页。

③ 唐智彬、刘青：《"精准扶贫"与发展定向农村职业教育——基于湖南武陵山片区的思考》，《教育发展研究》2016年第7期。

代际传递的重要途径。"①"授人以鱼，不如授人以渔"，既要输血更要造血。实践证明，简单的输血式扶贫不能从根子上解决贫困问题，只有让贫困地区孩子们接受良好教育，具备现代社会就业能力，掌握一技之长，才能从根本上阻断贫困人口世代贫困的传递基因，也才能拔掉穷根。

（三）教育扶贫的重要内容：基础教育和能力素质提高并举

习近平关于教育扶贫论述的内容在不同的语境中有不同的要求和含义：一是指保障义务教育；二是指职业技术教育、继续教育、技能和能力培训；三是指高等教育和思想品德教育、综合素质的提高。对于贫困家庭适龄儿童，要保障他们接受义务教育，接受现代文化和知识教育，提高综合素质，培养其基本就业的能力，通过自己的劳动和努力实现脱贫致富。对具备一定基础和条件的贫困人口和成年人，要进行劳动技能的再培训教育，使其掌握脱贫致富的技能，通过努力劳动实现脱贫。"一个贫困家庭的孩子如果能接受职业教育，掌握一技之长，能就业，这一户脱贫就有希望了。"②同时，要不断提高贫困群众的科学文化素质和脱贫致富的能力、自我发展的能力，保持稳定脱贫、长远发展。要"把思想道德教育和科学文化建设贯穿于脱贫致富的整个过程"③，融入教育扶贫各领域；要坚持促进人的全面发展的扶贫教育理念，丰富贫困地区文化活动，提高贫困群众综合素质，振奋贫困地区和贫困群众精神面貌；要优化教育资源配置，大力加强贫困

---

① 习近平：《携手消除贫困　促进共同发展——在 2015 减贫与发展高层论坛的主旨演讲》，人民出版社 2015 年版，第 7 页。

② 《习近平扶贫论述摘编》，中央文献出版社 2018 年版，第 68 页。

③ 习近平：《摆脱贫困》，福建人民出版社 1992 年版（2019.10 重印），第 153 页。

地区教育设施、教育条件和教师队伍建设，逐步缩小区域、城乡、校际差距。在农业农村人才培养上，要以强农兴农为己任，拿出更多科技成果，培养更多知农爱农新型人才。

（四）教育扶贫的内生动力：扶"志"与扶"智"相结合

辩证唯物主义认为，任何事物的发展变化都是内因和外因共同作用的结果。贫困群众是脱贫攻坚的对象，更是脱贫致富的主体，脱贫中既要坚持外在的帮扶，更要坚持群众主体，激发内生动力，充分调动群众的积极性、主动性。对此，习近平强调指出，"脱贫攻坚既要扶智也要扶志，既要输血更要造血，建立造血机制，增强致富内生动力，防止返贫"①。"志"即志气、志向、意志，有了战胜贫穷的斗志、信心、志气，才能激发贫困群众内生动力，唤醒他们的主体意识，提升主体能力，实现真正脱贫。"智"即素质、能力、技能，一技之长。贫困群众具有了脱贫的意识、思想和志气还不够，还必须具有脱贫的知识、能力和技术。必须根据情况，帮助培训贫困人员提升就业和脱贫的能力，注重贫困户劳动技能培训，让贫困户尽可能掌握一项劳动技能、培植一条致富的门路，做到既"富口袋"又"富脑袋"。

（五）教育扶贫的重要路径：摆脱意识贫困和实施精准扶贫

马克思主义认为，任何人都生活在一定的社会关系之中，并受这种社会关系的制约。一方面人们所处的环境对人产生一定的影响，另

---

① 《坚定信心埋头苦干奋勇争先　谱写新时代中原更加出彩的绚丽篇章》，2019 年 9 月 19 日，见 http://jhsjk.people.cn/article/31361035。

一方面人们通过自己的实践活动能够主动地改变环境和社会，并且改变人自身。在实际中，一些人受传统观念的束缚，主观上存在世代贫困而无法改变的认识，存在"等、靠、要"思想。针对此类情况，习近平强调，"摆脱贫困首要并不是摆脱物质的贫困，而是摆脱意识和思路的贫困"①。只有积极帮助贫困人口树立科学的扶贫观，克服"等、靠、要"思想，摆脱头脑中的贫困，把贫困人员的意识、思想扶起来了，才能使贫困人口自觉行动起来。同时激发贫困人口内生动力，培养自我发展能力，才能保持脱贫不返贫，才能达到不仅脱贫而且致富的目的，才能"继续在致富路上奔跑，走向更加富裕的美好生活"②。

教育扶贫必须坚持精准要求。精准扶贫是习近平扶贫论述的精髓，他指出，扶贫开发推进到今天这样的程度，贵在精准、重在精准，成败之举在于精准。一方面，要保证适龄少年儿童都能上学，接受义务教育，抓好控辍保学，构建精准到人的资助体系；另一方面，对贫困户开展思想教育、技能培训、产业扶持，因地因户因人把工作做细做精准，才能避免形式主义，收到实实在在的效果。

（六）教育扶贫的奋斗目标：实现教育公平，促进人的全面发展

人民对美好生活的向往就是我们的奋斗目标。而对于贫困地区尤其是深度贫困地区而言，教育是改变儿童命运、创造美好生活、改变家庭和贫困区域未来的最主要推动力量。但现阶段我国教育发展不平

---

① 《习近平扶贫论述摘编》，中央文献出版社 2018 年版，第 137 页。

② 《坚定信心埋头苦干奋勇争先　谱写新时代中原更加出彩的绚丽篇章》，2019 年 9 月 19 日，见 http://jhsjk.people.cn/article/31361035。

衡不充分的问题还比较突出，教育资源尤其是优质教育资源分布及其发展在贫困地区与非贫困地区之间、东西部地区之间、城乡之间、校际之间的不平衡不充分现象也较为突出。为此，习近平反复强调，不要让孩子们输在起跑线上，强调"教育公平是社会公平的重要基础，要不断促进教育发展成果更多更公平惠及全体人民，以教育公平促进社会公平正义"①。这就要求我们在教育扶贫实践中必须做到帮扶公平，把促进教育机会和过程公平、促进教育均衡发展、合理优化配置优质教育资源作为重点和关键，确保每个孩子在教育起点上公平、入学机会上公平、教育过程中公平。

习近平还强调"要坚持以促进人的全面发展的理念指导扶贫开发"②，提出学校教育要始终坚持立德树人根本任务，坚持德智体美劳五育并举、全面发展。同时也要始终坚持"扶志"与"扶智"、"富脑袋"与"富口袋"、脱贫能力提高与思想品德教育、物质文明与精神文明建设相结合，在实现教育公平的同时促进人的全面发展，促进人的价值的实现。习近平关于教育扶贫促进教育公平、实现人的全面发展、共享发展成果的论述，不仅是教育发展的价值追求，也是教育扶贫的奋斗目标，更是全面建成小康社会、践行中国共产党初心使命的根本要求。

习近平关于教育扶贫战略地位、使命任务、重要内容、内生动力、重要路径、奋斗目标等的一系列论述，是对当代中国教育扶贫实践的科学总结，回答了什么是教育扶贫、怎样进行教育扶贫等根本性问题。其内容是有机的统一整体，具有内在的实践性、统一性、逻辑性，构成习近平扶贫论述的有机部分，是我们打赢打好教育脱贫攻坚

---

① 《习近平谈治国理政》第二卷，外文出版社 2017 年版，第 365—366 页。
② 《习近平扶贫论述摘编》，中央文献出版社 2018 年版，第 137 页。

战的根本遵循。目前，我国脱贫攻坚已进入决战决胜、全面收官的关键阶段，唯有始终以习近平关于教育扶贫的论述武装头脑、指导实践、推进工作，才能打赢打好教育脱贫攻坚战，全国建成小康社会，共同实现"两个一百年"伟大目标。

（本文原载于《国家教育行政学院学报》2020 年第 6 期）

公平正义：教育扶贫的价值追求

李兴洲①

扶贫开发的实践和经验表明，治贫先治愚，扶贫先扶智。教育扶贫作为我国"十三五"期间精准脱贫攻坚战略的重要举措，已日益成为人们的共识。"让贫困家庭子女都能接受公平有质量的教育，阻断贫困代际传递"，是《中共中央、国务院关于打赢脱贫攻坚战的决定》中确立的战略指导思想。在我国，精准扶贫进入了关键攻坚阶段，对于教育扶贫重要作用的认识，不应仅停留在教育扶贫本身，也不应仅局限于教育事业内部，而应从现代社会治理和可持续发展的时代高度，充分认识教育扶贫追求社会主义公平正义核心价值的基本特征，从而为教育扶贫奠定坚实的理论基础，并以此为指导，更好地推动我国教育扶贫事业的改革与发展。

---

① 李兴洲，北京师范大学教育学部教授、博士生导师，北京师范大学中国教育扶贫研究中心执行主任。

一、教育扶贫的历史使命

贫困是一种综合、复杂的社会经济现象。根据联合国、世界银行等权威机构对贫困的定义，其并不只表现为衣食住行的短缺或物质层面的"穷"。在更深层面，贫困意味着对人的选择和机会的否定与对人格的侵害，意味着缺乏有效参与社会的基本能力，无法享受基本的教育和医疗服务，没有权利，被排斥在群体生活之外，被剥夺福利状态。据此，贫困理论研究者一般将贫困划分为收入贫困、能力贫困、权利贫困和心理贫困4类。[①] 经济学者更注重收入贫困研究，社会学者更关注权利贫困研究，心理学者更多地关心贫困人口的依赖心理、宿命感、自卑感等心理问题研究，但解决这些贫困问题必然要依赖人能力的相应发展。个体主义贫困论者将致贫原因归结为个体的能力缺陷或贫困文化的代际传递。刘易斯认为，"贫困文化一经形成便趋向于永久化"[②]，而长期处于贫困文化中的儿童自幼便被打上了烙印，通过代际传递，形成封闭循环，无法摆脱自身困境。因此，通过教育提升贫困人口的生存和发展能力，从思想上突破"贫困文化"藩篱，是解决贫困问题的基础和关键环节，也是学者致力于研究的重要问题。

教育在减贫脱贫过程中发挥着非常重要的作用，肩负着减贫脱贫的历史使命。世界银行研究结果显示，以世界银行贫困线为标准，如果家庭中的劳动力接受教育年限少于6年，则贫困发生率大于16%；

---

① 张克中：《贫困理论研究综述》，《减贫与发展研究》2014年第4期。

② Oscar Lewis，"The Culture of Poverty"，*Scientific American*，1966（4）。

若将年限增加 3 年，则贫困率会下降到 7%；若接受教育年限为 9—12 年，则贫困率下降到 2.5%；若受教育年限超过 12 年，则几乎不存在贫困的状况。教育程度的变量同样会反映在平均收入上。随着劳动者平均受教育年限的提高，从 6 年到 6—9 年、9—12 年，到长于 12 年，平均收入指数从 100 分别上升到 130、208、356。[①]

二、教育扶贫的价值追求

从根本上来看，贫困问题不只是社会民生问题，其实质反映了社会的公平正义。公平、正义是现代社会具有支撑意义的核心价值观念和行为准则。公平强调的是公正与平等；正义则规定着社会成员的基本权利和义务，规定着资源与利益在社会群体和成员之间的适当安排和合理分配。公平正义不仅表现为人的权利与机会等社会显性要素的平等，还表现为人的自由和尊严等个体隐性要素的平等。马克思主义认为，"实现社会公平和正义的基本条件，就是整个社会实行生产资料公有制，发展生产力，消灭工农之间、城乡之间、体力与脑力劳动之间的差别"[②]。贫困的产生和存在，直接表现为生产力和社会发展水平的落后，但其背后深层的原因则是机会、分配、权利等社会核心价值没有得到充足的供给和保障。罗尔斯认为，正义是一种"作为

[①] 世界银行东亚及太平洋地区扶贫与经济管理局：《从贫困地区到贫困人群：中国扶贫议程的演进》，2009 年 3 月，第 58 页，见世界银行中国网站：http://www.worldbank.org.cn/china。

[②] 李森：《马克思主义中国化过程中社会公平理念的发展脉络》，《中共福建省委党校学报》2012 年第 1 期。

公平的正义"①，公平是正义的基础和核心，社会中一切机会、人格、自由等都是正义平等的，由此才体现出整个社会的正义；而自由平等、差别与机会公正原则是体现公平正义的基本原则；为了实现社会公平正义，应当遵循起点公正、过程公正和结果公正三大价值理念。这种观点对我们认识和分析教育扶贫和教育分配正义具有积极的借鉴作用。

（一）教育扶贫体现差别正义原则和起点公正理念

分配正义理论认为，公共物品的提供要对社会弱势群体或最不利者群体予以特别倾斜照顾，使之对社会弱势群体或最不利者群体最为有利。这即是罗尔斯的"最大化最小"原则。② 当然，公共物品的分配也要追求帕累托最优原则，即在帮助弱势群体的同时，不会使他人（至少一个人）的状况变坏。但在现实中，供给决策在涉及若干群体间相对利益取舍时，帕累托改善往往无法实现。在这种情况下，采用罗尔斯主张的"差别正义原则"，缩小人们由于资质、家庭出身、社会关系等偶然因素的差异所产生的结果上的巨大差异，使偶然因素造成的社会底层与中高阶层之间的不平等限制在一定限度内，既可实现对弱势群体的扶持和帮助，确保"底线平等"，也不会对他人的现状产生实质性的弱化，从而达到缩小差距、共同发展的目标。

研究显示，教育基本公共服务滞后是贫困地区最大的短板，义务

---

① [美] 约翰·罗尔斯：《正义论》，何怀宏等译，中国社会科学出版社 2006 年版，第 62 页。

② 郑谦：《公共物品"多中心"供给研究——基于公共性价值实现的分析视角》，北京大学出版社 2012 年版，第 73 页。

教育服务能力不足是短板中的短板。[1] 贫困地区经济基础薄弱，县级财政收入欠佳，难以承担基础教育投入主体的角色；而教育经费短缺必然致使贫困地区学校数量不足，办学条件差，甚至存在安全隐患。如此情况难免会影响日后孩子的入学率，以及现有学生的巩固率，教育质量难以保证。为此，我国从 1995 年起，相继实施第一期、第二期"国家贫困地区义务教育工程"、西部地区"两基"攻坚计划，以及"全面改善贫困地区义务教育薄弱学校工程"等针对性措施，中央专款分配向西部地区倾斜，为贫困地区安排的资金占 90% 以上，给予乡村教师专项特惠补助，有些地方政府也制定了针对性强、瞄准度高的教育扶贫措施。

实施教育扶贫工程，应遵循差别正义原则，把教育资源向贫困地区和贫困人口倾斜，弥补过去对贫困地区和贫困人口教育投入和教育扶持的历史欠账，改善贫困地区和贫困人口落后的文化观念和恶劣的自然条件，办好适宜对路的教育，使他们也能够享受到优质的教育资源，努力做到起点公正，体现教育公平理念。

（二）教育扶贫体现权利平等原则和过程公正理念

平等理论认为，平等权主要是比较不同个体与不同群体之间的区别与差异，并探讨这种区别与差异是否"合理"。[2] 平等权被认为是任何实体权利一般都具备的保障形式。在教育领域，平等仅仅是受教育权的保障形式与核心内容，公民首先拥有受教育权，然后才能要求

---

① 曾天山：《以新理念新机制精准提升教育扶贫成效——以教育部滇西扶贫实践为例》，《教育研究》2016 年第 12 期。

② 段斌斌：《平等受教育权的含义剖析——从宪法学平等理论的视角出发》，《教育科学研究》2016 年第 6 期。

这项权利与他人是平等的。平等受教育权不仅表现为法律程序和形式的平等，更应注重法律执行和落实的平等。要实现贫困地区和贫困人口教育权利的平等，仅有受教育权的表面平等是不够的，还应当实现受教育权的实际平等。

就教育的本质和人的可持续发展追求而言，教育扶贫是从根本上扶助并保障贫困地区和贫困人口的基本权利和可持续发展权利，为他们摆脱贫困和可持续发展奠定坚实基础。然而，现实教育扶贫过程中仍存在人们受教育权得不到保障的现象。这说明有的扶贫政策没能严格地执行和落实，同时也表明贫困人口应该享受的相关权利被剥夺或弱化。教育扶贫理应惠及每一个贫困人口，不能出现选择性扶贫和政策虚化。教育权利的缺失必然会造成比收入贫困更深层的"能力剥夺的贫困"，它会引发"贫困的代际传递"。接受教育作为现代社会的一种基本权利，贫困地区和贫困人口理应得到同等对待和保障。唯有如此，贫困地区和贫困人口的减贫脱贫和可持续发展才有实现的可能。

（三）教育扶贫体现机会均等原则和结果公正理念

党的十八大之后，我国经济社会发展进入新常态，为了使全体人民在改革发展中有更多的获得感，中央提出了"共享发展"新理念，指出"共享是中国特色社会主义的本质要求"[1]。"共享发展"不仅体现了人民的主体性地位，也蕴含公正平等的重要准则。分配正义思想首先体现为对机会均等的认同，而机会均等则体现为社会要给每

---

[1] 《中共中央关于制定国民经济和社会发展第十三个五年规划的建议》，《人民日报》2015年11月4日。

个人提供生存和发展所必需的条件和环境，并为每个有劳动能力的人提供充分发挥体力和智力的机会，共享本身就蕴含着人们要享有机会均等。罗尔斯认为，"所有的社会价值——自由与机会、收入和财富，以及自尊的基础都应平等地分配"。① 这种每个人都平等地享有社会提供的种种机会的思想，在最低限度上要求保证机会均等，尽可能地让所有人都有平等的机会来接触和争取到相应的资源和机会。

机会均等是结果公正的前提条件。发展贫困地区的教育事业，一方面要保障对其整体教育的投入，另一方面也要有针对性地向偏远贫困地区和资源极度匮乏学校倾斜，实现有差别但机会均等的资源共享。教育扶贫追求结果公正，就是要让贫困地区和贫困人口在接受教育后，有充足的获得感体验，感受到教育带来的收益。因此，办好适宜对路的教育，就是要根据贫困地区和贫困人口的实际情况，举办有针对性和可行性的教育类型和教育形式，提供多种多样的教育途径和教育机会，满足他们不同的学习愿望和需求，而不仅是强化某一种类型的教育。因此，基础教育、职业教育和培训、成人教育、高等教育等各种类型的教育都应积极参与教育扶贫，而且要在教育内容、教育形式、教育评价等方面充分体现贫困地区和贫困人口的具体特点和需求，提高教育效益，努力做到机会均等和结果公正。

三、促进公平正义的教育扶贫对策建议

我国的教育扶贫，应根据实际情况和具体问题，研究制定相应的

① ［美］约翰·罗尔斯：《正义论》，何怀宏等译，中国社会科学出版社 2006 年版，第 84 页。

对策和行动，消除那些导致贫困的不合理制度和机制，建立健全彻底摆脱贫困的制度保障机制，形成具有中国特色的教育扶贫话语体系和解决方案。

（一）切实保障贫困地区和贫困人口的教育权利，实现起点公平正义

在我国，城乡之间教育发展水平差异较大，尤其是在贫困地区，教育硬件设施落后甚至缺失、教育经费缺少、师资水平低等教育贫困现象更为突出。这种教育起点的不公平，难以保障他们享有充分的教育权利。而教育权利的贫困与缺失，会严重制约他们的自身发展能力，最终只能陷入贫困境地。罗尔斯认为，"每一个人对于一种平等的基本自由之完全适当体制都拥有相同的不可剥夺的权利"[①]。这种权利是包括贫困人口在内的每个人都应享有的，也是一个公平和进步的社会所必须遵循的基本价值准则。

2012 年 12 月，习近平在河北省阜平县考察扶贫开发工作时指出，"治贫先治愚。要把下一代的教育工作做好，特别是要注重山区贫困地区下一代的成长……义务教育一定要搞好，让孩子们受到好的教育，不要让孩子们输在起跑线上。"[②]2013 年 11 月，习近平在同菏泽市及县区主要负责同志座谈时再次强调指出，"要紧紧扭住教育这个脱贫致富的根本之策，再穷不能穷教育，再穷不能穷孩子，务必把义务教育搞好，确保贫困家庭的孩子也能受到良好的教育，不要让孩子

---

① ［美］约翰·罗尔斯：《作为公平的正义》，姚大志译，社会科学出版社 2011 年版，第 56 页。

② 《习近平扶贫论述摘编》，中央文献出版社 2018 年版，第 131—132 页。

们输在起跑线上"①。因此，采取切实可行的措施，充分保障贫困地区和贫困人口的教育权利，是教育精准扶贫的首要任务，也是保障贫困地区和贫困人口享有教育起点公平正义的内在要求。

（二）切实改善贫困地区和贫困人口的教育条件，实现过程公平正义

阿马蒂亚·森认为，更好的教育和医疗保健不仅能直接改善生活质量，同时也能提高获取收入并摆脱收入贫困的能力。教育和医疗保健越普及，则越有可能使那些本来会是穷人的人得到更好的机会去克服贫困。② 因此，切实改善贫困地区和贫困人口的教育条件，让他们也享有发达地区优质的教育资源，虽不是短时间内容易解决的难题，但却能体现社会公平正义的过程公平原则，理应成为精准教育扶贫努力实现的目标。为此，《中共中央、国务院关于打赢脱贫攻坚战的决定》明确指出，国家教育经费要向贫困地区、基础教育倾斜，健全学前教育资助制度，加大对乡村教师队伍建设的支持力度，制定符合基层实际的教师招聘引进办法，改善贫困地区农村中小学校基本办学条件，率先从建档立卡的家庭经济困难学生中实施普通高中免除学杂费、中等职业教育免除学杂费，建立保障农村和贫困地区学生上重点高校的长效机制，加大对贫困家庭大学生的救助力度等，实施教育扶贫结对帮扶行动计划。

---

① 《习近平关于社会主义经济建设论述摘编》，中央文献出版社 2017 年版，第 210 页。

② [印] 阿马蒂亚·森：《以自由看待发展》，任赜、于真译，中国人民大学出版社 2013 年版，第 85—88 页。

（三）保障贫困地区和贫困人口的教育收益，实现结果公平正义

教育扶贫的目的是让贫困地区和贫困人口获得自我发展、自主脱贫能力，是一种内生式的扶贫脱贫方式。然而，贫困地区和贫困人口所处的社会环境和自然条件千差万别，文化传统和氛围各有千秋，教育基础和条件也不尽相同。因此，不能用一个方案、一种办法解决所有问题，教育扶贫也应当适宜对路，具有针对性和可操作性，让贫困地区和贫困人口切实感受到教育扶贫所带来的收益和获得感，从而发自内心地愿意接受教育，积极参与教育。

调查研究发现，贫困地区和贫困人口对教育的重视程度并不高，贫困家庭子女的教育没有得到普遍重视。这一方面是由他们的教育水平和教育条件落后所致，但另一方面也说明他们并没有感受到教育带来的收益，没有从接受教育中获得所需，因此，他们往往认为读书无用。这应引起人们的深思：到底什么样的教育才是贫困地区和贫困人口所需要的教育。精英教育显然不能适应广大贫困人口的需要，而那些更实用、更本土化的教育形式和内容，更可能给他们带来实实在在的收益，满足他们所需。因此，保障贫困地区和贫困人口的教育收益，切实保障社会公平正义的结果公平原则，才能充分体现教育扶贫的实际价值。

（本文原载于《教育研究》2017 年第 3 期）

党的十八大以来教育扶贫政策的发展特征

吴　霓　王学男①

党的十八大以来，以习近平同志为核心的党中央对扶贫开发工作作出一系列深刻阐述和全面部署，教育扶贫成为阻断贫困代际传递的重要途径，将扶贫开发上升到前所未有的战略高度。2013 年 11 月，习近平在湖南湘西考察时首次提出精准扶贫。2015 年中央全面深化改革领导小组第十一次会议提出："发展乡村教育，让每个乡村孩子都能接受公平、有质量的教育。"大力发展乡村教育，成为精准扶贫在教育扶贫中的重要举措。2015 年 11 月，中央扶贫开发工作会议明确把"发展教育脱贫一批"列入"五个一批"脱贫举措中，赋予教育重要使命，提出"治贫先治愚，扶贫先扶智"。在《中共中央、国务院关于打赢脱贫攻坚战的决定》中（以下简称《决定》）再次赋予教育扶贫"阻断贫困代际传递"的使命。这不仅标志着我国正式进入脱贫攻坚、全面小康的决胜阶段，更明确了教育扶贫在精准扶贫体系中发挥的基础性、先导性和根本性作用。

---

① 吴霓，中国教育科学研究院教育发展与改革研究所所长、研究员、博上生导师；王学男，中国教育科学研究院教育发展与改革研究所助理研究员。

随着"四个全面"战略和五大发展理念的推进，教育扶贫政策也逐渐形成一个完整、科学、系统的体系，呈现出五大发展特征：在价值取向上，以人民为中心的发展理念更加明确；在目标定位上，教育扶贫在抬高民生底线中的作用更加重要；在战略理念上，创新扶贫理论，扶贫方式更加精准；在工作机制上，调动社会力量，形成合力共同扶贫；在全球视野上，关注人类命运共同体，大国责任使命更加强烈。

一、价值取向：以人民为中心的发展理念更加明确

通过有质量的教育让贫困地区的贫困群众掌握知识与技能、转变意识与态度，从而实现脱贫，是直接作用于个体的精准扶贫措施，体现了党和政府以人民为中心、以人为本的价值追求。

为人民服务是党的宗旨，是以习近平同志为核心的党中央秉持的执政理念，也是教育扶贫思想与实践的价值基础。党的十八届五中全会进一步提出，坚持共享发展，必须坚持发展为了人民、发展依靠人民、发展成果由人民共享，作出更有效的制度安排，使全体人民在共建共享发展中有更多获得感。实现全体人民共同迈入全面小康社会。

掌握摆脱贫困的知识和技能是习近平扶贫论述的核心要点。他指出，"摆脱贫困，其意义首先在于摆脱意识和思路的'贫困'"[1]。随后他多次在调研和会议上强调"扶贫先扶智"的理念。教育扶贫凸显了个体通过教育获取摆脱贫困的知识与才能的重要价值，帮助贫困群体

---

[1] 习近平：《摆脱贫困》，福建人民出版社 1992 年版，第 160 页。

充分认识自我和客观环境的优劣以激发个体的主观能动性，是直指每个孩子、每个家庭获得自我发展能力的长效机制的精准扶贫。

乡村教育是我国教育发展的薄弱环节，大力发展乡村教育与精准扶贫思想一脉相承，也是优先发展教育战略地位的具体化。"让每个人都有人生出彩的机会"高度凝练了习近平以人民为中心的教育观。党的十八大以来，教育扶贫政策实现了跨越性的转型，从关注基础建设转变为基础建设与个体发展兼顾，针对乡村教师和贫困地区的学生，进行精准导向的政策倾斜。2014年12月，国务院办公厅印发《国家贫困地区儿童发展规划（2014—2020年)》，以健康和教育为重点，给予贫困地区儿童以关怀和保障。2015年，国务院印发《乡村教师支持计划（2015—2020年)》，对未来几年乡村教育发展作出了全面部署，旨在通过提高乡村教师水平，让农村地区获得有质量的教育，每个儿童都能实现精彩人生。

扶贫同扶智、扶志相结合，是以人民群众为本的扶贫开发，通过教育扶贫的精准施策，以着力发展乡村教育为突破口，从而激发贫困群众脱贫致富的活力，提高贫困群众的自我发展能力，最终实现绝不让任何一个群众掉队的全体人民的小康。

二、目标定位：教育扶贫在抬高民生
底线中的作用更加重要

明确民生底线是扶贫开发的基本前提，共享发展要守住民生底线。农民和农村发展问题始终是全面建成小康社会的难点和重点，贫困人口和贫困地区是全面实现小康的"短板"和"洼地"。2012年底，习近平到河北省阜平县看望困难群众时指出："全面建成小康社会，最艰巨最繁重的任务在农村、特别是在贫困地区。没有农村的小康，特别是没有贫困地区的小康，就没有全面建成小康社会。"①这意味着必须通过有效的制度安排，实现社会保障兜底，抬高民生底线，才能让更多贫困人口有获得感，共享小康成果。

抬高民生底线是扶贫开发重要战略地位的基本要求，其目标是缩小贫富差距，实现全体小康。2015年12月，中共中央出台的《决定》明确提出打赢脱贫攻坚战的总体目标："到2020年，稳定实现农村贫困人口不愁吃、不愁穿，义务教育、基本医疗和住房安全有保障。"

增加教育机会、共享优质教育资源等一系列教育政策的出台，在实现抬高民生底线的目标定位中发挥了重要的作用。义务教育均衡发展是关乎每一个儿童拥有同等机会接受优质教育的前提条件，是教育领域的"民生底线"，对于促进全体适龄儿童、少年健康成长、全面发展有着重大意义。在2015减贫与发展高层论坛演讲中，习近平再次强调："授人以鱼，不如授人以渔。扶贫必扶智，让贫困地区的孩子们接受良好教育，是扶贫开发的重要任务，也是阻断贫困代际传递的重要途径。"②

教育机会公平是教育扶贫的重要前提条件。国家先后颁布了一系列政策措施以确保贫困地区学生有同等机会接受优质教育。《全面改善贫困地区义务教育薄弱学校基本办学条件工作专项督导办法》，旨在全面改善贫困地区义务教育学校基本办学条件。《关于加快中西部教育发展的指导意见》，旨在显著增加中西部人民群众接受良好教育的机会，切实增强支撑中西部经济社会发展的能力，进一步缩小与东部发达地区的差距。教育部制定了相应的配套措施：实施支援中西部

---

① 《习近平关于协调推进"四个全面"战略布局论述摘编》，中央文献出版社2015年版，第25页。

② 《十八大以来重要文献选编》(中)，中央文献出版社2016年版，第720—721页。

地区招生协作计划、开展对口支援西部地区高等学校计划、推进省部共建地方高校工作、实施"三支一扶"计划，以及新增招生计划向中西部高等教育资源短缺地区倾斜。这些措施的实行，进一步保障了贫困地区贫困人口接受良好教育的条件与机会，扩大优质高等教育资源向西部地区流动，缩小高等教育区域差距。2016 年末，教育部等六部门印发《教育脱贫攻坚"十三五"规划》，成为"十三五"时期教育脱贫工作的行动纲领。

找准扶贫脱贫的底线，通过发展教育以及一系列精准指向贫困欠发达地区的倾斜性教育政策实施，使得贫困地区实现脱贫的保障条件不断提高，脱贫能力不断提升，成为抬高民生底线的重要途径。

三、战略理念：创新扶贫理论，扶贫方式更加精准

以人民为中心的价值取向和抬高民生底线的目标定位，必然要求明确贫困人口、贫困程度、致贫原因等，并对症下药，从根本上消除造成贫困的根源，从而帮助被帮扶者彻底脱贫，切实提高其获得感，精准扶贫的理念于是应运而生。

2014 年，国务院扶贫办下发《关于印发〈建立精准扶贫工作机制实施方案〉的通知》《关于印发〈扶贫开发建档立卡工作方案〉的通知》，作出一系列精准扶贫工作的顶层设计、总体布局和工作机制部署，推动了精准扶贫战略的全面开展。在传统扶贫的历史和经验基础上，习近平提出中国的扶贫应改变扶贫方式，由大水漫灌式扶贫向精准扶贫转变，扶贫对象从贫困区域向贫困人口聚焦，扶贫机制由主要依赖经济增长的"涓滴效应"到更加注重"靶向性"对目标人群直

接加以扶贫干预的动态调整。强调精准识别、对症下药、靶向治疗，建立精准扶贫与精准脱贫的体制机制，激发个体的主观能动性和积极性，帮助每一个贫困人口摸索出适合自己的脱贫路线，从而促使贫困地区整体脱贫、全面脱贫，使精准扶贫成为指导我国扶贫工作的新举措和新战略。

精准扶贫是基于我国自改革开放以来多年扶贫工作的实践经验，也是对世界反贫困理论的继承与中国化发展，不仅是我国当前扶贫工作的重要战略理念，而且具有丰富的理论内涵。1998 年联合国把贫困界定为：贫困意味着缺乏有效地参与社会的基本能力、没有足够的食物和衣物维持温饱、无法享受基本的教育和医疗服务、没有权利、被排斥在群体生活之外。可以将其分解为能力贫困、收入贫困、权利贫困和心理贫困 4 类贫困现象。国外的扶贫起步较早，也多是基于 4 类贫困现象展开。

我国的扶贫战略既具有普遍性也具有特殊性，自改革开放以来先后经历了体制变革阶段（1978—1985 年）、区域开发扶贫阶段（1986—1993 年）、攻坚计划扶贫阶段（1994—2000 年）、战略联动扶贫阶段（2001—2010 年）及精准扶贫阶段（2011 年至今）。面对贫困这一多维度的概念和复杂的社会现象，精准扶贫的理论体系不断创新，在对贫困的认知和扶贫的主体方面，实现了从单一向多元的转变；在扶贫对象的判定上，实现了从粗放、经验型向精准、科学化的转变；在扶贫的机制上，实现了从静止孤立向创新联动的转变。

教育扶贫政策的精准性首先体现在"扶持谁"的问题上，在精准识别帮扶对象的基础上，通过构建科学动态的数据库，以保证资金使用、项目安排等系统工程的科学性与精准性。通过动态监测、数据比对、建档立卡、建立电子学籍及数据库等一系列举措，深入落实城乡义务教育经费保障机制、"两免一补"资金和生均公用经费基准定额资金随学生流动可携带，切实保障贫困地区的学生资助、学籍管理、随迁子女的教育经费及乡村教师的津贴补助精准落实。

四、工作机制：调动社会力量，形成合力共同扶贫

"十三五"时期是脱贫攻坚的冲刺期，脱贫工作越往后难度越大。为确保如期实现全面小康目标，必须充分发挥我们的政治优势和制度优势，动员全社会共同参与，强化社会合力共同扶贫，形成脱贫工作的最大效益。

2014年12月，国务院办公厅印发《关于进一步动员社会各方面力量参与扶贫开发的意见》，部署全面推进社会扶贫体制机制创新，进一步动员社会各方面力量参与扶贫开发。2015年6月，习近平在贵州调研时提出了扶贫工作"四个切实"的基本原则：切实落实领导责任、切实做到精准扶贫、切实强化社会合力、切实加强基层组织；并在部分省区市党委主要负责同志座谈会上提出，要坚持专项扶贫、行业扶贫、社会扶贫等多方力量、多种举措有机结合和互为支撑的"三位一体"大扶贫格局，健全东西部协作、党政机关定点扶贫机制，广泛调动社会各界参与扶贫开发积极性。

第一，通过教育对口支援来促进民族地区精准扶贫。《关于加快中西部教育发展的指导意见》的基本原则中明确提出："系统谋划加快中西部发展的政策措施，确保各项政策相互配套、相互支撑，形成合力。发挥市场、企业、社会组织作用，吸引更多社会力量参与中西部教育发展。"2016年底教育部印发了《关于加强"十三五"期间教

育对口支援西藏和四省藏区工作的意见》，提出实施好"组团式"教育人才援藏工作、加强学校之间的结对帮扶等9项重点任务，强调各省市、高校、直属单位要进一步发挥人才优势、管理优势和资源优势，精准发力以提高教育援藏力度。党的十八大以来，教育援藏援疆政策、新疆与内地省市中小学"千校手拉手"活动、四川藏区"9+3"免费教育计划、内地民族班政策、少数民族预科班和少数民族高层次骨干人才培养计划、职业教育团队式对口支援、对新疆和西藏高校开展团队式对口支援、直属高校定点扶贫等均在有条不紊地实施和完善中。

第二，通过完善民办教育的政策环境来助推精准扶贫。党的十八大和十八届三中全会提出"鼓励社会力量兴办教育"，党的十八届五中全会进一步明确要鼓励社会力量和民间资本提供多样化教育服务。2016年《政府工作报告》要求支持和规范民办教育发展，第十二届全国人民代表大会常务委员会第二十四次会议审议通过了《关于修改〈中华人民共和国民办教育促进法〉的决定》，为深化民办教育改革发展提供了法律保障。2016年12月，国务院印发《关于鼓励社会力量兴办教育促进民办教育健康发展的若干意见》，通过一系列完善民办教育发展的政策措施，鼓励并引导社会力量成为助推教育扶贫攻坚的重要力量。

第三，通过发展职业教育提供"造血能力"助力精准扶贫。国家发布《职业教育东西协作行动计划（2016—2020年)》，结合学生资助和对口支援政策，加快为贫困地区培养适应当地经济发展的急需人才。在实施"现代职业教育质量提升计划"进程中，对贫困地区予以倾斜；推动各地建立高等职业院校生均拨款制度，到2017年达到1.2万元标准；支持中等职业学校改善基本办学条件，开发优质教学资源，提高教师素质，引入利用市场机制，深化职业教育校企合作改革；举办内地西藏、新疆中职班；实施贫困地区中职学生的免学费和国家助学金补助政策；开展"求学圆梦行动"，加强农民工学历继续教育与非学历培训等一系列政策与项目，使教育与就业、再就业培训紧密结合。

五、全球视野：关注人类命运共同体，大国责任使命更加强烈

扶贫开发是我国实现全面小康的核心目标，也是世界减贫事业的重要组成部分。党的十八大以来，习近平多次谈到"命运共同体"。2015 年 9 月，在联合国成立 70 周年发展峰会上，习近平全面阐述打造人类命运共同体的内涵并专门提道："改革开放 30 多年来，中国立足自身国情，走出了一条中国特色发展道路。中国基本实现了千年发展目标，贫困人口减少了 4.39 亿"①。在瑞士世界经济论坛 2017 年年会开幕式上，习近平发表题为《共担时代责任　共促全球发展》的主旨演讲，再次向世界发声："中国秉持以人民为中心的发展思想，把改善人民生活、增进人民福祉作为出发点和落脚点，在人民中寻找发展动力、依靠人民推动发展、使发展造福人民。中国坚持共同富裕的目标，大力推进减贫事业，让 7 亿多人口摆脱贫困，正在向着全面建成小康社会目标快步前进。"② 数据显示，截至 2014 年底，中国已经实现或基本实现减贫、男女平等接受初级教育等十多项千年发展目标指标。全面小康的实现将使我国提前 10 年实现联合国到 2030 年的全

---

① 《习近平在联合国成立 70 周年系列峰会上的讲话》，人民出版社 2015 年版，第5 页。
② 《习近平谈治国理政》第二卷，外文出版社 2017 年版，第 483 页。

球减贫目标，为中国故事、中国道路写下载入人类发展史册的新篇章，中国经验将为世界各国的实践提供重要启示。

党的十八大以来，以习近平同志为核心的党中央着眼于全面建成小康社会的目标，对扶贫开发工作作出了一系列顶层设计和周密部署，提出了精准扶贫的理念，随着一系列政策的落实，教育扶贫取得巨大成就。学生资助体系全覆盖，呈现学生数量、资助金额、财政投入和学校与社会投入的 4 个持续增长，营养改善计划成效明显，留守儿童关爱服务体系建立，全面改善贫困地区薄弱校，实施中西部高等教育振兴计划，让更多农村孩子上重点大学，全体人民充分共享改革开放的教育成果，为办好人民满意的教育，交出了一份辉煌的答卷。

（本文原载于《教育研究》2017 年第 9 期）

构建中国绿色减贫机制的理论及对策

张　琦　冯丹萌①

　　贫困是人类社会发展始终不得不面对的问题，随着生态环境资源对全球人类发展的重要性不断提升、绿色发展理念对于人类整体发展的价值逐步凸显，贫困的概念面临新的突破和发展。随着绿色发展大战略的确定，由环境、生态、资源等自然因素引起的绿色贫困也日渐成为中国现阶段贫困的重要内容之一，绿色减贫是中国目前乃至未来减贫战略的必然趋势，是长远解决中国贫困问题的关键突破口。

一、绿色减贫对贫困地区可持续发展
　　有深远意义

　　绿色减贫是新时期以来根据全球贫困特征以及全人类发展目标而提出的可持续减贫战略，然而从人类的发展规律以及与自然之间的关系来

---

①　张琦，北京师范大学中国扶贫研究院院长、教授、博士生导师；冯丹萌，农业农村部农村经济研究中心助理研究员。

看，绿色减贫理念的出现并不是突然诞生的，而是随着人类与自然的不断发展、不断摸索、不断磨合而逐渐形成的，具有一定的历史必然性。

（一）绿色减贫是衔接贫困地区脱贫与乡村振兴的关键纽带

绿色发展是以当地的长远发展为目标的，因此从实施内容上充分考虑贫困地区的内生发展，注重从贫困人口的文化水平、发展观念以及健康水平等方面进行改善，防止返贫现象或者代际贫困现象的出现，这为乡村振兴发展提供一定的基础，避免脱贫后无法自力更生的现象出现。同时，绿色发展秉持人、自然和经济和谐发展的原则，充分保护和有效利用当地的自然资源，在合理范围内"精而巧"地开发一些生态扶贫项目，增收的同时也进一步提升生态保护重视度，为贫困地区保留了"绿水青山"，与乡村振兴战略中的"生态宜居"相吻合。因此，绿色发展不仅是贫困地区实现脱贫的重要手段，而且也是衔接乡村振兴的有效桥梁。

（二）绿色减贫为 2020 年后中国减贫指明新方向

2020 年，中国将在现有标准下实现农村贫困地区脱贫，贫困县全部摘帽，解决区域性整体贫困问题，即在中国全面建成小康社会时间点下的贫困问题基本解决。这是一项历史性功绩，但在我国完成现有标准下贫困人口全部脱贫、贫困县全部摘帽、解决整体性贫困问题的历史使命后，减贫仍将是我们需要面临的问题。[1]2020 年

---

[1] 张琦、冯丹萌：《我国减贫实践探索及其理论创新：1978—2016 年》，《改革》2016 年第 4 期。

后，中国扶贫脱贫的目标和任务将会倾向于相对贫困问题，或者说低收入群体。从联合国 2030 年可持续发展议程来看，经济与环境协同促进的可持续发展模式是全人类共同的发展之路，在未来的减贫道路中，不仅脱离不了绿色发展，而且绿色发展理念将会越来越凸显。

二、贫困地区绿色减贫内在机制的基本框架

要实现绿色减贫，其核心就是要完成贫困地区绿色资源向经济、社会以及生态价值的转化，进而形成贫困地区核心内源驱动减贫动力。

（一）绿色减贫的生态价值凸显机制

生态资源环境与人类的发展从一开始并不是分裂和相违背的关系，生态资源的保护对于人类发展起到促进的积极作用。由于地域特征、自然条件以及自身的限制性开发等约束，贫困地区在国家发展中实际承担了生态保障、资源储备和风景建设的角色。[①] 首先，中国的贫困地区大多集中于偏远农村，现代化发展水平低，基础设施薄弱，产业发展单一，绿色资源是贫困地区经济活动的重要依赖资源，为贫困人口从事经济活动提供了良好的前提条件，对贫困地区减贫具有隐性的正向作用。其次，绿色减贫完成贫困地区资源价值向经济价值和

---

① 苏静、胡宗义、肖攀：《中国农村金融发展的多维减贫效应非线性研究：基于面板平滑转换模型的分析》，《金融经济学研究》2014 年第 4 期。

社会价值的转换。绿色减贫强调生态保护的同时，也旨在建立一种以良性生态资源为动力的生态经济体系，以绿色资源为生产要素，通过贫困人口的参与和政府的政策引导支持，在合理开发绿色资源基础上充分发挥自然资源价值，使其转化为经济价值。最后，绿色减贫是经济价值有效反馈于绿色资源环境中的再一次转换过程，完成绿色资源与经济的逆向循环。绿色减贫利用绿色资源转化成的经济价值，再一次逆向反馈到绿色资源的保护和投入中，为下一轮的机制再次提供基础。

（二）绿色减贫的经济价值转化机制

生态资源具有消费属性[①]，这种属性是对于以人类为主体而言的。从资本要素视角来看，资本是经济发展的根本，而绿色减贫的本质就是贫困地区内部绿色资源向绿色资本的价值转化过程。

1. 生态资源的景观价值

由于贫困地区生态资源的状况各异，因此生态资源的景观价值主要体现于自然条件较好的贫困地区。此类贫困地区生态资源丰富，绿色减贫可充分发挥生态资源的景观价值，在合理开发范围之内，创造经济价值。如此一来，生态环境对于贫困地区而言不仅仅是单向保护的对象，而且成为提升当地居民的有效资本，生态环境的保护投入也同时成为其提升收入的必要投资。生态资源通过市场合理配置扭转传统绿色资源的开发式发展模式，从传统的"资源—减贫—污染破坏—资源再开发"的恶性循环转变为"资源—经济价值—减贫—资源再投

---

① 刘俊英：《中国政府民生服务及其减贫效应分析》，《经济问题探索》2013 年第9 期。

资"的良性循环，使绿色资源转化为经济价值，从而达到提升贫困人口收入水平的目的。

2.生态资源的生产价值

与生态资源发展相结合的生态农业是贫困地区生态资源生产价值的有效体现。生态农业是指在保护、改善农业生态环境的前提下，遵循生态系统发展规律的集约化经营的农业发展模式，是农、林、牧、渔等综合起来的农业，是以经济发展为动向，结合农业生产、加工、销售为一体的现代农业，是贫困地区绿色减贫的来源之一。生态农业通过利用较高的现代科技和技术水平提升传统农业生产效率，提升农产品的经济效益。

3.生态资源的市场价值

根据生态资源的内容与属性，主要是针对土地、水资源、生物和气候资源，绿色减贫依据贫困地区的资源内容、特征及优劣势，以衡量不同资源的可再生能力为前提，通过选取合适的、具有一定经济效益和在被开发承载范围内的绿色资源进行开发，投入贫困人口劳动力，通过市场调节，透过绿色产品和服务的供给与需求产生复杂的相互作用，进而对绿色资源形成合理配置，达到提高贫困地区经济效益的目标。

4.生态资源的参与价值

生态资源在经济价值转换过程中还具有一定的参与价值，如生态休闲旅游模式，主要依靠贫困地区的森林、土地、水等自然资源，发展具有参与性的生态旅游模式，使游客通过亲身参与而获得精神和身体的满足感，从而达到资源价值向经济价值的转化。再如乡村休闲旅游，主要是结合农村农业优势，充分挖掘农业的多功能特性，探索生态旅游与资源节约型、环境友好型农业相融合的减贫模式。

（三）绿色减贫的文化价值升级机制

绿色减贫中的文化维度主要有三方面内容：一是促进文化观念和思想观念转变，提升贫困人口脱贫主动性；二是加强技术和知识教育培训，旨在提升贫困人口的生产能力；三是加强文化资源的保护和开发提升，主要指对贫困地区自然文化资源的保护和延续，提升其长期发展潜力。

1.文化资源的精神价值传递

文化资源的主要体现形式就是精神状态，而良好的精神价值传递是利用文化资源减贫的核心机制。对贫困主体而言，从主观意识上认清贫困及减贫的意义，才能提升脱贫的主动性。绿色减贫机制从文化资源着手，在把握文化资源基本属性的基础上，通过外界宣传、教育等手段，使贫困人口从仅提升经济的传统观念转化为"健康、卫生、社会保障、生态环境等"共同推进的减贫理念，从观念上走出困境，完成文化资源价值的传递。同时文化资源的精神价值也可以体现在人们的生活状态上，绿色减贫通过加强公共文化服务建设，扩展文化内容，丰富贫困人口文化生活，使贫困人口从基本生活到精神层面，从经济水平到社会、文化等多个层面得到改善，从成效上加深对绿色减贫理念的认同感。

2.文化资源的消费性价值转化

文化资源同生态资源一样，具有一定的消费价值。[①] 从文化资源的发展方向来看，贫困地区文化资源消费性价值主要有两个转化渠

---

① 刘廷兰、赵洪伟：《基于模糊层次分析法构建少数民族地区农村扶贫效果评价指标体系》，《农村经济与科技》2013年第11期。

道：一是打造贫困地区历史民俗文化旅游产业，依靠贫困地区特有的民俗文化资源发展文化旅游产业，比如少数民族村寨、小镇、民间歌舞、传统礼仪等；二是可以依靠某些贫困地区历史文化，发展历史文化体验旅游，如红色革命旅游、历史传奇人物故居参观等。除此之外，在文化资源与旅游业相融合的基础上，进一步开拓民俗文化产品的消费市场，这种商品只有依附于当地的旅游市场才能体现价值，其本质是当地特有的文化资源所具有的差异性和稀缺性的体现。

三、完善和构建绿色减贫机制的对策思路

绿色减贫相比传统减贫模式而言，思路较新、实践较少，民众对其接受需要一个过程，实践起来也需要一个周期。因此，为了更好地推进绿色减贫理念与实践相结合，需要因地制宜，探索出适合贫困地区自己的绿色减贫新路径。

（一）以生态保护为导向的产业扶贫绿色化之路

产业绿色化要求可持续概念贯穿于企业的产品研发、设计、制造、销售、回收等一系列过程中。[1] 在此路径实施过程中，主要以贫困地区绿色资源保护为侧重点，旨在提高贫困地区的生态效率，为贫困地区打造一个健康良性的外部环境。

---

[1] 郭建宇、吴国宝：《基于不同指标及权重选择的多维贫困测量——以山西省贫困县为例》，《中国农村经济》2012年第2期。

1.绿色资源保护式扶贫理念

绿色资源理念融合主要指在扶贫开发过程中注重对当地绿色环境的包容性发展，提升当地政府、企业以及贫困人口自身的绿色资源保护意识。在项目设计中注意考核当地贫困地区的生态环境承载能力，对生态保护区要进行保守规划和开发，尤其对部分生态环境较为脆弱的贫困地区，需在扶贫规划中充分融入生态环境保护因素。在扶贫产业和项目实施过程中注重绿色环境的保护和可持续发展。如注重化肥、农药等单位土地面积使用量的控制。在生态休闲旅游产业发展中，注重生态环境与旅游产业的协同发展，推进生态环境长期发展。

2.生态补偿扶贫

一个地区的贫困不仅仅体现在贫困人口自身的贫困上，同样也体现在这个地区外部环境的贫瘠上，主要指绿色生态环境的脆弱性，目前中国较多贫困地区生态环境破坏严重。因此，减贫和生态环境保护是同样重要的两大任务，更确切地说，生态环境的"减贫"也是贫困人口减贫中的一项重要内容。生态补偿是将生态环境保护与贫困人口减贫完美结合的有效路径。

（二）经济视角下的农业绿色化减贫之路

对于贫困地区，农业是贫困人口赖以生存的主要产业。"靠山吃山，靠水吃水"自古以来指的就是依靠自然环境从事农业生产维持人们生活的状态。要使贫困人口脱贫，首先离不开农业生产，而要发展农业生产，更离不开对绿色资源环境的考量。

1.依靠不同地区绿色资源环境禀赋顺时顺势发展相应特色农产品

农产品对所在区域的温度、土地质量、空气、光照、海拔等自然条件具有要求，不同的自然环境条件不仅会对农产品品种具有要求，同时也会对同一种农产品的产量和质量有影响。在同一地区，由于不同农产品的生长特性，可以针对其种植属性进行种养搭配。以林地资源和森林生态环境为依托，在林业种植的间隙种植适合的林下作物或进行家禽养殖，相互配合发展林下种植业、养殖业、采集业等林下经济，在达到耕地有效利用的同时，对绿色资源环境进行包容式发展，有效促进绿色增长。

2. 调整农产品结构，提升农产品市场竞争优势

农产品的最终销售平台是市场，市场需求是决定农产品生产结构的"风向标"。贫困地区需要由此入手，调整农产品发展结构，创建高竞争水平的农业发展减贫之路。要开拓适应市场消费结构的农业减贫路径。贫困地区在自身绿色生态资源条件允许范围内，调整农产品结构，减小温饱型农产品比例，发展中高端农产品生产，通过创新农产品营销模式和提高农业科技水平，进而提高贫困地区农产品在市场上的竞争力度。

3. 提升企业带动，拓宽农业价值链

企业通过对贫困人口采取绿色项目倾斜支持、减缓贫困人口就业压力等方式对贫困人口进行直接或间接的经济带动。一是优先务工带动，由于大多数贫困人口收入水平低，没有能力和资金进行自主创业，或者有一部分贫困人口因为子女、老人及自身原因无法外出务工，因此，企业针对这部分人群采取直接务工的方式进行扶持。二是入股分红带动，除了直接务工以外，企业还会对贫困人口提供一定的投资机会，贫困人口可以用一部分扶贫资金入股，由农民变为股民，享受企业带来的红利，按股分红，使贫困人口不仅获得务工收入，同时通过入股也能得到经济效益，获得双向收入。三是项目开发带动，企业对大户或者专业合作社提供产业贷款资金、技术培训、产品销售

等全方位的扶持，保障了整个产业的经济效益；同时，企业和政府对大户和专业合作社都有一定的要求，比如分配贫困人口一定的参与比例、给大户或者专业合作社一定的扶贫脱贫任务，从而激励其对贫困人口的倾斜扶持。

（三）以绿色生态资源实现市场化资本化为核心的减贫创新探索思路

由于中国的贫困地区大多分布在农村，生态资源破坏程度相对较低，生态资源是贫困地区具有的相对优势，充分发挥生态产品的本身价值和使用价值，增强贫困地区生态产品的市场竞争力，是贫困地区整体发展和贫困人口脱贫致富的发展路径和方向。

1.乡村小资源式的全域旅游扶贫路径

中国许多贫困地区拥有先天的自然环境及历史、民族文化资源，然而受地理环境天然因素的影响，与我们理解的传统资源不同，这些资源并不是所谓的名胜古迹、名山名水，而是规模不大且分布不集中、知名度较低的一些小资源。然而，也正是因为小资源的特性，形成了其特有的自然优势，主要表现为数量多、分布广，在贫困地区之间具有较多类似的资源点。

2.文化与自然资源相结合的多元旅游扶贫

贫困地区借助文化资源和自然资源相结合的方式打造多元化旅游扶贫方式，在产生经济收益的同时，也能进一步对贫困地区文化产业进行再度挖掘和开发，提升贫困地区旅游开发的潜在能力。主要依靠自然资源、民族文化资源、历史文化资源、红色革命资源等，形成文化资源与自然资源的内部交融式促进，构成乡村独特的发展气质。

3. 自然资源与农业相结合的休闲观光农业旅游扶贫

与传统旅游模式相比，休闲观光农业旅游扶贫的优势是更普遍适合于农村地区。依靠农村的田园风光和农业，利用体验式、参与式的方式形成特殊的田园生活旅游模式，更具有普遍适用性，对贫困地区的拉动幅度也更加明显。

（四）"互联网＋农业"扶贫模式朝数字乡村迈进

近年来，越来越多的贫困地区利用互联网技术，整合农资、农业技术、市场信息、金融信贷等大数据资源，形成数据生产与交易管理体系，通过电商平台为深度贫困地区农产品销售打开市场，提升农产品市场竞争力，达到脱贫目标。例如甘肃省陇南市通过积极探索"互联网＋农业"模式，有效对接当地资源和市场，成效显著。2016年11月，国务院扶贫办等16部门联合出台《关于促进电商精准扶贫的指导意见》，实施电商扶贫工程，推动互联网创新成果与扶贫工作深度融合。[①]2018年1月29日，中国扶贫基金会发布针对深度贫困地区的"深度优鲜"电商扶贫计划，计划用3年时间覆盖全国334个深度贫困县，包括四川在内的西南地区是先行区域。"互联网＋农业"扶贫成效开始在全国各个地区显现。

（本文原载于《甘肃社会科学》2019年第6期）

---

① 《关于促进电商精准扶贫的指导意见》，2016年11月23日，见 http://www.cpad. gov.cn/art/2016/11/23/art_343_241.html。

后扶贫时期推进脱贫攻坚与乡村振兴
有机衔接的学理阐释

卢黎歌　武星星①

自《中共中央、国务院关于实施乡村振兴战略的意见》正式提出"做好实施乡村振兴战略与打好精准脱贫攻坚战有机衔接"工作以来，各地在脱贫攻坚与乡村振兴叠加推进的特殊时期，对二者的有机衔接进行了许多探索，学界也对此进行了一定的研究，并多以政策解读的方式初步取得了一些成果。随着脱贫攻坚"前半场的'运动式''大会战式'扶贫已取得决定性进展"，广大贫困地区原本深度贫困的经济社会面貌发生了根本性变化，扶贫事业进入了以综合化、精细化、协同化、持续化为特征的"后扶贫时期"②。然而，着眼于后扶贫时期的视角，对脱贫攻坚与乡村振兴有机衔接的必然性、需明晰的关系与避免的误区等重大理论问题尚未有明确的认识，而对这些理论问题的正确理解又直接影响着二者衔接实践的科学性和可行性。因此，从学

---

① 卢黎歌，西安交通大学马克思主义学院二级教授、博士生导师；武星星，西安交通大学马克思主义学院博士研究生。
② 所谓"后扶贫时期"，是指全国范围内"两不愁三保障"问题基本得以解决，原发性绝对贫困现象基本消除，全面建成小康社会的预期基本得以实现，中国的扶贫开发进入以"以转型性次生贫困为特点"的时期。

理上阐明后扶贫时期脱贫攻坚与乡村振兴有机衔接需明晰的关系和需避免的误区，不仅对科学合理地推进二者有机衔接提供基本遵循具有重要的理论意义，而且对于探索后扶贫时期扶贫工作与乡村振兴同频共振的新格局也具有开拓性意义。

一、在衔接目标上明晰战略和战役的协同互构关系，避免两相脱节的误区

第一，乡村振兴与脱贫攻坚首先是战略和战役的关系。乡村振兴战略作为党和国家为实现中华民族伟大复兴所作的重大战略决策部署，其最终目标就是实现乡村全面振兴和农业农村的现代化。而战役是为了达到战争的目的，是根据战略赋予的任务，在战争的一个区域或方向，于一定时间内按照一个总的作战企图和计划，进行的一系列战斗的总和。实施乡村振兴战略的头一个目标任务就是 2020 年现行标准下农村贫困人口实现脱贫，贫困县全部摘帽，解决区域性整体贫困。因此，脱贫攻坚即是在乡村振兴战略的任务框架内，为实现全面建成小康社会的第一个百年奋斗目标而组织的重大攻坚战役。不仅如此，脱贫攻坚战还是实施乡村振兴的"战略性战役"。打好脱贫攻坚战是实施乡村振兴战略的优先任务。可见，脱贫攻坚战作为乡村振兴战略的重要组成部分，在乡村振兴战略中起着奠基性、基础性的作用。因此，要将脱贫攻坚"战役"置于乡村振兴"战略"的总体框架内加以考虑，而不能各自为战。

第二，脱贫攻坚与乡村振兴同时还是协同互构的有机统一关系。一方面，乡村振兴作为顶层设计与脱贫攻坚作为微观政策协同互构。乡村振兴战略作为实现农业农村现代化的战略性长期目标，致力于为

实现农村"产业兴旺、生态宜居、乡风文明、治理有效、生活富裕"的整体目标而进行顶层设计，具有系统性、整体性特征；而脱贫攻坚战作为到2020年实现全面建成小康社会而制定的短期阶段性减贫策略，相比乡村振兴战略更具紧迫性、具体性和可操作性。因此，乡村振兴与脱贫攻坚是在共同致力于"两个一百年"奋斗目标下农村发展的顶层设计和微观政策的协同互构。另一方面，脱贫攻坚与乡村振兴在作用发挥上协同互构。脱贫攻坚为乡村振兴奠定了坚实的物质基础和组织前提，脱贫攻坚所形塑的组织载体等可为乡村振兴的开展提供做法和经验借鉴，因此，乡村振兴可以借鉴脱贫攻坚的有益经验实现稳健推进。与此同时，乡村振兴战略的实施，无疑为脱贫攻坚战取得胜利提供了新的契机，乡村振兴所规定的标准、目标、思想与原则可以优化充实到脱贫攻坚的行动中，乡村振兴所匹配的政策、资源和项目均可为决胜脱贫攻坚提供物质保障。因此，脱贫攻坚能够利用乡村振兴的机遇实现成果巩固和纵深发展。

明晰乡村振兴与脱贫攻坚战略和战役的关系及协同互构的有机统一关系，是为了避免有机衔接的目标陷入"两相脱节"的误区。脱贫攻坚与乡村振兴的有机衔接由于缺乏系统性的衔接设计，在基层实践中，容易出现互相割裂的"两张皮"误区。为此，要防止出现以下几种情况：一是防止减轻脱贫攻坚的力度，防止把主要精力转移到乡村振兴战略实施上，从而影响脱贫攻坚质效；二是防止将乡村振兴狭隘化，要防止过度重视脱贫攻坚而忽视长远性、衔接性的政策构建，同时还要防止把脱贫攻坚简单理解为乡村振兴，进而扩大精准扶贫的目标、内容，导致扶贫不精准；三是要防止割裂乡村振兴与脱贫攻坚，搞重复建设。如果脱贫攻坚与乡村振兴各搞一套，各自为政，不仅会导致重复建设和资源浪费，还会引发涉农项目交叉重复、资金投向分散等现实问题。因此，应形成支持脱贫攻坚与服务乡村振兴战略相互支撑、相互配合、有机衔接的良性互动格局。

二、在衔接工作中明晰压力传递与动力激发的关系，避免敷衍塞责的误区

处于后扶贫时期这个重要历史交汇期的脱贫攻坚和乡村振兴，客观上无疑给各级基层工作人员施加了较大的工作压力，而如何正确平衡层层传递的行政压力与激发基层工作人员的工作动力，直接影响到脱贫攻坚和乡村振兴衔接的效果。为此，一方面，要确保压力传递横向到边、纵向到底。压力传递横向到边是指在推进有机衔接的过程中，要将进行衔接的各项任务和指标横向分解到每一个相关的职能部门，而不能出现"盲区"和"失控点"；压力传递纵向到底是指将具体进行衔接的目标任务层层细化，实现从有机衔接的总体目标到各级子目标再到个人目标的层层分解。推进脱贫攻坚与乡村振兴有机衔接，重点要在"有机"上下功夫，"有机"是指事物的各部分互相关联，具有协调而不可分的统一性。而确保将二者衔接的目标任务进行横向和纵向的分解，能够实现精准扶贫的脱贫目标、乡村振兴的国家战略目标、广大农民对美好生活的追求以及各级工作人员政绩考核的统合，这就在有机整合的基础上形成了一个为实现脱贫攻坚和乡村振兴有机衔接而左右相连、上下贯通的工作目标网络，从而使整个有机衔接的各项措施办法落实和执行到位，实现衔接工作的上下齐动、目标统一。另一方面，要平衡动力激发和压力传递，防止衔接工作变形走样。随着脱贫攻坚进入决战性关键时期，某些地区出现了超强度行政压力层层放大式传导的现象，这无疑会在客观上导致基层工作人员出现因工作压力剧增而疲于应付、无所适从的心理，最终致使正常有

序的扶贫工作发生一定程度的变形走样，影响与乡村振兴有机衔接的质量和效果。为此，需正确平衡好脱贫攻坚最后阶段的压力传递和乡村振兴第一阶段的动力激发关系，促使脱贫攻坚压力转化为乡村振兴动力，并用乡村振兴动力激发后扶贫时期解决多维贫困、相对贫困和城乡贫困的潜力。

总之，后扶贫时期推进脱贫攻坚与乡村振兴的有机衔接，应坚持适度原则，还应注意将压力传导转化为正向激励，坚持主观动机和客观效果相统一，鼓励基层工作人员在坚持脱贫攻坚有益经验的基础上，大胆探索乡村振兴阶段减贫扶贫的长效机制，创新返贫防范预警机制。

三、在衔接制度设计上明晰顶层设计与基层探索的关系，避免衔接不畅的误区

顶层设计和基层实践的关系本质上是"实践—认识—再实践—再认识"的逻辑过程，二者之间的辩证统一，既是认识论和实践论的统一，也是制度设计的理论创新和实践探索相结合之必然。后扶贫时期脱贫攻坚与乡村振兴的有机衔接，要在衔接制度的顶层设计和基层实践互动中加以推进。

第一，衔接制度的顶层设计来源于基层实践经验的总结和升华。有机衔接的制度设计，来源于率先完成脱贫攻坚并进入乡村振兴谋划和实施阶段地区的实践探索。因此，充分挖掘、总结各地脱贫攻坚的经验及推进脱贫攻坚与乡村振兴衔接工作的智慧和做法，并在系统把握和重点比较中对其进行理论上的提升和思想上的升华，基层衔接的探索经验才能形成"一点带四方、部分带全局"的效应，有机衔接的制度顶层设计才能越来越趋于明晰化。

第二，基层衔接实践的探索需在顶层设计的指导下科学推进。顶层设计本质上是对实践经验的理性化和系统化，属于实践理性的范畴，可以对基层衔接实践进行总体规划、理论指导、统筹协调和方向把控。只有以系统思维整体谋划和统筹推进脱贫攻坚与乡村振兴有机衔接的总体方案和制度设计，才能指导各地对脱贫攻坚与乡村振兴在制度层面进行科学耦合，并确保在衔接的重大关系和关键环节上能够始终方向正确、目标明确、稳定前行。

第三，在顶层设计和基层探索的动态平衡中形成衔接制度不断完善的良性互动格局。介于后扶贫时期减贫实践的复杂性与乡村全面振兴的现实挑战融合交织的局面，应在大力鼓励基层创新衔接机制的同时，充分考虑衔接过程中可能遇到的偶然性和不确定性，以审慎稳妥的实践理性，既科学把握基层探索脱贫攻坚与乡村振兴有机衔接的"溢出效应"，又加强对各地衔接经验的研究评估。将经得起实践检验且具有长远性及全局适用性的基层衔接经验及时提炼补充到衔接制度设计的顶层设计中，对涉及面广、后果难以预估且尚未成熟的衔接设计，应坚持进行阶段性、局地化试验，并在排除错误和不断完善后再进行试点和逐步推广。

总之，应在衔接制度的顶层设计和基层实践互动中，不断总结经验、修正方案，尽力避免衔接不畅，从而形成渐进式、累积式的衔接探索和制度完善机制。

四、在衔接效果中明晰增强群众获得感与适应发展阶段的关系，避免脱离群众的误区

随着绝对贫困问题的历史性解决，脱贫群体在获得"两不愁三保

障"的稳定状态后，必然会随着生活水平的稳步提高而产生新的、更高水平的对美好生活的需求。基于此，后扶贫时期，应理解和把握习近平强调的"注意处理好增强群众获得感和适应发展阶段的关系"。

一方面，推进脱贫攻坚与乡村振兴有机衔接需持续增进群众获得感。马克思指出，人类进行一切实践和历史活动的前提，是需要的满足，而"已经得到满足的第一个需要本身、满足需要的活动和已经获得的为满足需要而用的工具又引起新的需要，而这种新的需要的产生是第一个历史活动"。[①] 这就表明，虽然生产实践决定需要的产生，但社会历史主体新的需要的产生反过来又会进一步推动生产实践的进步。因此，"获得感"作为人的需要的固有规定性的一种表现形式，并不是即时的、固化的，而是会随着实践的推进而进行持续性的螺旋上升。

由此可见，广大农民群众特别是脱贫群体的获得感并不会随着脱贫攻坚的结束而仅仅停留在这一节点或这一发展阶段。恰恰相反，未来的、预期性的获得感将会在脱贫攻坚与乡村振兴有机衔接的过程中越来越被广大农民群众所期待。因此，有机衔接从价值论的视角来看，其内含着获得感的"衔接"与"升华"。

为此，后扶贫时期需瞄准脱贫攻坚与乡村振兴衔接阶段农民群众最关心最直接最现实的利益问题，采取覆盖面更广、针对性更强、作用更直接、效果更明显的惠农举措，加快补齐民生短板，推进公共服务均等化，并分群体、分区域制定科学合理的、符合实际的衔接目标和衔接计划。只有持续增进农民群众的获得感，才能在脱贫攻坚与乡村振兴有机衔接的过程中进一步激发脱贫群众与广大农民一道进行乡村振兴建设的内在动力，从而为乡村振兴战略的进一步推进奠定持久

---

① 《马克思恩格斯选集》第 1 卷，人民出版社 2012 年版，第 159 页。

牢固的群众基础。

此外，持续增进群众获得感离不开政府、社会、市场、农民的"共建共享"。"获得感"本身包含着"给"与"得"的辩证法。推进脱贫攻坚与乡村振兴有机衔接，应合理定位市场与政府的作用，逐步转变脱贫攻坚阶段偏重于政策主导性帮扶和动员社会性"给予"的做法，积极培育和完善后扶贫时期农村市场经济体制机制，并充分调动脱贫主体和广大农民参与衔接工作的主动性、积极性。唯有如此，才能达到"发展为了人民，发展依靠人民，发展成果由人民共享"的衔接效果，广大农民群众的获得感在参与的过程中也得以持续增进。

另一方面，推进脱贫攻坚与乡村振兴有机衔接需科学定位衔接阶段。正确处理"增强群众获得感与适应发展阶段"的关系关键在于把握有机衔接的阶段定位和阶段目标。

脱贫攻坚本质上属于乡村振兴战略的一部分。二者的有机衔接阶段，也理应属于乡村振兴"三步走"战略中"第一步"的关键阶段。与此同时，我国经济已由高速增长阶段转向高质量发展阶段，因此，推进有机衔接也应嵌入经济高质量发展阶段进行综合考虑。

基于此，推进脱贫攻坚与乡村振兴的有机衔接，其目标不仅应致力于为乡村振兴奠定制度框架和政策体系，① 而且需把握经济高质量发展阶段的特征，不制定超越发展阶段的目标任务，不承诺不可持续的民生福利。为此，要科学评估脱贫攻坚在乡村产业发展、组织建设、生态建设及乡村治理等方面所取得的实际效果，精准调研后扶贫时期广大农民群众对脱贫攻坚的认可度、满意度和接受度，合理设定衔接目标和工作重点，避免衔接工作不充分考虑区域差异和现实约束

---

① 《乡村振兴战略规划（2018—2022年）》提出了乡村振战略第一阶段的主要目标，即到2020年，乡村振兴"制度框架和政策体系基本形成"。

而为完成衔接任务搞形式主义和形象工程。此外，合理设定衔接目标也可以帮助农民群众对自己的所获有一个合理的心理预期，不至于因不切实际的目标设定而导致群众所获和预期之间出现较大差距，最终出现心理失衡而影响衔接阶段的获得感。

此外，在对有机衔接阶段进行正确定位的基础上，为处理好增强群众获得感与适应衔接阶段发展目标的关系，相关部门和组织主体还需摆正"显绩"与"潜绩"的关系，既要在衔接工作中凸显让农民群众看得见、摸得着、得实惠的实事，以增进群众获得感，同时也应积极为乡村振兴战略的深入开展提前谋划，防止在衔接工作中出现消极应付、推诿扯皮、侵害群众利益等脱离群众的现象。

（本文原载于《当代世界与社会主义》2020 年第 2 期）

第二部分
实 践 篇

中国减贫历程与 2020 年后的减贫战略

叶兴庆　　殷浩栋[①]

我国过去 40 多年的减贫以消除绝对贫困为目标，经历了农村改革推动减贫、工业化城镇化与开发式扶贫推动减贫、补全面建成小康社会短板推动减贫 3 个阶段。从纵向和横向比较来看，我国 2010 年绝对贫困标准能够满足消除绝对贫困的需要。2020 年后，相对贫困将取代绝对贫困成为贫困的表现形态，应按中位收入比例法制定相对贫困线，统一城乡减贫目标与治理机制，以包容性增长和多维度改善促进长期减贫。同时，需要构建缓解相对贫困的政策体系，包括实施以基本公共服务均等化为基础的防贫政策、发展型低收入群体救助政策、有利于低收入群体增收的产业政策以及推动欠发达地区发展的区域政策。

[①] 叶兴庆，国务院发展研究中心农村经济研究部部长、研究员；殷浩栋，国务院发展研究中心农村经济研究部助理研究员。

一、我国消除绝对贫困的历程

在过去 40 多年间，我国经济持续快速增长让大多数人受益并摆脱贫困，实施区域协调发展和城乡统筹发展战略改善了边远地区和农村的发展机会，政府主导的专项扶贫规划使涓滴效应难以惠及、包容性增长难以覆盖的人群得到有效帮助。

（一）农村改革推动的减贫（1978—1985 年）

新中国成立后，我国农业生产得到一定发展，农村面貌也发生了较大变化，但直至 1978 年我国仍面临着较严重的贫困状况。随着农村改革揭开序幕，一系列农村经济制度创新激发了农村经济活力，推动了农业快速发展，使大量农村贫困人口摆脱贫困。与此同时，我国开始实施针对贫困地区的专项扶持措施。

（二）工业化城镇化和开发式扶贫推动的减贫（1986—2012 年）

经济增长的涓滴效应是减贫的最大推动力量。一方面，工业化城镇化的快速发展，吸纳了大量农业剩余劳动力从农业转向非农产业、从农村转向城市就业，并促进了资金回流农村，增加了农业和农村非农产业的投资；另一方面，我国的土地分配较为平均，且贫困人口集中于农村，家庭收入主要来自农业，农业的快速发展和高益贫性是农村减贫的重要贡献者。

包容性发展战略使贫困地区和农村获得更多的发展机会。随着经济增长的涓滴效应出现递减，区域差距和城乡差距逐渐扩大。为此，我国实施了一系列区域协调发展和城乡统筹发展战略，包括西部大开发战略、统筹城乡发展战略、农村各类社会保障制度等。

政府主导的专项扶贫规划帮助一部分涓滴效应难以惠及、包容性增长难以覆盖的乡村和农户摆脱了贫困。我国从 1986 年开始，采用瞄准式的专项减贫措施：一是建立系统化的扶贫体制机制；二是瞄准贫困县、贫困户和贫困村；三是突出开发式扶贫和多维保障；四是广泛动员地方和社会力量。

（三）补全面建成小康社会短板推动的减贫（2013—2020 年）

农村绝对贫困现象的存在，是全面建成小康社会最突出的短板。正如习近平所强调的，"没有农村的小康，特别是没有贫困地区的小康，就没有全面建成小康社会"①。为此，我国制定了精准扶贫、精准脱贫的新方略：一是在继续采用区域瞄准的基础上，更加重视到户到人的个体瞄准；二是根据贫困人口致贫原因和脱贫需求，量身定制扶持措施。

二、我国 2010 年的贫困标准能够满足消除绝对贫困的需要

客观看待整体消除绝对贫困的历史性成就，需要对我国现行农村

---

① 《习近平关于协调推进"四个全面"战略布局论述摘编》，中央文献出版社 2015 年版，第 25 页。

收入贫困线所能保障的生活水平有准确的认识，也需要与国际通用的绝对贫困线进行比较。通过对贫困标准的纵向和横向比较，可以认为我国现行贫困标准能够满足消除绝对贫困的需要。

（一）我国农村收入贫困线的演变

我国农村收入贫困线包括维持基本生活的食物消费支出和非食物消费支出两部分。食物消费支出采用每人每日 2100 大卡热量的最低营养需求为标准，由一篮子基本食物消费量和相应价格计算并加总而成。我国先后采用过 3 个农村贫困线，分别为"1978 年标准""2008 年标准"和"2010 年标准"。"1978 年标准"为每人每年 100 元，该标准是按 1978 年的物价水平保证每人每天 2100 大卡热量的低水平贫困标准，其食物支出比重约占 85%，且粗粮比重较高、肉蛋比重很低，只能勉强果腹。"2008 年标准"为每人每年 1196 元，该贫困线将食物消费支出比重降低到 60%，基本满足温饱的要求。"2010 年标准"为现行农村贫困标准，沿用了之前的测算方法，按 2010 年物价水平为每人每年 2300 元。

（二）我国现行农村收入贫困线能够满足消除绝对贫困的需要

我国现行农村收入贫困线能基本达到联合国千年发展目标中消除极端贫穷和饥饿的要求。在食物方面，现行标准可以保障每个人的食物支出包括每天 1 斤粮食、1 斤蔬菜、1 两肉或 1 个鸡蛋，可以满足每人每天 2100 大卡热量和 60 克左右蛋白质的摄入，基本达到"吃饱、适当吃好"的水平。在非食物方面，占贫困标准的 46.5%，可以保障基本的衣、住、用、行以及义务教育、基本医疗等需求，超过了国际社会基于恩格尔系数所界定的温饱生活水平。总之，按现行贫困标准，农户能够实现"不愁吃、不愁穿"。

（三）我国现行农村收入贫困线已高于世界银行极端贫困线

世界银行自 1990 年首次发布每人每天 1 美元的极端贫困线以来，历经 3 次调整，目前为每人每天 1.9 美元。根据不同年份的购买力平价指数换算，在 2011 年之前，我国农村收入贫困线长期低于世界银行的极端贫困线，不到世界银行极端贫困线的 80%。现行标准按购买力平价指数计算约为每人每天 2.3 美元，是世界银行每人每天 1.9 美元标准的 1.21 倍。我国在实际工作中不仅要衡量贫困人口的收入水平，而且强调要做到"两不愁三保障"。如果把贫困人口实际享受到的各类保障措施折算进收入，实际的脱贫标准比 2.3 美元的现行标准至少要高 20%。虽然我国农村贫困标准能够满足消除绝对贫困的需要，但从保障水平来看仍有提升空间。"两不愁三保障"涵盖范围有限，对标联合国 2030 年可持续发展目标还有一定差距。同时需要理性地看到，世界银行极端贫困标准的基础是 15 个最穷国家的贫困线。我国的贫困标准与发达国家的贫困标准还有差距。

（四）多维度改善的脱贫标准

产业、教育、卫生、文化等多个维度目标在各个阶段的扶贫目标和政策措施中都曾得到充分体现。党的十八大以来，精准扶贫系列重要政策文件均沿用了"两不愁三保障"的多维贫困标准，"五个一批"等政策措施也突出了扶贫目标的多维度特征。在目前的脱贫验收中，收入标准之外的考核要求涉及多个方面，不仅注重个体的多维改善，而且注重个体所处环境的改善。例如，除所有贫困户的人均纯收入必须超过贫困线之外，还必须保障其义务教育、基本医疗、安全住房等。在贫困村的退出考核中，水、电、路、卫生室、文化室等基础设施和公共服务设施也都是重要的考核指标。

三、2020 年后我国贫困的主要特征

2020 年后，我国贫困的属性和贫困群体的特征将发生重大变化。相对贫困将取代绝对贫困成为贫困的表现形态，集中连片的区域性贫困分布将转变为散点分布，以农村贫困为主转变为农村和城镇贫困并存，老少病残等特殊群体将成为主要的贫困群体。

（一）从存在形态看，以相对贫困为主

全面消除绝对贫困并不意味着贫困的终结，只要存在阶层分化，就会存在贫困群体。我国城乡、区域、群体间发展不平衡的问题依然存在，有些方面甚至比较突出。2019 年我国城乡居民收入倍差仍然较高，特别是农村居民的收入分配差距在继续扩大。从发达国家的减贫历程和我国当前形势判断，2020 年后我国贫困的存在形态将由绝对贫困转变为相对贫困。这决定了 2020 年后的贫困标准应当以相对贫困线为基准，减贫策略应当以缩小差距、为底部人群创造更多机会为目标。

（二）从空间分布看，以散点化、高流动性为主

2020 年后，相对贫困群体在空间分布上将发生较大改变。一方面，集中连片的区域性贫困问题得到较大缓解，虽然贫困现象在一些地区可能依然相对集中，但就全国而言，相对贫困群体将以散点分布为主。另一方面，城镇流动性贫困群体数量将增加，加之城镇低劳动技能和从事重复性工作的群体受经济转型冲击的影响比农村居民更明显，未来城镇的贫困发生率将可能提高。受制于个人能力和公共服务等体制因素，农民工落入低收入群体的概率更高。相对贫困群体的这种空间分布及流动性特征，使得过去那种以县域为瞄准单元的减贫政策面临转型压力。

（三）从贫困人群看，以老幼病残等特殊群体为主

转入缓解相对贫困的新阶段后，有劳动能力的人群的收入将随经济发展而逐步提高，尽管老少病残等特殊群体也将随国家社保政策力度的加大逐步改善生活水平，但大部分难以跳出低收入群体。其一，我国老龄化程度将不断提高。随着农村青壮年人口向城市转移，农村老龄化问题更为严重。农村老人因为缺乏稳定收入来源和低水平的社会保障，将成为相对贫困高发群体。其二，农村妇女、儿童比其他人群更容易陷入贫困。目前青壮年劳动力"人户分离"式转移就业产生大量留守儿童、留守妇女，他们在营养、教育、心理等方面存在不少问题。其三，重病患者和残疾人将成为重要的贫困群体，这些群体对家庭造成较大的支出负担，只能通过社保兜底来维持生计。

四、2020 年后我国缓解相对贫困的基本思路

对应贫困属性和贫困群体特征的转变，2020 年后我国减贫的思路也需要作出调整。这既包括按新的理念制定相对贫困线，也包括按效能原则构建城乡统一的减贫体制，以促进贫困治理体系和治理能力现代化。

（一）按中位收入比例法制定相对贫困线

借鉴国际经验，从我国国情出发，主张采用中位收入的一定比例确定相对贫困线，并随着经济发展程度的提高而逐步提高这一比例。"十四五"期间宜以居民收入中位数的 40% 作为贫困标准，将大约 10% 的人群纳入帮扶范围。需要指出的是，与制定绝对贫困线、把消除线下人口作为减贫目标不同，制定相对贫困线的主要目的是识别帮扶措施的受众，为评估各项社会政策对不同收入群体的惠顾程度提供基本参照。减少相对贫困线以下人口总量和占比，属于结构性改革问题，是一个长期、复杂的过程，难以作为短期减贫目标。

（二）建立城乡一体化扶贫体制

现行的扶贫体制采取了城乡分治的方式，城乡两套扶贫政策体系在标准、对象、目标、手段等方面存在较大差异。但 2020 年后相对贫困和多维贫困理念的运用意味着贫困已经不再是固定的特殊群体，而是涵盖城乡的整体性社会阶层，政策干预层面涉及多个部门。因此，应

建立城乡统一的扶贫体制。一是抓好贫困标准的衔接。按相同的理念和办法制定相对贫困标准，城镇的比例值可适当低些，以体现对农村扶贫工作的倾斜。二是推进保障类减贫措施的城乡统筹。加大城乡社会救助制度、基本公共服务的并轨力度，城市社会救助、公共服务等政策应逐步覆盖包括农民工在内的所有常住人口。三是推进发展类减贫措施的城乡衔接。就业救助、公共就业服务、职业技能培训等减贫措施，可先行实现城乡一体化，无差异地覆盖城乡相对贫困人口。覆盖农村相对贫困人口的发展类减贫工作可纳入乡村振兴战略框架下统筹安排。

（三）以包容性增长和多维度改善促进长期减贫

对于城乡、地区和群体间依然存在的差距，国家还需建立健全促进包容性增长的财税金融体制，保障农业农村优先发展，给予欠发达地区和低收入群体更多的支持，帮助低收入群体实现多维度福利改善。一是在中央层面提高资金统筹力度。将具有普惠性的财政专项资金合并至一般性转移支付，给予基层政府更多自主权。二是优化财政支出结构。加大欠发达地区的基础设施和公共服务支出力度，在财政投入上保障低收入群体享受均等公共服务。三是提高金融普惠性。进一步加大农村金融供给，扶持涉农经营主体发展，提高小额信用贷款政策的受众面，培育村社内部的合作金融组织，加快数字金融在农村地区的运用，降低金融服务低收入群体的风险和成本。

五、2020 年后我国缓解相对贫困的政策体系

根据贫困形势的变化和减贫战略的调整，2020 年后需要重塑我

国的减贫政策体系，要处理好政策瞄准性与行政成本的关系，增强政策的自动瞄准性能，以较低的行政成本让目标群体成为政策的主要受众。

（一）实施以基本公共服务均等化为基础的防贫政策

应加快构建普惠性的社会保障体系，筑牢防贫安全网。一是在财政投入上补足欠发达地区和农村的基本公共服务短板。强化学校、医院和养老设施建设，提高这些区域的教育和医疗水平。普及儿童早期发展服务、学前教育，加强农村儿童营养干预，扶持欠发达地区的各个阶段教育发展。提高农村基础养老金给付水平。提高农村基本医疗保险报销比例，扩大大病和慢性病救助范围，加大对欠发达地区医疗基金的拨付力度和医疗保险的补贴力度。二是强化欠发达地区和农村的公共服务人才队伍建设、公共资源的共享程度。建立欠发达地区人才引进奖励基金，鼓励教师和医护人员等到欠发达地区服务，在职称和待遇方面给予优待。以政府牵头、社会参与的方式，将优质公共资源信息化，建立共享服务平台，提供远程教育学习、医疗诊断等服务，实现欠发达地区与发达地区的教育医疗等公共资源的共享，降低基本公共服务均等化的成本。

（二）实施发展型低收入群体救助政策

针对特殊困难群体提供量身定制的特惠性救助政策，是提高减贫成效的必然要求。需要加大发展型救助政策的实施力度，在帮助特定群体的同时提高其自我发展的意愿和能力。一是借鉴国外根据群体特征进行分类的做法，逐步统筹城乡最低生活保障制度。在个体、家庭规模、区域等方面细分救助标准，提高儿童、老人等群体的权重，重点照顾残疾、鳏寡孤独等特殊群体。二是对救助对象附加行为要求。借鉴国外的有条件转移支付、"福利到工作"（WTW）制度等做法，根据救助对象的特点，要求其参与工作或公共事务，将直接援助改成以工代赈或设置公益性岗位，如卫生保洁、社区义工等，鼓励救助对象通过工作换取救助，促进救助对象更好地融入社会。

（三）实施有利于低收入群体增收的产业政策

只有让低收入群体的收入增长高于其他群体，才能真正缩小收入差距、缓解相对贫困。一是大力发展农业等益贫性产业。加大对欠发达地区优势特色农业的扶持力度，培育特色农产品品牌，依托品牌建设推动农业转型升级。加强一二三产业融合，发挥农业的多种功能，延长农业价值链。创新农业经营体制，完善利益联结机制，让产业链条上的小农分享更大比例的增值收益。二是继续促进农村劳动力转移和低收入群体充分就业。推动劳动密集型产业向欠发达地区转移，支持劳动密集型企业和小微型企业发展，鼓励各类市场主体雇佣和培训低技能劳动力。鼓励低收入群体自主创业，加强对低收入群体的技能培训，加大清洁、安全维护等公益性岗位设置。三是做好脱贫攻坚与乡村振兴的产业衔接。把扶贫产业纳入乡村产业振兴整体规划，促进扶贫产业转型升级，帮助其完善治理结构，提升技术水平，改进产品质量，增强市场竞争力。

（四）实施推动欠发达地区发展的区域政策

即使 2020 年实现全部脱贫摘帽，现有的 832 个贫困县与全国其他地区之间的差距依然十分明显，有必要继续以欠发达地区为单元进行倾斜性地投入资源。一是强化对欠发达地区的综合开发力度。加大对欠发达地区的产业支持力度，分梯度承接产业转移，做好区域间的产业布局，避免同质化竞争。加快重大基础设施项目的落地，破除地理环境造成的约束。二是推动欠发达地区绿色发展。既要完善纵向生态补偿机制，也要完善横向生态补偿机制。进一步加强欠发达地区的生态工程建设力度，优先安排低收入群体参与生态项目建设以及公益性生态管护岗位。开发生态型产业，引导低收入群体参与生态产业开发。三是加大易地扶贫搬迁的后续扶持力度。强化对搬迁群体的后续扶持政策，延续产业扶持和技能培训、就业安置等政策，帮助搬迁群体转变生计方式，实现既"挪穷窝"又"换穷业"。

（本文原载于《改革》2019 年第 12 期）

中国扶贫开发战略及政策演变

洪名勇[①]

改革开放以来，中国扶贫取得了世界瞩目的巨大成就，为世界减贫事业作出了巨大贡献。《人民日报》2020年9月2日刊发评论文章《中国减贫成就具有世界意义》：改革开放40多年来，中国的人均收入增长超过25倍，8.5亿人摆脱了贫困，对世界减贫贡献率超过70%，成为全球最早实现联合国千年发展目标中减贫目标的发展中国家。世界银行前行长罗伯特·佐利克赞叹："毫无疑问，这是消除贫困的历史上最大的飞跃。"基于此，对改革开放以来中国的扶贫战略、政策及演变和实施进行研究，意义重大。

一、扶贫战略与政策演变：一个内生演进的分析框架

国家战略是一个国家对未来发展方向作出的中长期的规划；而国

---

① 洪名勇，贵州大学公共管理学院院长、教授、博士生导师。

家政策是一个国家为达到某些方面（一般是战略）的目的而作出的对相关群体的行为等方面的规定，它一般是以法令或者法律的方式来体现。即战略是较为宏观的，政策是具体的。因此，国家制定的扶贫开发战略往往是通过各项扶贫政策来具体体现和实施，从而实现扶贫战略的目标。在这一层面上，我国的扶贫战略与扶贫政策是密切相关的，进而两者的演变具有较高相似性。

在分析一个具有时间连续性的过程时，最主要的是找到一对不断演化的矛盾对立体，从彼此相互作用的过程中找到规律性的内容。要考虑到扶贫政策的特征：一方面，扶贫政策的实施对象是社会的弱势群体，实施主体是国家和各级政府，两者从本质上讲没有特别的利益冲突，是政府从社会公平和公民权利出发，对国家和社会资源向社会的底层弱势群体的再分配，因此，扶贫政策的制定遵循政府主导性、义务性、最低生活保障和城乡有别的原则，比其他公共政策更具有公平性和非利益博弈的政策属性；另一方面，在扶贫开发进程中，随着地方政府、民间团体在扶贫中发挥的作用愈加明显，贫困人口的自主脱贫意识的增强，扶贫政策的创新主体逐渐涉及地方政府和微观主体。

这一演化分析框架的要点在于：第一，中国扶贫战略与政策变迁以温和、平稳的渐进式变迁为主，其中，行政主导依然是主要特色；第二，政府推动政策创新的意愿或动力，这里主要包括政府对所处政策环境和原有政策价值的判断能力，以及对政策创新成本的承担能力等；第三，新政策实施过程中涉及的动力或阻力，主要是社会大环境下的政治结构、经济因素、意识观念、主体利益格局与政策等多元变量的互动关系；第四，坚持经济增长与社会公平共同决定论；第五，扶贫政策的实施对象和政策的创新主体的角色转换论；第六，对扶贫政策变迁过程进行评价。为了方便分析，以核心的扶贫政策为主要对象，对重要政策节点的重要性评价主要包括 3 条标准：一是这一政策节点是否引起了整个政策模式的根本性变化；二是该政策创新的实施是否引起了政策福利效应分配的较大变化；三是该节点引起的政策创新是否得到了较多的社会关注。

二、中国扶贫战略演变

综合前面所述，以改革开放以来我国颁布的重大纲领性的扶贫文件的时间节点作为各个战略阶段的时间节点。我国改革开放以来减贫大概经历了 4 个主要战略阶段，根据战略与政策的关系，每个阶段战略背景下，国家均出台了一系列配套政策措施，具体体现该战略的特点和实施进度。那么各个阶段扶贫战略之间的转换机制是什么？或者说，中国扶贫战略是如何演变的？

（一）收入差距与贫困标准变迁视角下的扶贫战略演变

根据前面的扶贫战略演变的分析框架，基丁经济层面的角度，作为扶贫战略变迁的客观现实基础。即从战略变迁的需求出发，运用中国城乡收入差距、农村贫困发生率、农民收入增长率等相关统计数据的时序变化趋势，来展现出中国改革开放以来扶贫开发战略的演变规律及其变迁。

第一，以改革为基础的减贫战略。在 1982 年农村居民人均收入同比增长率达到最高，同期农村贫困发生率也大幅下降；随后收入同比增长率开始下降，到 1985 年降到首个低谷，贫困发生率下降幅度明显减缓，甚至在 1986 年有所上升；尽管如此，1978—1985 年期间城乡居民收入差距并不明显，1986 年开始才逐渐拉大。按 1978 年官方农村贫困发生率标准，中国农村贫困发生率从 1978 年到 1985 年大幅下降，这意味着仅仅用了改革开放前 7 年的实践中国农村贫困人口减少一半以上；1978—1985 年农村居民人均收入年均增长 15.2%，而这一时期国家还未出台针对性的扶贫政策。综合来看，在农村改革的背景下，农村经济迅速发展是当时农村大部分贫困人口脱贫的主要原因，也是新中国成立以来我国减贫历史上第一次大规模减贫。因此，这一时期我国的减贫战略是通过体制实现减贫的。

第二，区域开发扶贫战略。1984 年贫困发生率下降开始减缓，一方面由于是农村改革红利释放到最大，农村经济增长减缓，农民收入增长率开始下降；另一方面是由于城乡居民收入差距开始逐渐拉开，社会公平问题随之而来。农村减贫方式开始创新，中央开始出台专门针对农村减贫的政策，以国定贫困县为单位，辅以经济增长和相关基础设施建设，中国农村减贫进入区域性开发式扶贫战略阶段。

第三，八七扶贫开发战略。1991 年农村居民人均收入同比增长首次出现了改革开放以来的负增长，同期农村贫困发生率出现小幅增减波动，减贫效果不稳定；1994 年城乡收入差距开始明显增大的同时，中东西部农村居民收入差距也开始拉大，区域发展不平衡进入一个新阶段，贫困人口分布更多的在中西部聚集。基于此，农村扶贫开发出现战略调整的必要，结合当时市场经济体制的确立，将市场机制引入扶贫开发就变得顺应国情了；而且贫困人口分布特征的改变促使扶贫瞄准单位由贫困县向贫困村转变。中国扶贫开发进入八七攻坚扶贫战略阶段。

第四，综合开发扶贫战略。1992 年农村居民人均收入增长率迅速上升，至 1997 年达到最高，随后进入 21 世纪初又回到一个低谷，同期农村贫困发生率呈稳步下降；城乡差距继续扩大的同时，中西部差距也开始出现，即东部地区农民收入最高，中部次之，西部最低，西部地区的绝对贫困开始凸显。随着 2000 年西部大开发战略的正式实施，中国农村减贫重点区域也随之转向中西部"老少边穷"地区，紧跟新世纪时代潮流，扶贫开发进入实行扶贫到村到户，注重贫困群体人力资本投资的集产业、区域和社会政策于一体的综合开发扶贫战略阶段。

第五，大扶贫战略。鉴于"八七"减贫目标的实现，我国农村绝对贫困人口只剩下少数部分，减贫目标在消灭绝对贫困的同时，逐渐开始转向相对贫困，因此在 2008 年重新调整了贫困标准（新标准也称为农村低收入标准）。虽然 2000—2010 年期间农村人均收入稳步增长，但区域差异加速扩大的趋势并没有改变，中部与西部的差距明显拉大，社会公平问题日益显著，我国扶贫开发在致力于减少贫困的同时，缩小区域发展差距也刻不容缓。为此，农村社会保障体系的建立与完善、全国 14 个连片特困区的确立、"一体两翼"扶贫模式以及精准扶贫工作机制相继展开，逐渐形成专项扶贫、行业扶贫、社会扶贫三位一体和政府、市场、社会协同推进的大扶贫开发战略格局。

（二）农民收入结构变迁视角下的扶贫战略演变

农村是我国扶贫的主战场，贫困农民最直接的表现就是家庭收入不足以维持基本物质生活。国家出台的一系列扶贫战略和政策的目的就是提高贫困农民的收入，使之摆脱贫困。而收入结构反映的是农民收入的来源和性质。因此，基于农民收入结构的视角对我国减贫战略演变进行分析，有助于我们更好地理解扶贫战略的演变。

从我国农村居民人均收入结构的变化可以发现，1978—2014 年间我国农户收入增长的源泉发生了巨大的变化，大致可以分为

1978—1982 年、1983—1993 年、1994—2011 年以及 2012 年以后 4 个阶段。在 1982 年以前，工资性收入比重明显大于家庭经营收入比重，然而，随着家庭经营收入比重呈现渐增和工资性收入比重呈递减趋势，两者差距逐渐缩小，至 1983 年，农民人均收入已经发生了质的变化，家庭性收入比重大幅上升，工资性收入比重大幅下降，两者对农民收入的贡献率也出现了大逆转，家庭经营收入开始成为农民收入的最主要来源。其主要原因为：改革初期我国农业主要是农村集体经营，农民收入主要是来源于参加生产队集体劳动获取的劳动报酬；随着改革的不断深入，家庭承包责任制从试点开始慢慢推行，到 1983 年底，广大农村基本上实行了家庭承包经营为基础、统分结合的双层经营体制，打破了以生产队为单位统一收入分配的"大锅饭"体制，极大地调动了亿万农民生产的积极性，所以农民劳动报酬收入迅速下降，家庭经营收入得到较快提高。农村改革释放的巨大红利促进了我国在 1978—1983 年贫困率大幅下降，正是这一时期的体制改革拉动减贫战略。

1983—1993 年期间农民收入结构的变化保持基本相对稳定，家庭性收入为主要收入来源。"靠山吃山，靠水吃水"，这一时期国家减贫主要通过以国定贫困县为扶贫政策主要实施对象，促进贫困地区整体经济实力的增长，同时辅以控制贫困地区人口增长、教育扶持和生产生活基础设施建设，提高贫困人口自我积累和自我发展能力的区域开发扶贫战略，以减少农村贫困。

1994 年开始，农民家庭经营性收入虽然一直保持最主要收入来源地位，但其所占比重逐步下降，工资性收入比重则明显增加。在对农民收入贡献率上，1994—1997 年，经营性收入的贡献率基本保持不变，而工资性收入的贡献率在缓缓上升；直至 1998 年，经营性收入的贡献率突然急转直下，在 2000 年降到最低，此时工资性收入

贡献率上升到一个峰值。这主要是因为：1992 年以来，我国市场取向
改革进入一个新阶段，城乡二元体制受到很大的冲击，市场化、工业
化、城镇化步伐大大加快，农村剩余劳动力大幅向城镇、非农产业
转移，农民工资性收入有了较快增长；同时，1997 年亚洲金融危机
影响了国内农产品的出口，以及 1998—2000 年间粮食品种的保护价
逐年下滑。相对于 1989—1991 年治理整顿和全面紧缩的经济环境，
1994—2000 年实行的八七扶贫攻坚计划正是在已经建立起市场机制
的宏观经济形势下，使得乡镇企业在国民经济中的支柱性地位和作为
中国工业中小企业的主体地位得以确立；同时，八七扶贫攻坚计划期
间新增了贫困地区劳务输出和异地扶贫搬迁等新措施，进一步加速了
农村剩余劳动力的流动，相应地提高了农民工资性收入。

　　2001—2010 年的综合扶贫开发战略期间，农民家庭经营性收入
比重仍旧持续下降，工资性收入比重持续上升，直到 2012 年两者重
合；同时两者对农民收入增长的贡献率波动较为稳定。对比国定贫困
县农民人均收入结构变化可以发现，国定贫困县农民收入结构的变化
是更为温和的，即使是到了 2010 年，家庭性收入比重和工资性收入
比重仍有较大差距。这说明，我国贫困地区农民享受到市场化、工业
化、城镇化改革的红利很有限。新世纪的扶贫通过加大政府扶贫资金
投入和强调人力资本的投资，将扶贫开发项目与整村推进相结合，以
及产业扶贫、劳动力输出培训和自愿移民搬迁三结合，建立和完善农
村社会保障体系，形成贫困者参与式扶贫，以村为基本单位的集产
业、区域和社会政策于一体的综合开发扶贫。

　　2011 年开始，农民家庭性和工资性收入比重有下降趋势，而转
移性收入比重明显上升，这表明在再次分配中处于弱势地位的农民逐
渐受到重视。加之，我国经济开始进入新常态时期，农村扶贫进入
攻坚期。因此，在对贫困片区和离散贫困人口进行一系列开发式扶贫

的同时，继续做好农村最低生活保障、农村合作医疗和农村养老保险等社会保障制度与扶贫政策有效衔接，逐渐形成了我国扶贫开发政府主导型、市场导向型和社会参与型3种扶贫机制多元协同的大扶贫格局。

（三）贫困分布空间变迁视角下的扶贫战略演变

贫困状况的变化是扶贫开发战略与政策制定最重要的参考依据之一，是战略创新需求的直接动力。从20世纪80年代中期开始至90年代末，中国农村扶贫开发瞄准是以贫困县为单元的区域瞄准战略。这一方面是因为20世纪我国贫困分布较广泛，特别是在70年代末80年代初是全国性贫困；另一方面是因为我国贫困主要集中在农村（农村人口占全国人口80％以上），且各地区贫困发生率差异较大。

从2001年开始，扶贫开发瞄准战略由贫困县转向以贫困村和贫困户为主，并辅之以连片特困地区（主要分布在中西部），扶贫重点区域也转向了中西部地区。那么这种转变是否真的符合中国实际？从21世纪前10年中国三大地带贫困人口分布的变化情况来看，1998年我国贫困人口主要分布在中西部，占全国近一半。进入21世纪后，三大地带的贫困人口分布发生了较为明显的变化，虽仍以中西部分布为主，但西部贫困人口占全国比重在增加，东中部在减少，且这个变化趋势进一步持续。因此，国家扶贫开发重点区域转向中西部，特别是西部地区，并且大力推进东西扶贫协作，这应是进入21世纪后中国扶贫开发战略进行调整的重要内容之一。

2008年在旧的贫困标准下，我国农村贫困程度大幅下降，而在2010年新标准下，西部地区贫困发生率明显提高，东部沿海地区最低；2014 年全国贫困发生率大幅下降，贫困程度较高的地区仍以西部为主。因此，无论贫困标准是否改变，我国贫困发生率相对较高的主要区域是基本不变的，这进一步肯定了我国当前以中西部为扶贫重点区域的扶贫战略的合理性。

三、中国扶贫政策变迁

中国扶贫战略与扶贫政策是具有时间连贯性的，特别是扶贫政策措施呈现出种类和数量都在增多的趋势。一般说来，"政策跟着战略走"，那么我国扶贫政策到底是不是我国扶贫战略的具体体现？到底有没有实现阶段性战略设定的目标？扶贫政策演变是否与扶贫战略演变保持相对一致？

（一）体制改革拉动减贫阶段

1978—1983 年我国并没有专门针对扶贫的公共政策，这一阶段政府出台的一系列政策主要是对中国经济体制改革，特别是农村改革内容的体现。拥有近 1/3 贫困人口的中国农村在农村经济体制改革中所释放出的巨大能量同新中国成立以来农村发展积累的农业基础设施和农业资源相结合下，短时间内极大地推动了中国经济社会的发展，提高了农民的收入，显著且迅速地缓解了当时中国的贫困状况。从数字上看，农业增长速度在 1981—1983 年间，接近甚至超过社会总产值的增长速度。中国的绝对贫困人口数量和贫困发生率均大幅下降，很大程度上解决了长期困扰中国人民的温饱问题，使我国的普遍贫困转变为局部贫困。

（二）区域开发式扶贫阶段

1984 年，针对当时全国农村贫困的具体情况，经过前一阶段的减贫成效分析，认识到经济发展对拉动脱贫有重大作用后，从改革开放、政治稳定、民族团结、社会安定和国民经济的长期均衡发展的主旨出发，中国政府对缓解贫困作出了一系列重大的决策：1984 年中共中央、国务院联合发布了《关于帮助贫困地区尽快改变面貌的通知》，第一次把扶贫当作国家的一项工作任务提出来，确立了开发式扶贫的战略方针，标志着我国扶贫开发模式的根本性转变；1986 年六届全国人大四次会议正式将帮助老少边穷地区改变落后经济和文化状况作为一项重要内容列入国家五年发展规划——《中华人民共和国国民经济和社会发展第七个五年计划》，并在同年成立了扶贫专门机构——国务院贫困地区经济开发领导小组（后在 1993 年更名为"国务院扶贫开发领导小组"），并首次划定了 258 个国家级贫困县；1987 年《关于加强贫困地区经济开发工作的通知》和 1991 年《关于"八五"期间扶贫开发工作部署的报告》相继出台，进一步创新了扶贫方式，新增了"以工代赈"新模式，初步建立起我国扶贫开发政策体系。自 1984 年第一个扶贫政策出台，我国进入了开发式扶贫时期。

（三）八七扶贫攻坚阶段

1994 年在国家召开的第一次全国扶贫开发会议上，国务院制定并出台了今后 7 年全国扶贫开发工作的纲领性文件——《国家八七扶贫攻坚计划》，这是我国第一个有具体行动纲领和目标的扶贫政策，是中国进入扶贫攻坚阶段的标志。"八七"的含义是，1994 年到

2000 年期间，国家集中人力、物力和财力，动员社会各界力量，力争用 7 年左右时间，到 2000 年底基本解决农村 8000 万贫困人口的温饱问题。1996 年《中共中央、国务院关于尽快解决农村贫困人口温饱问题的决定》，进一步完善了该时期的扶贫工作要求，明确了扶贫到户战略，继续增加扶贫投入。中央的各类专项扶贫资金要全部用于国定贫困县。同时，为了支持中西部贫困地区开发，要求国务院各部门在实施"九五"计划时，要和《国家八七扶贫攻坚计划》的实施相衔接。1999 年《中共中央、国务院关于进一步加强扶贫开发工作的决定》，提出了 1999—2000 年扶贫攻坚的基本目标和主要任务，指出坚持扶贫到村到户是夺取扶贫攻坚全胜的关键，在大力发展种养业的同时，继续有计划、有组织地搞劳务输出，在 2000 年底坚决完成"八七"扶贫攻坚任务。1994—2000 年我国扶贫开发采取扶贫目标双管齐下的战略，即同时抓边缘区域型和目标型贫困，前者仍以改善区域经济发展环境、提高区域发展能力和农民生活水平为主；后者则直面贫困户，采取有针对性的扶贫措施，缩小区域内部经济差距。后期确立实施扶贫到村战略，即使未在国定贫困县范围内的贫困村、贫困户，地方政府也要安排扶贫资金的投放。在扶贫项目上，依托贫困地区资源优势，将有助于直接解决群众温饱问题的"种、养、加"作为扶贫开发重点。在中央和地方政府的扶贫开发基础上，动员全社会力量参与到扶贫过程中。

（四）综合扶贫开发阶段

2001 年中央扶贫开发会议通过了《中国农村扶贫开发纲要（2001—2010 年）》，对未来 10 年的扶贫开发作出了工作部署。按照集中连片的原则，国家把贫困人口集中的中西部少数民族地区、革命老区、边疆地区和特困地区作为扶贫开发的重点，并在上述 4 类地区确定扶贫开发工作重点县。东部以及中西部其他地区的贫困乡、村，主要由地方政府负责扶持；扶贫资金的投放将覆盖到非贫困县中的贫困村。2003 年农村贫困人口变化出现了不减反增的现象，巩固温饱的重要性逐渐显现出来，为此，国家将解决剩余贫困人口温饱问题作为扶贫主要任务的同时，更加着重强调提高贫困群众的生活质量和人口素质，促进贫困地区科教文卫事业的发展，进行人力资本投资。2001—2010 年间陆续出台了 5 项专门针对教育扶贫的政策文件、2 项针对医疗卫生建设的扶贫政策文件，并在 2003 年开始推行新型农村合作医疗的医疗救助制度试点。2004 年《关于加强贫困地区农村基层组织建设推动扶贫开发整村推进工作的意见》的出台，正式确定了新时期以县为基本单元，以贫困村为基础，按照参与式村级扶贫规划，实行"整村推进"扶贫模式。在整村推进扶贫的基础上，瞄准贫困人口，结合以农村产业化发展（扶持龙头企业）和开展劳动力转移培训，共同组成了"一体两翼"扶贫战略。2007 年国务院出台《关于在全国建立农村最低生活保障制度的通知》，这是中国扶贫开发工作的一个新的里程碑，标志着我国形成了以农村社会保障体系为基础、以促进贫困地区经济发展和贫困农民增收为核心的扶贫开发体系。

（五）扶贫攻坚新阶段

在"十二五"的开局之年，国务院颁布了《中国农村扶贫开发纲要（2011—2020 年)》（以下简称《纲要》），要求到 2020 年实现"两不愁三保障"，巩固温饱成果，向全面建成小康社会冲刺。《纲要》第十条明确指出：将六盘山区、秦巴山区、武陵山区、乌蒙山区、滇桂黔石漠化区、滇西边境山区、大兴安岭南麓山区、燕山—太行山区、吕梁山区、大别山区、罗霄山区等区域的连片特困地区和已明确实施特殊政策的西藏、四川藏区、新疆南疆三地州，作为扶贫攻坚主战场，加大对连片特困地区的投入和扶持力度，中央财政专项扶贫资金的新增部分主要用于连片特困地区；并且在各部门组织下集中实施一批民生工程，改善连片特困区内的生产生活条件，培育壮大一批特色优势产业，加快公共基础设施建设步伐，加强生态建设和环境保护，着力解决制约发展的瓶颈问题，促进基本公共服务均等化，从根本上改变连片特困地区面貌。之后，又陆续出台了一系列针对性的单项扶贫政策措施，2012 年出台的扶贫政策是历年来最多的，高达 14 项。其间在原有专项扶贫、行业扶贫与社会扶贫三位一体的扶贫战略体系基础上，创新扶贫模式，新增了旅游扶贫。随后，中共中央办公厅、国务院办公厅印发的《关于创新机制扎实推进农村扶贫开发工作的意见》和国务院扶贫办于 2014 年发布的《建立精准扶贫工作机制实施方案》，促进精准扶贫工作从顶层设计、总体布局和工作机制等方面全面有序有效地推进，标志着我国最新一轮扶贫机制或扶贫工作理念、方式——精准扶贫的开始。建档立卡与信息化建设、建立干部驻村帮扶工作制度、扶贫资金到村到户、培育扶贫开发品牌项目、精准扶贫考核机制等都是目前精准扶贫工作的主要内容。自 2014 年以来，无论是扶持经济发展还是社会保障兜底等扶贫方面的几乎所有政策都是建立在精准扶贫的理念上。在出台了《中共中央、国务院关于打赢脱贫攻坚战的决定》后，又新增了以电商扶贫为主要内容的"互联网＋"扶贫。可以说，在加入了精准扶贫工作理念以后，中国整个的扶贫开发体系发展到了当前最新的阶段，并且这一扶贫机制将持续到 2020 年全面脱贫目标的实现。

四、结论

从扶贫战略演变来看，中国扶贫战略表现出以下演变路径：针对少数贫困群体给予实物救济的政府道义性扶贫（1978 年）→针对全国农村的体制改革推动减贫（1984 年）→以国定贫困县为扶贫对象的区域开发式减贫（1994 年）→贫困县和贫困户双重瞄准，并开始引入市场机制参与农村开发式扶贫（2001 年）→实行扶贫到村到户，注重贫困群体人力资本投资的集产业、区域和社会政策于一体的综合开发扶贫（2010 年）→靶向定位贫困家庭的政府主导、市场导向和社会参与三位一体的大扶贫。

从扶贫政策演变来看，中国扶贫政策演变呈现出以下路径：从减贫途径的重点上来看，是由实物救济到经济增长拉动，再到以经济增长拉动为主、社会保障兜底扶贫为辅；从减贫对象上来看，是由贫困群体中的极少数特殊群体到全国农村所有农民，再到贫困片区，最后到单个贫困户；从减贫具体方式上来看，由注重农民增收到更注重贫困群体自我积累和自我发展能力提升，再到大力进行贫困人口的人力资本投资。

（本文摘自《扶贫开发战略、政策演变及实施研究》一书，中国社会科学出版社 2019 年版）

中国共产党反贫困实践探索

张瑞敏[①]

摆脱贫困，走向共同富裕，不仅是理论逻辑，更是实践情怀。一部中国共产党的奋斗史，也可以说是一部中国共产党人带领人民不断反贫困的历史。改革开放以来的 40 多年，中国共产党的反贫困举措越来越密集有力，一路披荆斩棘，取得了历史性进步。

一、富起来："第二次革命"的发动（1978—1989）

改革开放初期，在邓小平的带领下，中国共产党人发起了"第二次革命"——富起来，首先从思想认识上破除"左"的藩篱。他提出要重新认识国情，充分认识我国贫困落后的面貌，重新定位发展坐标。从 20 世纪 70 年代末至 90 年代初，邓小平多次在不同场合反复地强调要充分估计中国"穷"的现实。他说，"要承认自己落

---

① 张瑞敏，中南民族大学马克思主义学院教授。

后，承认落后就有希望"；并指出，中国的一大特点是"人口多，底子薄"，中国式的现代化，必须从中国的特点出发。"社会主义的特点不是穷，而是富"；"贫穷不是社会主义"；他提出，"现代化建设是当前最大的政治"，我们过去就是吃"左"的亏；社会主义的一个含义就是共同富裕，而社会主义制度是实现共同富裕的制度保障。过去"骨头欠肉的账太多"，要给人民以物质利益。邓小平认为，"最大的问题，中心的问题还是政策问题"①。他提出要以解决政策问题为突破口，要"让一部分人先富起来"成为大政策；要把人民生活逐年有所改善放在优先的地位。他感慨而言，"中国穷了几千年了，该发展起来了"。邓小平等对这个问题的回答和探索引发了一场思想大解放，同时也极大地推动了中国扶贫大业向前迈进了一大步。

政策放宽以后，农业先行。在"穷"字倒逼之下，安徽农村首先点起了承包到户的"星星之火"；在邓小平等中央领导的直接推动下，中央瞄准农村，接连出台了5个"一号文件"，20世纪80年代中国农村体制改革驶上了快车道，农村成为改革的突破口。与此同时，在夹缝中"异军突起"的乡镇企业，获得了超速增长。此时，扶贫开始成为国家行动。1982年12月，首推"三西"专项，扶贫初试身手，取得了较好的成效。中国第一个专项扶贫工作——"三西"地区农业建设扶贫工程正式拉开了序幕。

1984年，中央发出了扶贫开发史上的第一个文件——《关于帮助贫困地区尽快改变面貌的通知》，18个需要重点扶持的"老、少、边、穷"地区成为国定贫困地带。同年，中国开始有了以工代赈的扶贫活动。1986年国务院贫困地区经济开发领导小组的成立，标志着中国反贫困的组织系统正式确立。从承认社会主义国家有贫困现象，

---

① 《邓小平年谱（1975—1997）》（上），中央文献出版社2004年版，第239页。

到设立专门的扶贫机构和制度,把扶危济困的行为上升到国家意志的高度,再到设置贫困线来定义贫困,中国终于拉开了改革开放时期反贫困的帷幕。

在中央政策的鼓舞下,农村出现了欣欣向荣的景象,出现了新中国的第一批"万元户"。在同一时期,以邓小平同志为核心的党的第二代中央领导集体重新调整国家发展战略,在农村改革初见成效的基础上,以人民生活水平为标杆,进行顶层再设计,重新设计了中国现代化的"三部曲":温饱—小康—比较富裕。同时,借风行船,学习国际经验,提出"中国很穷,最需要和平的国际环境发展"。现在是我们向世界各国学习的时候了[①],要以对外开放促进国内发展和人民生活的改善。为了更好更快地发展起来,邓小平另辟蹊径,勇敢地提出走向市场经济的主张,中国经济形势由此别开生面,走上了发展的快车道,告别了普遍贫困的时代。在这一时期,中国还把计划生育定为国策,助力发展和反贫困大局。

从某种意义上而言,邓小平称得上是"文化大革命"之后中国"睁眼看世界"的第一人,他敏锐地觉察到中国与世界先进水平的巨大发展差距,摒弃旧思想旧意识,勇敢地冲破重重阻力,用重锤敲响警钟,唤醒国人,以对外开放促动对内改革,唱响"富起来"的主题曲,使中国在走了多年弯路以后,开始回归到正常的发展轨道上来。

二、加速:世纪之交反贫困(1989—2002)

1989—2002年是中国共产党反贫困历史上的一个重要阶段。建

---

① 《邓小平年谱(1975—1997)》(上),中央文献出版社2004年版,第398页。

立社会主义市场经济体制是这一时期标志性的历史符号。而当贫困问题遇上中国社会向市场经济转型之时，便无可避免地呈现出斑斓多姿的复杂形态。此阶段，以江泽民同志为核心的中国共产党第三代领导集体，针对建立社会主义市场经济时期反贫困工作的新特点，积极调整扶贫政策，采取了一系列富有成效的措施来应对农村、城市以及区域贫困问题，中国式的扶贫模式在实践中眉目轮廓开始清晰起来。

世纪之交，在国际国内形势都发生巨变的背景下，中国共产党人勇敢地带领中国走向市场经济。然而，市场经济是一把双刃剑，就贫困地区与贫困人口而言，本来就是"先天不足"，在市场机制下，更是出现"后天不调"，市场化改革下贫困成为一个大痛点。同时，在农村贫困问题仍旧严峻的背景下，城市贫困问题开始凸显，东中西部差距明显拉大，区域性贫困问题加剧。新旧贫困交织在一起，出现"按下葫芦浮起瓢"的景象。面对转轨期市场体制下贫困问题的复杂化，中国共产党人迎难而上，以与时俱进的姿态，继续与贫困作战，在化解世纪之交面临的世纪难题之际，形成了一些颇具特色的中国反贫困实践特征。

这一时期，江泽民明确提出，"一部分人先富起来，一部分人长期贫困，也不是社会主义。"[1]扶贫开发是贯穿社会主义初级阶段全过程的历史任务[2]，消除贫困是保持国家社会稳定的前提，消除贫困还是实现最基本的人权。他提出，实现小康目标还要看是否基本消除了贫困现象，"必须牢固树立扶贫开发长期作战的思想"[3]。

1993年，国家以大手笔在农村推出反贫困的国家级工程，《国家八七扶贫攻坚计划》成为20世纪末最后7年间全国扶贫开发工作的

---

[1] 《江泽民文选》第一卷，人民出版社2006年版，第549页。

[2] 《江泽民文选》第三卷，人民出版社2006年版，第249页。

[3] 《论社会主义市场经济》，中央文献出版社2006年版，第454页。

纲领性文件，也是中国开发式扶贫的起点。在"八七计划"后，中央继续实施大规模的扶贫开发计划，制定《中国农村扶贫开发纲要（2001—2010）》新蓝图。同时，对城市反贫困展开实践探索，解决城镇新贫困人口的社会保障问题，开展"再就业工程"；初步探索城市职工医疗保障制度；运用政府调节之手，增收个人所得税，缩小贫富差距；开始关注农民工的合法权益问题；对区域反贫困进行实践探索：扶持中西部地区经济"快跑"，开展东西扶贫协作；使反贫困成为全社会的共识和行动。特别是实施"西部大开发"战略，为我国反贫困工作奠定了有力的基石。

这一阶段，中国反贫困取得了不俗的成绩单：实现了从温饱到总体小康的历史性跨越。这一时期所确立的走开发式扶贫道路，成为我国反贫困思想的一个重要转折。这13年反贫困实践经验主要是：第一，反贫困离不开政府主导；第二，反贫困要充分动员社会力量；第三，坚持以发展的思路反贫困；第四，反贫困要依靠困难群众自力更生；第五，反贫困要有一支好的干部队伍；第六，反贫困要做好长期作战的准备。将走改革创新的反贫困道路、走科教先行的反贫困道路、走协调发展的反贫困道路、走可持续发展的反贫困道路相结合。经过多年的努力，时至20世纪末，我国的贫困状况人为缓解，有力地推动了世界反贫困进程，为世界反贫困提供了中国智慧。

三、新起点：反贫困又一程（2002—2012）

20世纪八九十年代的中国，是以高速经济增长背景下区域性瞄准为主的扶贫，使农村贫困现象极大缓解，实现了中国农村贫困问题从普遍性、区域性、绝对性贫困向点状分布和相对贫困的演变。这种区域性瞄准在扶贫开发的初始阶段，即贫困人口在贫困县中所占比例很大的情况下是富有成效的，扶贫的管理成本也较低。但同时也不可避免地出现了部分目标瞄准的偏离和扶贫资源的渗漏等。进入21世纪以后，中国的发展出现了城乡、工农、区域等失衡现象，贫富分化明显，城市贫困也有加重趋势。总体来看，国家从临时性的措施走向制度化的反贫困政策体系成为必然的要求。

从党的十六大到十七大，中国的发展观发生了深刻的转变，科学发展观应时而生。21世纪初，中国扶贫再接续，强农惠农富农成为各项政策的主调，2004—2008年间，中央先后出台了以指导农业和农村工作为主旨的"中央一号文件"，重新锁定"三农"问题，其重点是让农民增收，给农民平等权利，给农村优先地位，给农业更多反哺。在扶贫领域采用"整村推进"模式，扶贫重心下沉到村级；整村推进是扶贫开发的一项创举，打造了扶贫工作进村入户的平台，成为大扶贫的重要抓手和载体，是第一个十年《纲要》颁布实施以来最重要的成功经验之一。

从2006年1月1日起，国家正式废除农业税，大大减轻了农民的税费负担，改变了延续2000多年"以农养国""以农养工""以农养城"的历史。中国在反贫困方面继续取得重要成果，"三项补贴"政策打开"反哺农业"之路；农村低保在全国建立；"新农合"与农村医疗救助并行，教育扶贫首当其先。国家正式把扶贫开发纳入国民经济和社会发展总体规划，形成了一系列政策文件来促进"三农"发展，特别是制定并实施了有利于农村贫困地区和贫困人口的政策措施，中国农村的发展迎来了新契机。针对城市贫困，采取了多种反制措施：一是城市最低生活保障制度建设取得新进展；二是上调最低工资水平；三是出台农民工社会救助制度；四是在社会保险政策法规方面取得新进展。同时，实施以解决区域贫困为重点的发展战略，形成新布局。就总体布局而言，则是提出东中西部协调发展，继续深入推进西部大开发战略。东西携手，扶贫协作再上层楼；设立综合配套改革试验区；等等。2002—2012 年，在胡锦涛的带领下，我国的反贫困事业取得了很大的进展与巨大成就，对于全面建成小康社会有着重要意义。

然而，2008 年下半年呼啸而来的国际金融危机最终演变为全球性经济危机，并给中国的经济社会发展带来一定冲击，同时也对中国贫困地区和贫困人口的发展带来较大影响。伴随其间的是新旧交织、错综复杂、矛盾叠加的扶贫新难题，扶贫工作也面临新的挑战。

四、攻坚：不忘初心　驰而不息（2012—2020）

2000 年时中国已经实现了总体小康。但是，由于贫困地区贫困人口构成了我国经济社会发展的"短板"，特别是一些中西部地区距小康生活的差距还比较大，因此所达到的还是低水平的、不全面的、不平衡的小康。2013 年 9 月 9 日，世界银行在发表的《中国国家经济报告：推动公平经济增长》中指出：中国在消除贫困方面取得了巨大的进步，但中国消除贫困的任务还十分艰巨。中国经济政策的主要任务是，创造条件，推动落后地区和落后群体的收入增长，谋求兼顾公平的经济增长政策。

党的十八大以后，中国扶贫开发进入新阶段。以习近平同志为核心的党中央，面对困难，不忘初心，驰而不息，以坚忍不拔的气魄书写中国反贫困历史的新篇章。他提出消除贫困是党的初心体现，推出精准扶贫、精准脱贫的新反贫困方略，把脱贫攻坚摆到治国理政的重要位置，并纳入"五位一体"总体布局和"四个全面"战略布局，吹响了打赢脱贫攻坚战的冲锋号。

让扶贫资源有效瞄准贫困目标人群可谓一个世界性难题。习近平把握时代脉搏，顺应世事变化，提出精准扶贫思想，强调扶贫开发"贵在精准，重在精准，成败之举在于精准"，这标志着中国的扶贫方式从粗放到精准化的转变。习近平关于精准扶贫的重要论述，是以习近平同志为核心的党中央审时度势、主动作为而提出的治贫新模式，是对中国特色扶贫开发道路的最新探索与贡献。直接关系到2020年全面建成小康社会目标的实现。

为决胜全面建成小康社会、实现消除贫困的中国梦，以习近平同志为核心的党中央充分发挥中国共产党和社会主义国家在政治与制度方面的独特优势，坚守"以人民为中心"这一根本政治立场和价值导向，领导全党全国人民开展了一场新时代背景下的人民战争。

为打赢这场史无前例、最大规模的脱贫之战，中国共产党以卓越的组织领导力转动起执政体系上的各层"链条"，高效率运作，层层抓落实；以超强的动员力执行力，采取上下联动、雷厉风行的硬举措，凝聚力量，落实责任；更以改革创新为动力，解决了"扶持谁""谁来扶""怎样扶"这些关键问题，推动扶贫开发由粗放模式向精准扶贫精准脱贫的根本性转折。而今中国正以自身政治和制度优势所蕴含的本色、特色，以集中、鲜明而具体的形象走出一条独具中国风情的脱贫之路。世界银行2018年发布的《中国系统性国别诊断》报告称："中国在快速经济增长和减少贫困方面取得了'史无前例的成就'。"联合国秘书长古特雷斯在"2017减贫与发展高层论坛"发贺信盛赞中国减贫方略，称"精准减贫方略是帮助最贫困人口、实现2030年可持续发展议程宏伟目标的唯一途径。中国已实现数亿人脱贫，中国的经验可以为其他发展中国家提供有益借鉴"。

五、结语

"贫穷"这个千年不散的幽灵，造就了一个不亚于"卡夫丁峡谷"的深坑巨壑，跨越这一障碍成为中国共产党执政后极大的困难。1978年党的十一届三中全会是改革开放开始的标志，也是中国共产党人向贫困发起的一次绝地反击。迄今，中国的改革开放已经走过了40多个年头，中国社会已经发生了翻天覆地的沧桑巨变，这其中，最为中国和世界所称道的一大变化就是中国贫困人口的快速减少——在一个十几亿人口的大国彻底消除绝对贫困。这在过去是不敢想象的，而今，即将成为现实。中国改革开放40多年仅以此业绩就足以彪炳史册了。

反贫困一直是一个世界性的话题。长期以来，世界各国和许多国际组织都将减贫反贫作为使命与担当。1997年，世界银行在其发表的《在变化世界中的国家》中明确提出"反贫困"是国家的最基本功能之一。在2000年召开的联合国千年峰会上，191个成员国领导人通过了"千年发展目标"，共同承诺为缓解全球贫困而继续努力。不过，从世界范围来看，数十年来减贫效果并不尽如人意。

中国长期受贫穷沉疴困扰。1949年以后，从毛泽东到习近平，中国领导人在各个历史时期的接力减贫扶贫探索中，逐步形成了具有中国特色的扶贫道路及扶贫理论体系。从理论溯源来看，马克思主义的贫困学说是中国共产党人扶贫思想形成的根本基础，共同富裕则是贯穿扶贫思想体系的最核心内容；从理论内容来看，扶贫开发理论要解决的根本问题是贫困的产生以及贫困的缓解和消除。围绕这些根本性问题，新中国成立以来的历届中国领导人都为中国特色扶贫开发理论的形成与发展以及马克思主义贫困理论的中国化作出了重大贡献。特别是改革开放以来，中国在消除贫困、改善民生方面取得了历史性的进步，在 20 世纪 90 年代实现了人民生活的总体小康。2020 年中国将彻底消除绝对贫困现象，全面建成小康社会。诚如世界银行所赞叹：中国"在如此短的时间里使得如此多的人摆脱了贫困，对于全人类来说这是史无前例的"；"在全世界许多地方贫困人口普遍增加的时候，中国是个例外"；"中国在解决绝对贫困问题上所取得的成就举世公认"。

中国特色扶贫思想体系经历了由奠基到发展，到不断完善和创新的继替过程，中国扶贫理论和扶贫实践经历了从追求平等、公平的救济式扶贫到促进区域发展、能力提升的开发式扶贫，再到嵌入国家发展战略、推动小康社会建设的综合性扶贫和攻坚阶段精准扶贫、精准脱贫等理念方式的阶段性演进。中国扶贫开发理论是马克思主义反贫困理论中国化的重要成果，也是中国共产党历届中央领导集体立足国内扶贫开发实践，不断形成、发展和完善的社会主义建设理论成果。这不但推动了马克思主义反贫困理论中国化的进程，也为全球减贫发展作出了重要贡献。

（本文摘自《中国共产党反贫困实践探索（1978—2018）》一书，人民出版社 2019 年版）

中国扶贫事业的理论创新与实践探索

汪三贵①

伴随着中国经济社会的不断发展，中国的大规模扶贫开发也在持续推进。经过数十年的不断努力，中国的扶贫开发事业在使数亿人脱贫的同时，也帮助世界顺利实现全球贫困人口减半的联合国千年发展目标。因此，介绍我国贫困的测量方法与总体概况，梳理我国扶贫开发的历程，阐述"政府主导、社会参与、自力更生、开发扶贫、全面发展"的符合中国国情的扶贫开发模式，全面总结我国减贫事业取得的巨大成就、重要经验以及对世界减贫进程的重大贡献，并尝试概括新时代精准扶贫的理论和实践，具有重要的理论价值和现实意义。

一、中国的贫困状况

认识贫困要对贫困进行量化。首先从中国贫困线的确定入手，详

---

① 汪三贵，中国人民大学农业与农村发展学院教授、博士生导师，中国人民大学中国扶贫研究院院长。

细分析中国食物贫困线和非食物贫困线、贫困标准的确定。在此基础上，对历次贫困标准的调整等关键问题进行说明。在对贫困测量进行初步说明后，进而对中国贫困人口生活状况，包括其分布、收入、消费等状况进行描述，并对不同区域的贫困状况进行比较。最后，分析贫困人口主要致贫原因。

（一）中国贫困规模的测量

贫困有多种定义方式，包括绝对贫困、相对贫困、主观贫困以及能力贫困等。世界银行（2000）对贫困的定义是"对福利的明确的剥夺"。中国农村贫困是以绝对贫困来定义的。绝对贫困又叫生存贫困，是在一定的社会环境和生活方式下，家庭或个人所得不能维持其基本生存需求的状况。

在绝对贫困定义中，"基本生存需求"是核心概念，在早期贫困研究中，最低需求仅仅包括食物、衣着、住房和医疗。20 世纪的贫困研究则将最低需求从生理需求扩展到了人的基本需求，包括生理需求和基本文化需求，如娱乐和教育。在中国的贫困标准制定中，国家统计局将基本生活消费支出分为食物消费支出和非食物（衣着、住房、交通、燃料、用品、医疗、教育和娱乐等）消费支出两部分。食品消费是维持生存的最基本消费，只有满足最基本的热量和营养要求，人才能维持生存，因此，在基本需求中理应包括食物消费。除了吃饭外，在社会中生存的人类一定需要部分非食物支出，如衣着、住房等，所以在基本需求中需要包括最低限度的非食品支出。

在绝对贫困的定义下，中国自 1986 年开始制定贫困标准，主要有 3 个基本步骤：首先，根据一定标准确定食物贫困线；其次，在食物贫困线的基础上测定非食物贫困线；最后，根据两类食物贫困线加总确定贫困标准。1986 年，国家统计局首次确定中国的贫困标准为人均年纯收入 205 元；1990 年、1994 年、1997 年 3 年里，国家统计局根据分户数据对贫困标准进行了重新测算，其他年份则根据农村居民消费指数进行更新；1998 年，将收入低于贫困线且消费低于 1.5 倍贫困线，或者消费低于贫困线且收入低于 1.5 倍贫困线，均视为陷入贫困；2008 年，贫困标准的调整主要是"两线合一线"，将低收入线和贫困线合二为一，统一为人均纯收入 1067 元；2011 年底，中国农村贫困标准调整为"2010 年价格水平每人每年 2300 元"。这一新标准相较于之前的标准在大幅度提高，在具体测算方式上也有所不同。

（二）中国 2016 年的贫困状况和区域分布

从贫困人口规模来看，根据国家统计局对全国 31 个省（自治区、直辖市） 16 万户农村居民家庭的抽样调查，按照现行国家农村贫困标准计算，2016 年全国农村贫困人口 4335 万人，较 2015 年减少 1240 万人，降幅为 22.2%，贫困发生率为 4.5%，较上年下降 1.2 个百分点。

从贫困人口收支来看，在收入方面，2016 年贫困地区农村居民人均可支配收入 8452 元，相当于全国农村居民可支配收入的 68.4%，不考虑价格因素，实际增速高于全国农村平均水平 2.2 个百分点；在消费方面，2016 年贫困地区农村居民人均消费支出为 7331 元，不考虑价格因素，实际增长 8.1%。

从国家扶贫重点县来看，国家扶贫开发工作重点县的确认始于 1986 年，并在 1994 年、2001 年、2011 年和 2017 年进行了 4 次调整。按照现行农村贫困标准测算，2016 年全国扶贫重点县农村贫困人口 2219 万人，较上年下降 674 万人，下降幅度为 23.3%，贫困发生率为 10.5%，较上年下降 3.2 个百分点。

从集中连片特殊困难地区来看，2016 年中国连片特困地区农村贫困人口 2182 万人，较上年减少 693 万人，降幅为 24.1%，贫困发生率为 10.5%，较上年降低 3.4 个百分点。

（三）中国贫困人口主要致贫原因

中国贫困人口的致贫原因复杂多样，这些因素与贫困之间存在复杂的双向因果关系，受到区域发展程度的制约，是一个宏观与微观、内源与外生、时间与空间的复杂系统。因此，在讨论贫困人口的致贫原因时，不仅要关注贫困人口自身因素，也要了解区域发展、时代特征对贫困的影响。

从内部条件来看，一是自身发展动力不足。贫困人口最重要的致贫原因是教育水平低、缺乏技术和资金。根据 2015 年国务院扶贫办建档立卡贫困人口信息系统中关于致贫原因的统计，35.5% 的贫困农户因缺资金致贫，22.4% 的贫困农户因缺技术致贫。从文化程度来看，文盲或半文盲占 14.8%，小学占 39.9%，初中占 37.3%，高中占 5.7%，大专以上占 2.3%。二是健康状况不佳。根据全国建档立卡贫困人口信息，在贫困农户中，疾病是主要的致贫原因，42.1% 的贫困农户因病致贫。因残致贫的比例达到 5.8%。三是劳动力欠缺，导致生计困难。2015 年贫困地区农村常住劳动力占全部常住成员的比重为 66.1%，较 2012 年下降 3.2 个百分点。在建档立卡农户中，16.8% 的农户因缺少劳动力致贫。

从外部条件来看，一是自然条件恶劣。近七成行政村经历了自然灾害。根据中国农村贫困监测调查，2015 年贫困地区 62.1% 的村经历了自然灾害，主要以旱灾、水灾、植物病虫害为主，分别占

27.6%、15.5%和37.9%。建档立卡贫困人口中，因灾致贫的比例达到5.8%。二是基础设施薄弱。贫困地区信息通达程度下降，加大了农产品销售的交易成本，提高了农资运入的运输费用。同时，在生活方面，由于道路状况不佳，农户就医、上学的成本增加，在一定程度上加剧了贫困状况。

二、中国扶贫政策演变

中国的扶贫政策演变可以划分成几个明显的阶段。各个阶段均根据国民经济发展水平和国家财力状况确定国家扶贫标准，根据贫困人口分布状况适时确定并调整国家扶持的重点区域，制定相应的国家扶贫规划政策和具体实施行动，寻求既定扶贫成本下最大的减贫效果或既定减贫目标下的最小成本的扶贫工具，在国家财政能力可以承受和行政能力可以执行的条件下尝试瞄准真正的穷人，做到扶贫资源有效传递到真正的穷人，扶贫政策具有明显的阶段性特征。

保障生存阶段的扶贫政策（1949—1978年），这一阶段，基于"贫困致因主要在于所有制"的认知，贫困治理主要围绕"所有制改造"展开，从变革生产关系入手，废除生产资料私有制，建立农村集体经济，试图消除贫困的制度根源；体制改革阶段的扶贫政策（1979—1985年），这一时期，针对经济发展明显落后、贫困人口较为集中的地区，中央政府及其有关部门实施了一系列帮助贫困地区和贫困人口的政策措施，由生存救助为主的无偿救济开始转向生产帮助为主兼有部分有偿救济的扶贫政策；解决温饱阶段的扶贫政策（1986—2000年），这一阶段，扶贫工作从一般的社会救助事业中脱离出来，成为相对独立、有组织、有计划的社会工程。扶贫政策由道义性扶贫向制度性、专项性扶贫转变，由救济式扶贫向开发式扶贫、发展型援助转变，由扶持贫困地区（主要是贫困县）向扶持贫困村、贫困户（主要是贫困人口）转变；巩固温饱阶段的扶贫政策（2001—2010 年），这一时期反贫困工作从简单的"经济开发式"向综合的"社会开发式"转变，更加注重使用再分配手段来反贫困，既关注导致贫困的各种直接的具体原因，也关注贫困问题的深层次制度与社会背景；全面小康阶段的扶贫政策（2011—2020 年），这一时期将精准扶贫、精准脱贫作为基本方略，减贫目标成为一个多元化、多层次、综合的目标体系，扶贫不再仅仅局限于脱贫领域，而是要实现在脱贫基础上的同步小康。

三、中国的扶贫模式

贫困与不平等是市场失灵的一种重要表现，需要政府采取合理的干预措施来消除和弥补。多年来，中国政府始终坚持"政府主导，社会参与，自力更生，开发扶贫，全面发展"的符合中国国情的扶贫开发模式，取得了巨大成就。

（一）中国扶贫的组织机构

长期以来，中国的扶贫开发由政府主导，政府具有强大的政治动员能力和资源整合能力，为扶贫开发提供优良环境，是扶贫开发公共产品的供给主体。在国家层面设立国务院扶贫开发领导小组，扶贫开发实行分级负责、以省为主、县抓落实的行政领导扶贫工作责任制。各省、自治区、直辖市，特别是贫困面积较大的省、自治区，都把扶贫开发列入重要议程，根据国家扶贫开发计划制定本地区的具体实施规划，各县也制定相应的规划。

中国建立了从上到下结构完整的各级扶贫办公室、以政府为主导的资金动员机制的扶贫资源高效率的传递系统，扶贫项目和资金管理方式也在根据实际需要不断调整。通过扶贫办公室进行跨部门的协调，从而动员各方面的力量参与扶贫。通过这种协调机制，在维持政府各部门正常业务工作的同时，利用各部门的资源和专业技能来共同促进贫困地区的发展。

（二）中国的开发式扶贫

开发式扶贫是对过去传统的分散救济式扶贫的改革与调整，是中国农村扶贫政策的核心和基础。在扶贫开发的过程中，中国政府注重发展贫困地区的生产力，支持、鼓励贫困地区改善生产条件，引导贫困地区和贫困农户以市场为导向，调整经济结构，开发当地资源，发展商品生产，提高自我积累、自我发展能力，通过多种方式和途径，采取综合配套措施，帮助农村贫困人口脱贫。

开发式扶贫方针主要包括 5 个方面的内容：第一，倡导和鼓励自力更生、艰苦奋斗的精神，克服贫困农户中普遍存在的"等、靠、要"思想；第二，针对贫困地区基础设施薄弱、抵御自然灾害能力较差的实际情况，国家安排必要的以工代赈资金，鼓励、支持贫困农户投工投劳，改善生产条件；第三，国家安排优惠的扶贫专项贴息贷款，制定相关优惠政策，重点帮助贫困地区、贫困农户发展有关产业，促进增产增收；第四，开展农业先进实用技术培训，增强贫困户自我发展能力；第五，扶贫开发与水土保持、环境保护、生态建设相结合，实施可持续发展战略，增强贫困地区和贫困农户的发展后劲。

总体而言，中国开发式的扶贫政策通过推动贫困地区的经济增长，在一定程度上促进了中国大规模减贫进程，同时也减缓了区域差距的扩大趋势。

（三）中国农村社会保障

中国农村低水平和低覆盖的社会保障制度长期存在。这种保障制度在很长的时期内存在比城市严格得多的对象限制，直到农村低保制度的普遍推行才有所改变。中国农村社会保障大概可以分为两大块：一是五保户救助，二是最低生活保障制度。社会保障制度能够发挥缓解经济增长与收入分配之间矛盾的作用，是通过较好地瞄准贫困者并对风险进行防范的长效化治理。当前的反贫困政策也更加强调以经济开发为主的政策同救助边缘化人口为主的保障型政策相结合，试图构建以权利公平、机会公平、结果公平等为内容的社会公平保障体系和机制。

总的来说，以五保户救助和农村最低生活保障为代表的农村社会保障政策的实施，对解决部分没有生产能力的极端贫困人口的温饱问题起到了重要作用。农村社会保障网络的建立，比扶贫开发项目具有更好的可预期性和稳定性，它意味着中国贫困治理开始逐渐步入常规化路径，以开发式扶贫去扶持"可以扶持"的具有一定劳动能力的贫困群体；而以农村社会保障去救助实际上"难以扶持"的丧失劳动能力的贫困群体成为新时期扶贫政策的一个重要特征。

（四）中国的惠农政策

惠农政策即指政府为了支持农业的发展、提高农民的经济收入和

生活水平、推动农村的可持续发展而对农业、农民和农村给予的政策
倾斜和优惠。近年来，中国实施了数量众多的惠农政策，诸如"三减
免三补贴"政策、以大病统筹为主的新型农村合作医疗制度、新型农
村养老保险制度等。

总体来看，这些惠农政策改革给贫困家庭和贫困人口带来了巨大
的好处，成为农村贫困人口下降的主要推动力量之一。普适性的、直
接补贴式的政策因其本身更有利于穷人，且穷人并不需要为这些政策
支付任何成本，因而取得了更大的减贫效果。与此同时，一些改革政
策比如学校布局调整和推行寄宿制则对偏远地区的贫困人口产生了一
定的负面影响。产生这些问题的原因是一部分措施加快推进，而补充
措施没有跟上来，今后的政策应该采取更加综合性的措施来推动贫困
地区全面发展，并使更多的贫困人口受益。

四、中国的扶贫成就

经过数十年的不断努力，中国的扶贫工作在使数亿人脱贫的同
时，也帮助世界顺利实现全球贫困人口减半的联合国千年发展目标。
当前阶段的中国扶贫工作更加注重精准度，要求扶贫资源与贫困户的
需求准确对接，精准扶贫、精准脱贫成为新的扶贫方略。

（一）中国的大规模减贫

受各种历史和现实因素影响，中国的贫困现象范围广、程度深。
如果以现行2300元（2010年不变价）每人每年的贫困标准衡量，在
1978年，中国农村有7.7亿贫困人口，贫困发生率高达97.5%，这一

数据意味着中国农村居民几乎全部为贫困人口，贫困现象极为普遍。到 2019 年末，全国农村贫困人口下降为 551 万人，贫困发生率降低到 0.6%。经过数十年的努力，中国的扶贫工作使得超过 8 亿人脱贫，这一成就举世瞩目。

毋庸置疑，贫困人口及贫困发生率的下降直接体现了中国的脱贫成效，贫困发生率的下降情况也是显示脱贫成效的核心指标。减贫工作的核心在于提高贫困人口的收入水平，但是与之相对应，减贫的实质是从各个方面改善贫困人口的生活条件。经过数十年的扶贫努力，无论是在全国还是在贫困地区，农村的贫困人口大幅度减少，贫困发生率不断下降，各种贫困现象日益减少，贫困人口的收入、消费、生产及生活条件不断改善，各类社会服务体系逐步建立并日趋完善。

（二）中国大规模减贫的推动因素

第一，国民经济的快速发展，是中国大规模减贫的前提。根据学界研究，经济增长对减贫的作用主要表现在两个方面：一是经济发展为贫困人口提供了更多和更好的就业和创收机会，二是经济增长带来了政府财政收入的增加，使政府更有能力去帮助贫困人口。第二，中国对减贫工作的高度重视与持续的高额投入，是中国大规模减贫的重要保证。虽然"涓流理论"揭示了在市场机制的调节下，经济增长带来的效益会自动流向低收入阶层，但是没有政府的干预，经济增长往往会导致贫富差距扩大。第三，各项扶贫工作制度创新，是中国大规模减贫的制度保障。除了巨额的资金投入外，各种扶贫制度创新也为加快脱贫攻坚提供了制度保障，其中具有代表性的是中央有关部门的定点扶贫以及东西部地区的扶贫协作制度。第四，切实可行、符合实际的各项扶贫措施，是中国大规模减贫的直接推动因素。虽然国家对扶贫工作高度重视，进行了相应的制度安排，投入了巨额资金，但要使这些扶贫资源真正转换成为促进贫困人口脱贫致富的推动力，还需要针对贫困人口的致贫原因，实施各项符合其需求的扶贫举措。第五，广泛的社会参与是中国大规模减贫的重要补充力量。社会组织可以吸收社会闲散资金，提高资金的使用效率，对政府力量不能完全覆盖的区域进行补位，加快脱贫攻坚进程。第六，中国与联合国、发达国家、非政府组织的国际合作，是中国大规模减贫的重要外界推动因素。在对外进行扶贫国际合作的过程中，国际上一系列先进的减贫理念、减贫理论和方法被介绍到中国，并应用于中国的减贫实践过程中，助力于中国的脱贫攻坚。

五、中国的精准扶贫

精准扶贫是为了抵消经济增长减贫效应的下降和完善新阶段扶贫工作机制而采取的措施，目的是为了增强扶贫的针对性和有效性。精准扶贫的提出经过了从自上而下提出政策理念，到形成精准扶贫、精准脱贫基本方略的政策设计，再到精准扶贫创新机制和全面推进执行的政策过程。

（一）精准扶贫的实施背景

精准扶贫是在新形势和新问题背景下中国农村扶贫开发的创新政策。改革开放特别是在党和政府有计划地实施减贫政策以来，中国贫困人口大量减少，取得了巨大的减贫成绩，在这一过程中探索形成了具有中国特色的扶贫开发道路。近年来，在中国经济发展进入新常态、经济增长的减贫效益下降和社会收入分配不平等呈现扩大趋势的经济社会大环境下，在以区域开发为重点的扶贫方式出现瞄准精度和减贫效率下降趋势的问题背景下，需要创新扶贫策略，增强扶贫的针对性和提高减贫的有效性。通过全面设计和实施精准扶贫政策，为有效推进减贫事业和如期实现小康目标提供了政策指南。

2013 年 11 月，习近平在湘西考察时提出，扶贫要实事求是，因地制宜。要精准扶贫，切忌喊口号，也不要定好高骛远的目标，首次明确提出精准扶贫理念。此后，习近平关于扶贫工作的重要论述中多次阐述了精准扶贫理念。中央围绕农村扶贫开发主题召开系列重要会议和出台扶贫政策，逐步完善了有关精准扶贫的政策体系。各级地方及行业部门推进创新精准扶贫工作机制和执行方式，丰富了精准扶贫的经验实践和理念内涵。

（二）精准扶贫的基本含义

精准扶贫最基本的定义是扶贫政策和措施要针对真正的贫困家庭和人口，通过对贫困人口有针对性的帮扶，从根本上消除导致贫困的各种因素和障碍，达到可持续脱贫的目标。精准扶贫要解决 4 个关键问题：一是"扶持谁"，就是如何聚焦贫困对象，解决以往扶贫工作中贫困人口底数不清、情况不明、针对性不强的问题；二是"谁来扶"，则是要解决扶贫主体责任不清、分工不合理，相关部门不能形成合力以及基层扶贫治理能力不强的问题；三是"怎么扶"，就是要解决扶贫资金和项目指向不准、扶贫效益和质量低下的问题；四是"如何退"，旨在衡量和判断贫困县、贫困村和贫困人口实现脱贫"摘帽"、有序退出的标准和动态管理问题。

精准扶贫针对"扶持谁""谁来扶""怎么扶""如何退"这 4 个

关键问题，提出扶贫对象的精准识别、精准帮扶、动态管理和对扶贫效果的精准考核4个主要环节。精准识别就是通过一定的方式将低于贫困线的家庭和人口识别出来，同时找准导致这些家庭或人口贫困的关键性因素，它是精准扶贫的基础。精准帮扶是在精准识别的基础上，针对贫困家庭的致贫原因，因户和因人制宜地采取有针对性的扶贫措施。动态管理首先是对所有识别出来的贫困户建档立卡，为扶贫工作提供包括贫困家庭基本状况、致贫原因和帮扶措施等方面的详细信息，为精准扶贫提供信息基础。精准考核是对精准扶贫的效果进行考核，主要针对地方政府。精准考核首先是对贫困户的扶持效果进行考核和评估，保证精准脱贫；其次是对地方政府的扶贫绩效进行考核，督促贫困地区政府将工作重点放在扶贫和改善民生方面。精准考核的目的是督促贫困地区的地方政府将精准扶贫作为工作的重点。

（三）精准扶贫的主要做法

传统的扶贫做法以基础设施建设为主，兼顾贫困地区产业发展以及贫困户自我发展能力的提升。自中央提出精准扶贫战略以来，扶贫工作发生了重大转变，在对象上以贫困人口为目标，强调措施精准到户到人；在内容上不仅关注贫困人口收入的提升，而且重视其他公共服务的改善；在方式上不局限于传统模式，创新了大量的做法，比如资产收益扶贫、电商扶贫、易地扶贫搬迁、教育扶贫、社会保障兜底扶贫、健康扶贫、金融扶贫、生态扶贫等。

（四）精准扶贫的未来展望

精准扶贫工作已在全国范围内如火如荼般开展，作为一项当下极为重要的决策，精准扶贫在实施过程中既面临有利条件也遭遇不利条件。有利条件主要包括：一是中央和地方更加重视、更加支持；二是中国庞大的经济总量为扶贫开发奠定了坚实基础；三是扶贫开发思路更加贴合实际，政策更加有力，措施更加到位，方法更加科学。

实施精准扶贫的不利条件：一是脱贫难度更大，经过多年扶贫，容易帮扶的对象基本已经脱贫，余下的都是难啃的"硬骨头"；二是随着中国经济发展进入新常态，政府财政增量下降，依靠政府普惠式注资脱贫难度加大，多元化扶贫投入和扶贫发展方式需要转型升级，同时经济增长的减贫效应下降，精准扶贫势在必行；三是新时期的贫困问题与区域发展问题、生态保护问题、社会保障问题、民族团结问题、社会稳定问题和可持续发展问题密切相关，需要统筹谋划、综合协调，既要群策群力、形成合力，又要开发潜力、精准发力。

精准扶贫是一项复杂的系统工程，需要围绕精准扶贫基本方略，加大扶贫开发工作力度，需要进一步创新精准扶贫工作机制和健全脱贫攻坚政策支撑体系，保证如期打赢脱贫攻坚战。具体而言，一是要围绕"五个一批"主要途径，创新和完善精准扶贫工作机制；二是要完善精准扶贫体制机制，健全脱贫攻坚支撑体系。

（本文摘自《当代中国扶贫》一书，中国人民大学出版社 2019 年版）

中国特色的反贫困实践模式及巩固

闫　坤　　刘轶芳①

改革开放至今，中国的减贫事业取得了举世瞩目的成就。根据世界银行公布的结果，全球减贫成绩的70%以上来自中国。为此，世界银行赞誉中国的反贫困工作在区域和全球范围内都处于中心地位，在短时间内如此大幅减贫是史无前例的。因此，系统考察中国反贫困实践的发展历程、主要特征和薄弱环节，准确把握在实践中形成的中国反贫困理论的内在逻辑，提炼反贫困"中国模式"的典型特色和适用环境，提出应对新挑战的思路与方案以实现新时期反贫困目标，将有益于继续增进人民福祉、促进社会进步和国家繁荣。与此同时，与世界各国尤其是广大发展中国家分享中国反贫困的成功经验，对于整个人类社会的进步和维护世界和平也具有非常重要而积极的意义。

---

① 闫坤，中国社会科学院财经战略研究院党委书记、研究员、博士生导师；刘轶芳，中央财经大学经济学院教授、博士生导师。

一、中国反贫困的实践历程

（一）第一阶段：体制转轨、经济绩效与贫困减少（1978—1985 年）

这一阶段致贫主要是由于计划经济体制下生产积极性较低，抑制了土地产出率，制度的僵化成为阻碍整个国民经济发展的核心因素。[1] 为此，这一时期的反贫困工作主要从以下 3 个方面展开。首先是土地制度的变革，即用家庭联产承包责任制取代人民公社式的集体耕作制度；其次是农产品价格逐步放开，使农产品市场交易机制得以重建，农产品收购价格得到大幅提高；[2] 最后是工商业投资开发的逐步放开，使得乡镇企业迅速崛起。此外，我国政府还在宏观经济制度等方面采取了相应的措施。自 1978—1985 年，农村人均粮食产量增长了 14%，棉花增长了 73.9%，油料增长了 176.4%，肉类增长了 87.8%；[3] 绝对贫困人口平均每年减少 1786 万人，没有解决温饱的贫困人口从 2.5 亿人下降到 1.25 亿人，占农村总人口的比例从 1978 年的 30%左右下降到 1985 年的 15%。[4]

---

[1] 参见刘坚主编：《中国农村减贫研究》，中国财政经济出版社 2009 年版，第 31 页。

[2] 参见张岩松：《发展与中国农村反贫困》，中国财政经济出版社 2004 年版，第 62 页。

[3] 参见周荣：《中国减贫 25 年的历程、经验及启示》，《中共山西省委党校学报》2004 年第 5 期。

[4] 参见国家统计局农村社会调查统计司编：《2005 中国农村贫困监测报告》，中国统计出版社 2006 年版，第 12 页。

（二）第二阶段：设立机构、加强组织与扶贫开发（1986—1993 年）

绝大多数农村地区在新的农村生产组织制度下，发展优势明显，经济增长快速；但另外一部分地区由于多方面的因素制约，比如思想观念落后、市场经济意识发育较慢、基础设施落后、自然环境较差、地理区位劣势等原因，造成发展相对滞后。为此，政府扶贫工作主要从扶贫开发的组织性、计划性、针对性和规范性等方面着手，主要措施有成立国务院贫困地区经济开发领导小组；根据当时的国情确立贫困标准，确立重点扶贫区域等。① 这一阶段的工作在一定程度上促进了贫困地区经济的发展和贫困人口的减少。但从整体的实际效果来看，由于政策操作水平有限、经验不足，扶贫开发项目成效显著的不多，导致这一阶段反贫困效果不如前一阶段明显。

（三）第三阶段：制订计划、解决温饱与扶贫攻坚（1994—2000 年）

这一阶段，我国的社会主义市场经济进一步发展，虽然经济形势出现了较大波动，但是就长期经济发展来看，市场的活力越来越强、政府宏观调控能力提高，同时，积极财政政策促进了基础设施发展，为经济增长打下了基础。就这一时期的贫困状况来看，在整个国民经济的发展带动下，农村经济的发展也在持续，但由于区位因素、人文社会环境等差异，东部和西部经济发展的差距在拉大。② 扶贫任务主

---

① 参见陈标平、胡传明：《建国 60 年中国农村反贫困模式演进与基本经验》，《求实》2009 年第 7 期。

② 参见李兴江：《中国农村扶贫开发的伟大实践与创新》，中国社会科学出版社 2005 年版，第 62 页。

要表现为,尽快解决剩余 8000 万贫困人口的温饱问题,缩小东西部地区差距,实现共同富裕。以 1994 年《国家八七扶贫攻坚计划》的公布实施为标志,我国的扶贫开发进入攻坚阶段。由于各级政府的高度重视,国家"八七"扶贫攻坚目标于 2000 年底基本实现。经济增长、农产品价格提高、城乡间人口流动和扶贫工作的共同作用,加快了这一时期的减贫速度。根据官方贫困线估计,1993—2000 年,农村贫困人口从 8000 万下降到 3200 万,年均下降速度为 12.3%,比 1978 年以来平均减贫速度提高了 3.6 个百分点。另据分析,这一时期最好的扶贫效果出现在 1994—1996 年,主要在于购销体制改革使农产品价格提高并推动了农村经济的发展。[①]

(四)第四阶段:颁布纲要、巩固成果与促进民生(2001—2010 年)

从 21 世纪开始,我国进入全面建设小康社会、加快推进社会主义现代化的新的发展阶段。与此同时,我国的扶贫开发工作也开启了发展新进程。面对新的扶贫工作形势,2001 年,国务院印发了《中国农村扶贫开发纲要(2001—2010 年)》(以下简称《纲要》)。确定 21 世纪前 10 年我国扶贫事业总的奋斗目标为,尽快解决极少数贫困人口温饱问题,进一步改善贫困地区的基本生产生活条件,巩固温饱成果,逐步改变贫困地区社会、经济、文化的落后状态,为达到小康水平创造条件。此外,民生导向的公共财政建设也在不断加强,有力地推动了反贫困的步伐。自《纲要》实施以来,反贫困工作在多方面取得了成效。在这一阶段,贫困地区各项基础设施、社会事业得到了全面加强,并且县域经济取得较快发展,生态

[①] 参见汪三贵:《中国的农村扶贫:回顾与展望》,《农业展望》2007 年第 1 期。

环境进一步改善。到 2010 年，我国粮食、蔬菜、肉类、禽蛋等主要农产品人均占有量均已接近或超过世界平均水平，有效解决了贫困人口的温饱问题。

（五）第五阶段：创新制度、精准扶贫与全面脱贫（2011—2020 年）

党的十八大以来，扶贫开发工作更是被提升到了治国理政的新高度，在党的十八届五中全会中被列为 2020 年全面建成小康社会的重要组成部分，通过实施精准扶贫方略，实现现行标准下我国农村贫困人口脱贫、贫困县全部摘帽、解决区域性整体贫困。这一阶段，中央财政专项扶贫资金逐步增加、扶贫制度也在不断完善。中国的减贫事业取得了很好的效果，主要体现在以下几个方面：第一，制度设计日臻完善；第二，贫困人口规模大幅减少；第三，多方面保障贫困人口增收；第四，几个重点地区的脱贫成效显著；第五，扶贫成就在国际社会受到高度评价。

二、中国特色的反贫困实践模式

（一）财政扶贫

财政作为政府履行减贫职能、实施减贫战略的重要手段发挥着最为基础性的作用。财政扶贫的主要任务就是集中资金增加投入，并确保财政资金的及时到位；调整结构，突出资金的使用重点；规范管理，提高资金的使用效益。

（二）微型金融扶贫

微型金融是在传统正规金融体系之外发展起来的一种创新金融方式。它以扶贫为宗旨，专门向中低收入群体及微型企业提供贷款、储蓄等金融产品和服务，帮助他们进行生产性活动。

（三）产业扶贫

产业扶贫模式是在贫困地区发展一定的主导产业，并通过产业的成长、发展带动某地经济的增长，同时大量吸纳劳动力就业，从而直接增加贫困群体的收入，实现人力、财力与资源等要素的有效整合。

（四）教育扶贫

贫困群体获取致富信息的能力不足、获得工作的机会有限、迁移壁垒过高，往往是因为人力资本不足。因此，提高贫困人群的受教育水平、加大对其培训的力度，可以增强其自身反贫困的能力。

（五）科技扶贫

科技扶贫的核心是通过示范、培训手段，加大对贫困地区和目标群体推广农业高新技术、新品种的力度，是国家扶贫开发的重要组成部分。

（六）组织化扶贫

组织化扶贫是通过政府指导与提供各种便利服务和相关政策措施，使分散的个体形成合作社、农民协会等一定的相对规范化的组织形式，从而发挥规模经济与合力的作用，共同应对各种不确定性，把握市场机遇，来实现脱贫致富的目标。

（七）迁移式扶贫

迁移式扶贫模式也称异地搬迁模式，是指对生存条件极其恶劣地区的贫困农户进行移民搬迁、异地开发的扶贫途径。

（八）以工代赈扶贫

以工代赈扶贫（或基础设施建设扶贫）是指在贫困地区，由政府提供资金或实物，通过举办基础设施建设等公共工程，给非熟练劳动力创造短期的就业机会，增加其收入，同时，为贫困地区的经济发展提供便利的基础设施条件。

（九）整村推进扶贫

整村推进扶贫开发战略是以贫困村为基本单元和基本受益对象，充分利用较大规模的资金和其他资源，尽快完善基础设施和发展社会公共服务、改善群众生产和生活条件以及推动主导产业发展，从而使贫困人口在整体上摆脱贫困，同时提高贫困社区和贫困人口的综合生产能力与抵御风险的能力。

（十）对口、定点与联系式扶贫

对口、定点与联系式扶贫是一种动员社会力量参与的、具体扶贫形式比较灵活的、责任落实比较到位的模式，是符合我国的政治、经济、社会特点，体现社会主义高度的集体观与合作力等优越性的模式。

三、巩固和发展反贫困的中国模式

（一）吸取现有理论观点的合理部分，积极进行中国特色反贫困理论创新

在考虑经济全球化、中国特色社会主义建设、全面建成小康社会、建设社会主义现代化国家等时代背景的前提下，既要吸取我国现有理论观点的合理部分，又要坚持理论创新，立足于战略、制度和政策层面，为反贫困实践提供可靠的理论依据，提出可供选择的反贫困方案和模式。

（二）促进贫困地区经济增长，带动贫困群体收入增加

第一，发展县域经济，促进收入分配；第二，加快农村产业多元化发展，培育贫困地区经济增长点；第三，下移贫困瞄准对象到村，探索乡村经济跨越式发展；第四，促进金融发展，解决贫困农户

贷款难题；第五，促进贫困人口权利发展，依据实际需求提高反贫困效率。

（三）建设完善社会安全网，对贫困群体做到全覆盖

第一，任何人都不被隔离在社会安全网之外，并按需获得社会福利；第二，强化资金保障，提高财政资金使用效率；第三，针对现行社会安全网存在的问题，按受益人群进行分类解决。

（四）完善财政减贫制度及政策，为经济发展和社会安全网奠定物质基础

第一，进一步优化财政体制，为减贫奠定良好制度基础；第二，赋予省以下各级地方政府相应的财权和财力，提高贫困地区财政减贫能力；第三，进一步完善转移支付制度，增强贫困地区财力；第四，规范财政减贫程序，提高减贫效率；第五，建立健全财政减贫管理的体制机制，提高财政扶贫资金使用效率；第六，建立财政扶贫投入的稳定增长机制，引导更多社会资金投向贫困地区。

（本文摘自《中国特色的反贫困理论与实践研究》，中国社会科学出版社 2016 年版）

中国扶贫模式的经验与展望

胡兴东　杨　林①

　　贫困是人类社会自形成以来就存在且伴随时间最久、最普遍的社会问题，也是人类社会治理中最难消除的社会问题之一。贫困、人口和环境被当今国际社会公认为人类共同面临的三大难题。人类社会中出现的战争、动乱，甚至大量日常犯罪都与贫困有关。反贫困、消除贫困是任何一个正常国家在治理中的首要目标和重要任务。中国政府的贫困治理基本采用的是通过集中发展经济，改善贫困地区的生产生活条件，在经济高速增长下通过"涓滴效应"来提高贫困地区居民生活水平，以实现摆脱贫困的扶贫模式。

　　在贫困治理中，中国在扶贫工作上取得的成绩是独傲世界的，政府在贫困治理上的积极性、主动性也是世界各国政府中少有的。自20世纪80年代以来，中国政府的贫困治理形成了中国特色贫困治理模式。这种贫困治理模式的核心是政府全面承担贫困治理的各项工作，同时积极动员和吸收各种社会力量参与扶贫。2016年，中

---

① 胡兴东，云南大学滇西发展研究中心教授；杨林，云南省委教育工委常务副书记、教授、博士生导师。

国政府在总结过去近 40 年扶贫事业上取得的成功经验时指出，中国扶贫工作的特点是："中国发挥政治优势和制度优势，通过'党的领导、政府主导、社会参与'的工作机制，形成跨地区、跨部门、跨行业、全社会共同参与多元主体的社会扶贫体系。"① 虽然这种以政府全面主导的贫困治理存在一些问题，但在国家存在数量庞大的贫困群体、多种深度贫困区的时代，这种扶贫模式拥有的优势显而易见。

考察中国贫困治理中取得的成绩，除了真实地解决了中国农村大量农民的赤贫问题外，最有价值的是在贫困治理上形成的具有政策学意义和范式价值的各种扶贫模式。中国自 1978 年开始在贫困治理机制上创造出了形式多样的扶贫模式，构成了中国贫困治理的范式。这些不同特征的扶贫模式在世界反贫困政策措施上具有十分重要的意义。认真总结、反思中国贫困治理中的各种扶贫模式，对改进和完善当前中国贫困治理的制度和机制及世界各国贫困治理将产生十分重要的借鉴作用。

一、贫困治理与扶贫模式

贫困治理是 20 世纪中后期世界学术界关注的中心问题，形成了丰富多样的贫困形成理论、贫困消除理论和贫困治理模式。在贫困形成理论上，根据理论特点可以分为结构主义贫困理论、新古典主义贫困理论和激进主义贫困理论 3 类。其中具有代表性的 13 种理论分别

① 中华人民共和国国务院新闻办公室：《中国的减贫行动与人权进步（2016 年）》白皮书，载杨临宏编：《扶贫工作研究参考文献集萃》，云南大学出版社 2017 年版，第 106 页。

是庇古的社会福利理论、阿瑟·奥肯的效率与公平失衡论、纳克斯的"贫困恶性循环"理论、纳尔逊的"低水平均衡陷阱"理论、刘易斯的"贫困文化"理论、瓦伦丁的"贫困处境论"、马克思的"贫困结构论"、柏尔纳的"社会排斥理论"、涂尔干的社会反常理论、甘斯的期待与现实距离理论、布迪厄的文化资本理论、威尔森的"社会孤立理论"、阿玛蒂亚·森的"能力贫困理论"、戴维·S.兰德斯的国富国穷论。在贫困消除理论上,主要有经济增长理论、发展极理论、"积累因果关系理论"模式、人力资本投资理论等。在扶贫理论模式上有以工代赈扶贫模式、福利救济扶贫模式、政府主导下的公众参与扶贫模式、"GB"扶贫模式、区域发展模式、法律政策支持引导型扶贫模式等。

对世界各种贫困治理理论与扶贫模式进行比较考察,结合中国扶贫的实践经验,笔者认为,扶贫模式是指在扶贫过程中形成的,具有类型化、标识性、功能性的扶贫措施、机制的整体性、概括性的理论集成。扶贫模式由不同模式在扶贫对象瞄准上的有效性、扶贫项目实施中扶贫对象在扶贫过程中参与的程度及参与后的有效性、扶贫资源传递过程对贫困消除的有效性、扶贫项目实施后评价机制的有效性4个核心问题组成。

决定扶贫模式选择的核心要素是如何定义和确定贫困,识别和瞄准贫困对象。人类社会中的致贫原因主要可以分为发展资源不足型、内在人格缺陷型、个体生理缺失型;在贫困治理上对发展资源不足型贫困主要是通过改变发展中的资源供给,让贫困者获得发展所需要的资金和资源;对内在人格缺陷型贫困群体则是通过长期的、针对个体社会心理支持来实现贫困治理;对个体生理不足型贫困群体基本上采用救济式扶贫。

二、中国扶贫模式的划分标准及种类

依据不同的视角和标准，可以将中国扶贫实践中的扶贫模式归纳为以下不同的种类。

（一）以扶贫政策变迁为标准

从扶贫政策变迁视角来看，1949—2020 年间，中国贫困治理经历了体制变革和救济式扶贫时期（1949—1977 年）、体制改革推进型扶贫时期（1978—1985 年）、专项扶贫开发时期（1986—2011 年）、全面消除绝对贫困的精准扶贫时期（2012—2020 年）。这 4 个时期，若按扶贫措施的内容和特征，又可以分为两个长时段：第一个时段是体制改革下的反贫困治理时期，时间是 1949—1985 年，这段时期主要是通过社会制度体制改革获得经济发展动力，在经济发展下实现减贫；第二个时段是有意识的、针对性的贫困治理时期，时间从 1986 年—2020 年，这段时期主要是针对不同群体和区域，采用特别发展支持措施、对策，促使特定群体和区域的经济获得高速发展，实现减贫，达到国家确定的目标。所以学术界又把这两个时段称为救济式扶贫时期和开发式扶贫时期。这种分类是以主要扶贫措施为准，实质上两个时段中都存在这两种扶贫模式。总之，中国扶贫历史演进情况可以根据不同标准进行不同分类，但可以确定的是，中国政府在贫困治理上采用主动的、针对特定贫困对象实施特别扶贫措施始于 20 世纪80 年代，其中扶贫模式上的根本转折点是 1986 年。

（二）以扶贫措施对扶贫对象作用途径为标准

以扶贫措施对扶贫对象作用途径为标准，可以分为开发式扶贫与救济式扶贫两种模式。在中国的贫困治理中，两种模式的变迁是：1986 年前主要是救济式扶贫；1986 年后主要是开发式扶贫；2011 年后是以开发式扶贫为主、救济式扶贫为辅的双轨制扶贫模式；2015 年后是在开发式扶贫中更加聚焦贫困者技能获得的支持和帮扶。中国开发式扶贫模式主要有产业扶贫模式、金融信贷扶贫模式、教育扶贫模式、财税优惠扶贫模式、易地扶贫搬迁模式、农村环境修复与保护扶贫模式、旅游扶贫开发模式等。救济式扶贫模式在实践中由于易让贫困对象出现"依赖性贫困"和造成国家沉重的财政负担，只适用于因为自然灾害引起的暂时贫困群体和生理缺陷引起的贫困群体。

（三）以扶贫瞄准单元分类为标准

以扶贫瞄准单元分类为标准，有以贫困户为中心的扶贫模式、整村推进的扶贫模式、以贫困县为中心的扶贫模式、以集中连片区为中心的扶贫模式和区域战略开发的扶贫模式。区域战略开发扶贫模式的典型是西部大开发和东北三省振兴计划等。其中，1986 年后至 20 世纪 90 年代以贫困县扶贫为中心，兼有其他不同区域瞄准；21 世纪前 10 年以整村推进扶贫为中心，保留区域和县域为瞄准对象；2012 年至今以贫困户扶贫为中心，同时兼顾区域和县域为瞄准对象。在实践中，瞄准单元越精准，识别成本越高，当然，扶贫效果会随之增加；相反，瞄准单元越粗，识别成本越低，则扶贫效果会随之降低。

（四）以扶贫主体对扶贫对象帮扶机制为标准

以扶贫主体对扶贫对象帮扶机制为标准，可分为东西部扶贫协作模式、国家机关定点扶贫模式、结对帮扶扶贫模式。这3种扶贫模式可以总称为定点帮扶扶贫模式。中国社会扶贫中，东西部扶贫协作模式、机关定点帮扶扶贫模式和个体（部门）间结对帮扶扶贫模式是中国社会扶贫的重要构成主体。

（五）以扶贫主体参与程度为标准

以扶贫过程中扶贫主体的性质、特点及参与扶贫的程度为标准，可分为政府主导型扶贫模式、市场主导型扶贫模式、社会主导型扶贫模式。政府主导型扶贫模式主要适用于发展中国家贫困群体巨大和区域性贫困突出时期；市场主导型扶贫模式主要适用于发达国家中贫困人口数量较少、分布分散、贫困差异复杂的贫困治理；社会主导型扶贫通过专业扶贫群体的参与，是针对特定贫困对象实施的专业性扶贫。

（六）以扶贫对象参与程度为标准

扶贫工作中谁才应该是主体，一直是学术界和实务界争论不休的问题。若以扶贫对象在扶贫过程的各个环节上参与程度及对扶贫进程的影响度进行分类，可以把扶贫模式分为参与式扶贫模式和被动式扶贫模式。

关于中国扶贫模式的选择，若从贫困治理进程来看，20世纪80

年代到 2020 年是完成绝对贫困治理，解决"面"上整体性贫困问题，这不仅需要政府制定完整系统的扶贫工作规划，还要在扶贫过程、资源投入上进行强有力的组织领导才能实现。2020 年后，贫困治理在消除了"面"上的绝对贫困后，将进入以管控相对贫困失范为中心的新时期。这个时期，为消除"点"上贫困，需要针对贫困者实施个性化发展能力和技能培育，在扶贫模式选择上应选择在政府引导、支持下，让社会组织通过深入的协商和沟通，进行以发展能力培育为中心的参与式扶贫。

三、中国扶贫模式的演进特点

在过去的扶贫工作中，中国政府形成了很多珍贵的贫困治理经验，虽然其中存在一些问题，但整体上的扶贫模式选择是成功的。回顾中国政府扶贫模式变迁的历程，可以清晰地看到中国扶贫模式变迁的内在规律及中国在贫困治理上体现出的特点。

（一）贫困标准的相对独立与及时调整

在中国政府的贫困治理中，一个重要特点是在制定贫困标准时，既参考国外不同的标准，又在确定上以中国具体情况为主，制定自己的绝对贫困标准，而不是急于引入其他标准，如相对贫困标准等。中国政府根据国家经济社会发展水平不停地调整贫困标准，让贫困群体在获得帮扶上能与国民经济发展的整体水平同期共进，实现贫困治理的有效性。

（二）瞄准对象的多样性和时代性

在中国政府的贫困治理中，一个成功的因素是在贫困对象瞄准上采用灵活的办法，根据贫困分布特点进行及时调整。20世纪80年代把扶贫工作锁定在解决区域性贫困问题上，于是把瞄准放在国家贫困县和集中连片特困区上。经过20年的发展和贫困治理，把贫困瞄准对象转向贫困村。又经过10年发展后，再把瞄准对象转向贫困户。

（三）开发式扶贫解决脱贫与可持续发展的双重问题

中国政府在20世纪80年代中期就把扶贫工作中心转向开发式扶贫，重点解决贫困区域和个体发展中的各种障碍。选择开发式扶贫而不是死守救济式扶贫或者过早引入赋权式扶贫，这可以说是20世纪八九十年代中国政府在扶贫战略上的成功经验之一。

（四）公务员及国家企业事业单位人员成为扶贫主体

在中国政府的扶贫工作中，参与扶贫的主体除国家设立的扶贫部门及干部外，在广大贫困地区承担具体扶贫工作的是各级政府派出的扶贫挂职干部、驻村扶贫工作队、贫困村第一书记等人员。这样具体实施扶贫工作的人员都是政府公务员及企事业单位人员。这种扶贫机制可以更加有效地解决开发式扶贫中需要的各种支持，比志愿者和一般社会工作者参与的扶贫更具优势。

（五）制定完善的、持续的国家层面上的扶贫规划

中国政府在扶贫过程中，在不同时期制定了3个长期（10年）国家层面上的扶贫发展规划，如《国家八七扶贫攻坚规划》《中国农村扶贫开发纲要》（2001—2011年）。这些中长期国家扶贫规划和专项扶贫规划让整个国家扶贫工作有了详细发展目标，让扶贫工作能够根据时代不同作出调整，同时又能针对特定领域和区域进行针对性扶贫。

（六）扶贫模式与扶贫工作目标协调发展

20世纪80年代，扶贫工作是以解决区域贫困和农村大面积贫困为目标，所以政府采用的主要扶贫模式是区域经济开发支持和专项扶贫，具体是国家贫困县扶贫模式和以工代赈扶贫模式。在开发式扶贫实施中，国家采取的是产业扶贫模式和教育扶贫模式。进入21世纪，在赋权式能力扶贫成为重要扶贫目的后，在扶贫模式上开始以职业技能培训为中心的教育扶贫模式、整村推进的参与式扶贫模式为主。2013年随着以消除农村贫困家庭的贫困为中心的扶贫目标确定后，国家在扶贫模式上开始采取精准扶贫。这种扶贫模式与扶贫工作目标的调整让整个国家扶贫模式发展有了内生动力，保证了扶贫工作目标的实现。

（七）扶贫工作与国家其他发展战略相协调

20世纪80年代把解决农村经济发展问题与扶贫工作相结合。20

世纪 90 年代把扶贫工作与区域发展相结合，如形成集中连片区、贫困县、民族地区、人口较少数民族发展、革命老区等发展支持。21世纪前 10 年，把中西部生态环境修复和保护与扶贫工作相结合，实施大规模退耕还林、退牧还草等生态环境修复和保护工程。2011 年后，把美丽乡村建设、振兴乡村建设等农村生活环境、生态环境、文化道德建设相结合，实现一种农村综合性发展。这就在实施贫困治理的同时，也实现了国家不同时期、不同区域的发展战略。

四、2020 年后的中国扶贫工作展望

2020 年后并不意味着中国贫困治理的终结，而是新贫困治理时代的开始。从中国发展来看，2035 年和 2050 年目标的实现必须让贫困治理转向动态相对治理才能获得，否则大量相对贫困群体的存在将导致国家发展目标无法实现。

（一）以相对贫困为标准的新型贫困治理

2020 年，中国将在贫困治理上消除大面积和集中连片贫困现象，农村贫困群体在贫困上将不再是一种绝对贫困，而是相对贫困。相对贫困治理时期需要在扶贫模式上进行相应调整，以赋权、消除社会排斥作为扶贫的主要途径。在相对贫困治理时期，赋权和救济是针对贫困中两类基本致贫原因最有效的措施。所以在相对贫困治理下，整个扶贫工作将使针对发展能力不足的贫困群体提供发展技能和机会成为贫困治理的新中心。

（二）城乡一体化下的贫困治理

中国在过去的贫困治理中是以农村为中心，把整个扶贫工作重心放在农村。在解决农村贫困问题时，不仅解决了农村绝对贫困人口的贫困问题，还通过改进、提高和完善农村基础设施，全面解决了农村，特别是偏远地区农村发展的制约条件。2020 年后，国家应制定城乡一体的贫困识别标准，实施城乡一体的贫困治理成为必要，也是新发展中贫困治理上的必然选择。

（三）构建赋权、开发和救济三位一体的新型贫困治理模式

2020 年后，中国在贫困治理上应构建一种以赋权、开发和救济为基本内容的新型贫困治理模式。赋权扶贫是在扶贫支持措施和模式上，给予贫困者获得发展、参与分享社会发展成果的能力和机会；开发式扶贫是中国贫困治理中获得成功的根本原因，在新时期的扶贫工作中，提升农村基础设施和公共服务能力仍然是扶贫工作的重要内容；救济式扶贫不能取消，因为任何一个社会中都会有一些贫困群体的贫困是无法通过赋权和开发消除的，只能采用社会救济扶贫。2020 年后，中国扶贫的基本原则和措施应在赋权、开发和救济三者统合下重新构建。

（四）区域均衡发展支持与区域贫困治理相结合

中国地区间的差异和多样决定了全国不同地区在区位与资源禀赋上的多样性。而当区域发展的不均衡状态出现过大时，在全国发展中就会导致区域相对贫困现象的形成，在国家发展中形成明显的区域贫困问

题。2020 年后，国家在贫困治理中必须继续采用和实施解决特定区域发展的国家均衡发展战略，管控国家区域发展不均衡产生的区域性贫困问题，因此，区域均衡发展支持将是国家贫困治理上的重要扶贫模式。

（五）以贫困对象能力培养为扶贫工作中心

赋权贫困治理的核心是让贫困个体获得发展技能，而要获得发展技能，重点是在贫困治理中实施满足不同贫困个体养成发展技能所需要获得的支持机制。2020 年后，中国贫困治理应在知识教育、职业教育、劳动技能培训、贫困项目实施参与 4 种扶贫机制下，展开针对贫困群体能力的支持。为保证这 4 种扶贫机制的效果，可以通过完善教育扶贫模式和社区参与式扶贫模式来实现。

（六）形成新型政府与社会组织分工合作的扶贫模式

不管是基于社会经济发展阶段，还是贫困治理的进程，都要求贫困治理发生转型。在 2020 年后，中国贫困治理中政府承担的职责是提供制度保障和资源供给及实施全国贫困治理效果监测和动态调整，而针对贫困群体的扶持工作应由民间社会组织，特别是新型社会扶贫主体承担。因此，新时期贫困治理机制应是政府引导与社会组织承担的一种分工与合作下的新型扶贫模式。

（七）以专业社会工作者和志愿者为中心构建社会扶贫主体

在相对贫困治理中，贫困个体的多样需求需要提供发展支持更加个性化。这种贫困治理的特点会让政府主导型模式效果减弱。社会贫困治理需要更多社会组织开展具有针对性、专业性的扶贫措施。2020年后，社会扶贫的具体操作者应该是各类社会组织，而不是当前的公务人员和国有企事业单位的各种派出扶贫干部和人员。参与社会扶贫的社会组织可以是公益的和专业的非公益性社会组织；扶贫的具体人员是社会工作中的专业人员和志愿者。

（八）建立新型有效的城乡一体化救济保障制度

2020年后，随着农村绝对贫困群体脱贫的实现，中国应在贫困治理中实现城乡统一，建立标准一致的城乡贫困治理机制是新时代贫困治理的必然选择。由于生理缺陷而无法获得正常的工作机会、技能的贫困群体和因自然灾害、家庭不可预见、不可抗拒原因导致贫困的贫困群体是社会救济的对象。当前，中国社会救济扶贫中存在的城乡差别、种类繁多对整个国家贫困治理将产生不利影响。这需要进一步整合和统一，实施更加有效的城乡一体的社会救济制度。

（九）完善反贫困与社会救济相关法律

2020年后，中国政府在贫困治理上要实现城乡一体、赋权与救济统合，需完善反贫困与社会救济相关法律，作为法治化贫困治理的基本法律。该法律可将赋权、开发、救济作为贫困治理的三大原则；对政府扶贫职责及新型扶贫主体的职能作出规定；对不同贫困群体进行法定分类，制定贫困群体识别标准与程序；对救济扶持对象的种类、认定作出界定；规定不同贫困群体可以获得的帮扶措施。

（本文摘自《中国扶贫模式研究》，人民出版社2018年版）

政治制度优势与贫困治理的中国经验

孙兆霞　张　建　等①

中国共产党领导下的反贫困事业是一项伟大的创举，在庆祝改革开放 40 周年大会上，习近平指出，改革开放以来，"我国贫困人口累计减少 7.4 亿人，贫困发生率下降 94.4 个百分点，谱写了人类反贫困史上的辉煌篇章"②。尤其是党的十八大以来，在新时代中国特色社会主义思想的指导下，通过精准扶贫的伟大方略，中国的减贫创造了人类反贫困的奇迹。截至 2019 年末，全国农村贫困人口从 2012 年末的 9899 万人降至 551 万人，累计减少 9348 万人；贫困发生率从 2012 年的 10.2% 下降至 0.6%，累计下降 9.6 个百分点。根据联合国发布的 2015 年《千年发展目标报告》，全球极端贫困人口已从 1990 年的 19 亿降至 2015 年的 8.36 亿，其中中国的贡献率超过 70%。中国扶贫对世界消除贫困作出了积极贡献。如果没有中国的扶贫成就，联合国千

① 孙兆霞，贵州民族大学马克思主义学院教授；张建，贵州民族大学马克思主义学院副教授；曹端波，贵州大学民族学人类学研究中心教授；毛刚强，贵州民族大学社会建设与反贫困研究院研究员。

② 习近平：《在庆祝改革开放 40 周年大会上的讲话》，人民出版社 2018 年版，第 15 页。

年发展计划目标就难以实现。[①]2020 年，中国将如期打赢脱贫攻坚战，实现现行标准下农村贫困人口全部脱贫，贫困县全部摘帽，消除绝对贫困。如何理解贫困治理的中国经验？这一经验与中国特有的制度优势又有何关系？

一、中国政治制度的独特机理

国家是贫困治理的最重要主体，国家的制度选择与贫困治理的效果密切相关。减贫发展与一国政治制度的交集，无论是自工业化初始时期的先发资本主义国家，还是从殖民统治下获得独立发展的民族国家以及自己选择现代化道路的发展中国家，在本国政治正义与发展目标的整合中，均是一个重要的发展议题，甚至成为以减贫质量反观一国政治制度合法性的评估指标。中国的贫困治理道路，凸显出政治制度在其中发挥主导和决定作用的巨大意义。

概括起来，中国共产党的初心和根本宗旨、社会主义制度公平正义和共同富裕的追求、全国一体调动资源集中力量办大事的动员能力、凝聚全党全社会最广泛力量的强大共识，是体现于中国贫困治理伟大实践中最为核心的政治制度优势。而其中，党的领导是根本。在庆祝中国共产党成立 95 周年大会上，习近平指出："中国共产党人和中国人民完全有信心为人类对更好社会制度的探索提供中国方案。"[②]中国共产党作为执政党，对中国贫困治理起什么样的作用？为什么能起这样的作用？第一，中国共产党的宗旨和初心，决定了其

---

① 参见高传胜：《包容性创新：贫困治理的新思路》，《领导之友》2016 年第 1 期。

② 《习近平谈治国理政》第二卷，外文出版社 2017 年版，第 37 页。

必然把贫困治理作为党和国家重中之重的战略选择；第二，党的群众路线，使中国共产党与人民的互构性成为贫困治理的坚实基础，反过来，贫困治理的人民参与和分享成效，也成为中国共产党执政合法性的稳固前提；第三，发挥中国共产党领导的政治优势和社会主义制度的优越性，最大限度地调集资源和各方面力量，投入扶贫开发，这是中国特色减贫道路最鲜明的体现。①

从历史上看，中国共产党的成立和奋斗就与中国反贫困的历史紧密相连。中国共产党自成立之初就致力于解决中国的贫困问题，无论是土地革命时期、抗日战争时期、解放战争时期还是取得全国政权之后，都在孜孜不倦地推动中国反贫困进程。在革命战争时期，中国共产党以农村土地改革为主要抓手，使得当时的农民脱离地主的掌控，成为自己的主人，在一定程度上缓解农民的自我贫困。新中国成立后，1949—1978 年是中国进行工业化和现代化建设的初期，农村土地改革和农业技术进步改善了贫困农户以土地为核心的资产状况，提高了农民收入和福利水平，具有明显的减贫效果。而改革开放以来，中国逐步建立和完善了党的领导下的扶贫组织体系与政策体系，使扶贫成为党和国家重要的工作内容。

二、深化贫困治理的挑战与精准扶贫的政治制度特征

中国的反贫困事业走过了 40 多年的历程，积累了丰富的经验，

---

① 参见陈锡文：《坚决打赢脱贫攻坚战　如期实现全面小康目标》，《劳动经济研究》2015 年第 6 期。

取得了丰硕的成果，但也逐渐显现出了与新的历史时期需求不一致的制度性问题，可以归纳为3个方面，即乡村基层组织的能力视角、行政路径依赖视角、运动式扶贫视角。

中国历史上村庄治理的重要内容之一即扶贫济困。新中国成立之后，农村的社会重建不但颠覆了原有宗族等地方势力对村庄的主导，也从经济基础、政治基础、文化基础、社会基础上重构村庄秩序和结构，特别是村党支部的建立，以自上而下的党的领导在农村扎下根来，进行新村庄重构。中央、省（区）、市（地州）、县五级党组织主导的扶贫工作队和第一书记的制度安排，也从另一条政治、组织和经济资源通道到达村庄。但在"八七"攻坚之后，碎片化的扶贫资源及对任务承载者的经济增长指标要求与日益原子化和衰败的村庄相遇，使扶贫的部分项目实施机制逐渐发生了扭曲，部分扶贫工作面临形式化问题。在乡镇层面，由于人力资源短板的制约，扶贫项目存在做实要求与缺乏专业基础的错位，以及对大户、企业等主体在实施扶贫项目中长期形成的路径依赖等问题，使得扶贫的社会效应和经济效应都被打了折扣。

另外，集中力量办大事的体制力量如果缺乏"历史耐心"，跃进式推进方式必然在实践中遗留下脱离实际，从而脱离目标，甚至与目标南辕北辙的干预后果。在实践中，跃进式扶贫、规模化迷信等都容易产生行政路径依赖。运动型治理和常规型治理是贫困治理的常用方式。但运动式扶贫对日常扶贫方式的调校也同样会带来目标偏离的后果。这些问题如果得不到解决，扶贫实践在过往常规性扶贫体制机制的破碎化短板仍存在的制度框架内实施，在"时间紧，任务重"的压力下实施，沿袭产业扶贫实施以经济增收指标为可视目标的行政路径依赖惯性，采取运动式扶贫的方式启动，就会产生出数字游戏、弄虚作假、形式主义、目标扭曲等问题。

总之，基层组织弱化、村庄共同体消解以及党建扶贫工作队工作目标的偏移造成了扶贫资源难以在村级层面落地的问题；乡镇一级的体制性问题造成了乡镇层面没有能力承接来自上级各个层面的扶贫资源，面对层层传导的压力，乡镇只能推诿和转移责任以及疲于应付；缺乏"历史耐心"，希望短时间内出成绩的跃进式扶贫，对于资本、土地等生产要素的集中、规模化的特殊偏好，形成了强烈的行政路径依赖。

精准扶贫方略是在对过往扶贫的反思以及新的时代定位的基础上提出的。这表明了中国政治制度的反思能力。精准扶贫是对贫困成因与体制机制相关性问题意识的反思，更是对过往多年扶贫实践的成绩与局限在新的历史时期的反思与调整。过去的扶贫开发凸显了科层制短板，我国以政府主导的扶贫开发在 2013 年之前，其制度安排在大国体制以及科层制的制度框架下形成碎片化，使得大国体制的优势反而受制于科层制纵向一体化行业封闭性的硬约束，缺乏横向弹性整合和沟通的制度衔接，使制度的政治目标与制度结构之间形成一种错位。而精准扶贫的实施，就是既要发挥原有科层制的专业性能力特长，又要克服扶贫资源配置碎片化的顽疾，最终实现资源的精准配置。

除了反思性，精准扶贫还体现了中国政治制度的包容性。中国在发展的过程中，积极建设包容性增长模式，为减贫创造各种机会和条件。而由于政府的中性特征，它能够不受特定集团利益的约束，将最广大人民的根本利益作为自己行动的目标。让全体人民共享改革和发展的成果，是我们党的庄严承诺。党的十八届五中全会提出了"创新、协调、绿色、开放、共享"的发展理念。坚持共享发展，"必须坚持发展为了人民、发展依靠人民、发展成果由人民共享，作出更有效的制度安排，使全体人民在共建共享发展中有更多获得感，增强发展动力，增进人民团结，朝着共同富裕方向稳步前进"①。全面小康，不让一个人、一个民族、一个地区掉队，这正是中国政治制度包容性的高度体现。

三、发挥制度优势探索从贫困治理到社会建设的新路径

贫困问题在相当大程度上是社会问题，因此贫困治理要回归到社会建设。过往以产业扶贫为侧重点的扶贫方式，过度强调了扶贫的经济维度，偏离了扶贫应有的社会维度，而贫困治理必须嵌入特定的社会环境中，因此贫困治理本身就内蕴了社会建设的深层要求。产业扶贫是多年来扶贫最为常见的手段，但是，产业扶贫本身却是一个包含着内在张力的概念：产业发展视角强调的是市场维度，侧重于经济成长的目标；而扶贫视角则是强调社会政策维度，重点在于贫困群体的生活改善与提升。前者以竞争为手段，后者以保护为特征。发展是减贫的基础，但是发展并不一定都能带来减贫的结果。只注重通过发展产业增收的过往扶贫开发方式，往往难以考虑贫困群体及区域发展的普遍能力提升，其本身就会产生参与排斥，后果便是资本和能人以产业发展为名，俘获了大量的扶贫资源，使得原本应该被扶持的贫困人口成为被排斥甚至被剥夺的边缘群体。其结果是扶贫靶标的严重偏移，扶贫往往演化为"扶富"。如果说产业发展的参与需要一定的能力，而社会保障则恰好是对能力最弱的贫困人口的生存底线的托举。因此，社会保障资源的分配需要基于公平

---

① 《十八大以来重要文献选编》（中），中央文献出版社 2016 年版，第 793 页。

正义的村庄参与，才能让资源配置给最需要的人。而一旦村庄治理失效，就会造成这些资源的错配。中国贫困治理要解决的主要问题是：自下而上的内生性社会合作、社会组织、社会团结与自上而下的国家主张、公平正义制度保障的结合推进，贫困治理本身即成为社会治理和社会建设；要建设有保障力与支持力的制度体系，同时建立严格并有活力的监测机制；要建立超越资本本质的、以权力约束为核心的顶层制度，即以政府积极作为弥补市场失灵，支持社会创新，以回应扶贫产业面向市场天然的能力不足问题；以更积极的方式推进贫困地区的公平与正义发展，完善社区治理，从而实现减贫的可持续社会建设目标。

因此，贫困治理的指向即社会建设。扶贫要以"重构村庄发展的社会基础"的理念为前提。我国有着丰厚的乡村社会治理的传统资源，但是在新"三农"问题的背景下，这些资源很多都难以发挥作用，乡村社会面临失序、坍塌的危机。此时，若能够以贫困治理为契机，以强政府建设强社会，用社会治理推动贫困治理，将会走出一条全新的减贫之路。

四、党的领导与党建扶贫

中国共产党是我国各项事业的领导核心，党的领导是我国政治制度优势的根本特征。在中国反贫困的进程中，党建扶贫是中国贫困治理的又一巨大优势，在40多年的扶贫实践中发挥了独特的作用，而这恰好是长期被遮蔽的一个领域。

从20世纪80年代起，党建扶贫就在中国的扶贫实践中诞生，经历了不同的阶段，也作出了重要的历史贡献。[①] 党的十八大以来，在与精准扶贫、精准脱贫顶层设计及政策践行相嵌构的体系化战略中，"以党建促脱贫"已被定位为深化贫困治理的制度安排。党建扶贫在新时期也深化和完善了内在的"四梁八柱"：一是五级书记一起抓，二是增派扶贫工作队和第一书记到村抓党建促脱贫，三是对制度环境进行系统性营造。[②]

在新时期，如何做好以党建促脱贫，这是需要长期探索的问题。首先，要建设服务型党支部。服务型基层党组织建设，不仅关系到扶贫开发的成效问题，也关乎如何筑牢和夯实党的执政基础的问题，更关乎如何通过服务型基层党组织建设，促进农村社区公平、增进农村社区参与和社区团结、创新农村社会治理，以及生产社区福利的农村可持续社区发展问题。其次，党建扶贫还必须要与村庄社会治理结合起来。脱贫攻坚不仅要考虑直接支持精准扶贫户、农民群体增收的问题，也更有必要回应当下中国农村改革、扶贫新路探索的时代要求；不仅需要加大资金的投入，更要从工作策略创新、工作模式创新、工作方法创新上予以探索；在开展增收脱贫工作的同时，更需要将基层党建与农村社区治理、农村公共服务体系建设一并纳入考虑当中；需要通过培育社会组织、培育本土专业性社会服务组织和社会工作团队，尝试政府购买社会组织服务，以社会体制改革创新全面培育和激发社会发展的活力与能力。

以党建促扶贫这一中国共产党的独特制度安排，正在为中国走出贫困，走出乡村衰败的困局，走出城乡二元结构累积的历史局限，走

---

① 参见孙兆霞、张建、毛刚强：《贵州省党建扶贫的源起、演进与历史贡献》，《贵州社会科学》2016 年第 2 期。

② 参见孙兆霞：《以党建促脱贫：一项政治社会学视角的中国减贫经验研究》，《中国农业大学学报》2017 年第 5 期。

出贫富差距拉大的社会不公，走上中国为实现基层社会治理，更好实现公平正义而必须探索的协商民主和法治之路，提供强大的政治、组织保障。

五、以小农为基底的中国农村反贫困及其制度优势

"大国小农"是中国的基本国情，也是农村反贫困的前提性条件。小农家庭占主导的农业经营方式是我国长期以来的基本国情，在减贫发展的背景下，如何以党的基层组织为领导，以村庄共同体为依托，发挥小农生产的优势，走出一条有别于西方发展学的特殊道路来，也许能从贵州省塘约村和核桃坝村这两个村的减贫和发展机理中找到一些答案。

选择 40 多年来与改革开放同步发展的贵州省湄潭县核桃坝村茶产业与小农家庭土地利用规模化、产品市场化的形成到嬗变为农村新业态的案例，以及贵州省平坝区塘约村最近发生的以党支部主导的村庄治理为基础，进行村社合 的反贫困路径创新案例为讨论对象，可以呈现我国特有政治制度下，农村减贫发展的实践逻辑及相关理论蕴涵的典型性经验类型。

如果说塘约村的突变是 2014 年水灾之后，灾后重建与精准扶贫两重需要整合资源，以急剧动员方式，也就是运动式减贫启动，切入快速建设与可持续发展结构性预设的村庄主体对贫困治理探索的话，核桃坝村 40 多年长时段在体制运行常态框架下的减贫发展，则镌刻下改革开放与贫困治理的中国政治制度优势发挥在最后一公里的以产业牵引发展稳态过程。但二者看似表面差异极大的发展经验，实质上

却蕴含一个共同的机理，即农村（集体）共同体与小农家庭结构范式和我国政治制度优越性互为嵌构的本质特征。

党支部＋小农家庭＋村庄共同体规模化社会生产＋国内国际市场的模式，证明农业规模化与小农家庭经营之间并不互相排斥，打破了农业规模化等于土地集中化和资本主导化的工业文明的神话。生态文明的农业产业化与社会化的合塑得益于党支部运行机理下克服单个家庭面对市场和技术等能力不足的脆弱性时，依靠我国政治制度优势的功能发挥去潜心学习并在实践中探索，从而创造出中国特色社会主义市场经济的奇迹。

总之，中国的减贫不但为自身的发展探索了新的道路，也为人类命运共同体的构建提供了智慧。中国精准扶贫的新方略，开创了从贫困治理到治国理政的新时代。中国发展的经验表明，发展的突破并非在于经济，而是在于政治和社会。中国经济发展的奇迹和脱贫攻坚所取得的佳绩，正是中国政治制度的优越性和党的先进性最集中的表现。反贫困事业仍然在路上，仍需努力，但是这一事业是人类文明史上最辉煌的伟大事业，也为全球减贫贡献了中国智慧和中国方案，有助于全球反贫困事业的推进和人类命运共同体的构建。

（本文摘自《政治制度优势与贫困治理》，湖南人民出版社2018年版）

以脱贫攻坚统揽经济社会发展全局

——中国脱贫攻坚经验的基本面

左　停　史志乐　等①

党的十八大以来，习近平把脱贫攻坚作为"十三五"期间头等大事和第一民生工程来抓，坚持以脱贫攻坚统揽经济社会发展全局。②贫困地区积极践行"以脱贫攻坚统揽经济社会发展全局"总要求，实现了农村贫困人口的大幅度减少。③脱贫攻坚期内我国反贫困治理重心不断下移、反贫困协作治理框架逐步形成、反贫困中不同利益主体参与扩大、反贫困治理工具措施载体呈现多样化，④形成了"以脱贫攻坚统揽经济社会发展全局"的中国脱贫治理经验的基本面。

① 左停，中国农业大学国家乡村振兴研究院副院长、人文与发展学院教授；史志乐，中国农业大学马克思主义学院讲师；于乐荣，中国农业大学人文与发展学院副教授；李博，陕西建筑科技大学公共管理学院讲师。
② 参见《习近平扶贫论述摘编》，中央文献出版社 2018 年版，第 40 页。
③ 燕继荣：《反贫困与国家治理——中国"脱贫攻坚"的创新意义》，《管理世界》2020 年第 4 期。
④ 参见左停、金菁、李卓：《中国打赢脱贫攻坚战中反贫困治理体系的创新维度》，《河海大学学报（哲学社会科学版）》2017 年第 5 期。

一、"以脱贫攻坚统揽经济社会发展全局" 的理论溯源

贫困地区"以脱贫攻坚统揽经济社会发展全局"是习近平关于扶贫重要论述的有机组成部分。这一精辟论述来源于马克思主义的基本原理和基本方法。

（一）抓住了贫困地区发展的主要矛盾与矛盾的主要方面，是辩证唯物主义思想在脱贫攻坚领域的实践运用

"以脱贫攻坚统揽经济社会发展全局"是辩证唯物主义思想方法在脱贫攻坚领域的实践运用。一方面要准确把握事物发展中的主要矛盾。对于贫困地区而言，脱贫攻坚已成为要着力解决的主要矛盾。随着贫困地区经济实力的提升，各种次要矛盾也将逐步迎刃而解。另一方面，要聚焦事物发展中矛盾的主要方面。我国已经明确了贫困地区到 2020 年全部脱贫的目标，但是在实施精准扶贫、精准脱贫中要重点把握"两不愁三保障"这一底线要求，重点聚焦深度贫困地区以及易返贫群体，保证脱贫质量。习近平强调，"抓扶贫开发，既要整体联动、有共性的要求和措施，又要突出重点、加强对特困村和特困户的帮扶。"[①] 这就要求贫困地区从扶贫对象、扶贫内容到扶贫效果每一个环节都扎实推进，才能确保全国人民顺利

---

① 《深化改革开放推进创新驱动　实现全年经济社会发展目标》，《人民日报》2013 年 11 月 6 日。

步入小康社会。

（二）着眼于完善和创新贫困地区不同主体利益联结，是马克思主义政治经济学在脱贫攻坚领域的实践运用

"以脱贫攻坚统揽经济社会发展全局"着眼于完善和创新贫困地区不同主体利益联结，是马克思主义政治经济学在脱贫攻坚领域的实践运用。马克思主义政治经济学构建了贫困产生以及贫困消除的研究框架，提出了制度改革、发展生产力和消灭阶级剥削等贫困治理路径。贫困地区积极将"六个精准"与"五个一批"紧密结合，走统筹扶贫的路子；坚持连片开发与分类扶持相结合，走精确扶贫的路子；坚持行政推动与市场驱动相结合，走开放扶贫的路子；坚持"三位一体"与自力更生相结合，走"造血"扶贫的路子；坚持资源开发与生态保护相结合，走生态扶贫的路子。同时，贫困地区因地制宜精准扶贫，完善"农户＋合作社""农户＋公司"利益联结机制，打破传统单纯依靠物质资本的"输血式"扶贫，转向注重贫困人口自我发展能力提升的"造血式"扶贫，从而提高扶贫和脱贫质量，构建农村贫困人口脱贫致富的长效机制。

（三）把握了人类社会发展的基本规律，是科学社会主义理论在脱贫攻坚领域的实践运用

"以脱贫攻坚统揽经济社会发展全局"是实现共同富裕、补齐全面建成小康社会短板的必然要求。习近平强调："全面小康，覆盖的领域要全面，是五位一体全面进步；覆盖的人口要全面，是惠及全体

人民的小康；覆盖的区域要全面，是城乡区域共同的小康。"① 社会主义社会要以满足全体社会成员的需要为生产的根本目的。我国经济社会发展仍然存在区域差异，贫困地区要准确把握贫困群众的利益和诉求，有效推进脱贫攻坚各项工作，为中国特色社会主义建设奠定基础。

（四）体现了理论与实践相结合，是马克思主义思想方法和工作方法在脱贫攻坚领域的实践运用

"以脱贫攻坚统揽经济社会发展全局"体现了理论与实践相结合的马克思主义思想方法和工作方法。党的十八大以来，党中央把扶贫开发摆在治国理政的突出位置，在实践中不断推进扶贫实践基础上的理论创新。"以脱贫攻坚统揽经济社会发展全局"正是坚持在实践中检验真理和发展真理。"以脱贫攻坚统揽经济社会发展全局"丰富了新时代中国特色社会主义理论，包括国家治理理论、贫困地区经济社会发展理论、脱贫攻坚理论等；充实了反贫困体系内容，② 包括产业扶贫、生态扶贫、旅游扶贫、易地扶贫搬迁等；贫困地区"以脱贫攻坚统揽经济社会发展全局"具有丰富的减贫微观机理视角的内涵，形成了有效的实践逻辑体系，成为中国脱贫攻坚经验的基本面。

---

① 习近平：《在党的十八届五中全会第二次全体会议上的讲话》，《求是》2016 年第 1 期。

② 参见方堃、吴旦魁：《习近平对马克思主义反贫困理论的创新》，《中南民族大学学报（人文社会科学版）》2019 年第 3 期。

二、"以脱贫攻坚统揽经济社会发展全局" 的践行与创新

"统揽"而不止于"统筹","统筹"一般指的是谋划、规划,"统揽"是行动上的落实。我国以统揽之势,聚全国之力,以统揽之举,求决胜之效,形成"以脱贫攻坚统揽经济社会发展全局"为总要求的有效的治理体系。

(一)凝聚全党全社会减贫共识,为脱贫攻坚提供思想引领

以脱贫攻坚统揽经济社会发展全局,就是要凝聚全党全社会减贫共识、统一减贫发展思想理论,夯实经济社会发展基础并强化大扶贫格局。坚持"以脱贫攻坚统揽经济社会发展全局",是将其内嵌至经济社会发展全局方能从根本上解决贫困问题。通过脱贫攻坚促进经济社会发展的可能性,脱贫攻坚过程中把各部门分散的项目、资金和资源整合起来,形成合力共识,通过解决贫困问题进而解决落后地区发展的主要障碍。

(二)构建有效的回应性治理体系,为脱贫攻坚奠定制度基础

有效并具备回应性的治理体系是凝聚政府、市场与社会三方的重要力量,亦是打赢脱贫攻坚战的有力保障。建立跨部门的领导小组制度和领导小组双组长制度,保证从中央到地方的扶贫开发领导小组积

极投身于脱贫攻坚工作当中；通过五级书记抓扶贫层层签订的责任制度，形成强大攻坚合力；通过第一书记和驻村工作队制度，加强农村基层组织建设、解决一些贫困村"软、散、乱、穷"等突出问题；通过严格的检查和退出考核制度，切实提高脱贫攻坚的精准度、实效性和可持续性。

（三）施行财政涉农资金县级整合政策，为脱贫攻坚提供财政保障

施行财政涉农资金县级整合政策以形成"多个渠道引水、一个龙头放水"的扶贫投入新格局。2017年国务院印发《关于探索建立涉农资金统筹整合长效机制的意见》，鼓励贫困县因地制宜开展多层级、多形式的涉农资金统筹整合。财政涉农资金县级整合充分发挥我国社会主义的制度优势，为集中力量全面打赢脱贫攻坚战提供了重要的财政保障。

（四）打造多部门参与的多维扶贫格局，推动实现扶贫理念主流化

贫困的多维性决定了贫困治理主体和治理手段的多元化。在脱贫攻坚过程中多部门联合行动共同攻克贫困难题，通过实施易地扶贫搬迁和危房改造，切实解决农民住房安全问题；实施教育扶贫政策，阻断贫困代际传递机制；实施健康扶贫政策，阻断因病致贫、返贫机制；实施社会保障扶贫政策，构建社会安全网；实施基本公共服务和基础设施扶贫政策，健全完善脱贫发展环境机制。与此同时，在全社会范围营造扶贫主流话语权，推动实现扶贫理

念主流化。

（五）统筹不同类型的减贫与发展目标对象，切实提升贫困人口就业发展能力

稳定就业是实现贫困群众脱贫致富打赢脱贫攻坚战的重要保障。就业扶贫的主要政策措施包括促进转移就业、加强技能培训和完善就业服务3个方面。促进转移就业是就业扶贫的核心内容，技能培训和就业服务是转移就业政策的有效支撑与补充。建立稳定就业长效脱贫机制，有助于贫困人口提升自身的人力资本，同时也对新型城镇化建设、实现全面建成小康社会具有正向的溢出效应。

（六）优化有利于穷人的经济环境与结构，将脱贫攻坚嵌入经济发展之中

首先，做好不同时间节点和发展阶段脱贫安排的有机衔接；其次，扶贫与发展有效衔接、贫困村与非贫困村平衡发展；再次，扶贫项目行动的短期和长期结合，既有长期坚持的政策设计，也有针对当前发展困境进行脱贫攻坚一次性解决的村级基础设施建设、农户危旧房屋改造政策等；最后，在产业扶持上，将农户的眼前短期收益和长期发展结合起来。将脱贫攻坚嵌入经济发展体系之中，逐步形成和优化有利于穷人的经济环境与结构。

（七）调动全社会的积极性，形成关心关注贫困的社会氛围

扶贫不仅是政府的职责，更是需要全社会共同关注和承担的责

任。以脱贫攻坚统揽经济社会发展全局，发挥社会扶贫在经济社会发展中的助推作用，是新形势下扶贫开发的重要方向和强大动力。自2013 年始，中央对社会扶贫进行了重要政策部署，形成扶贫的多元化主体，建立了社会扶贫的常态化机制，形成了关心关注贫困的社会氛围。

三、"以脱贫攻坚统揽经济社会发展全局"的理论和学术价值

"以脱贫攻坚统揽经济社会发展全局"在践行和实践过程中形成了诸多有益的做法，取得了显著的成效，具有重要的理论和学术价值。

（一）"以脱贫攻坚统揽经济社会发展全局"是"中国脱贫攻坚治理经验的基本面"，是中国脱贫的基本理论解释

以脱贫攻坚统揽经济社会发展全局，将贫困的解决内嵌至经济社会发展全局。坚持政治嵌入，充分发挥基层党组织的战斗堡垒作用和基层党员干部的先锋模范带头作用；坚持经济嵌入，加大财政投入力度，大力招商引资，积极推进农业供给侧结构性改革；坚持文化嵌入，深入挖掘本土文化资源，为打赢脱贫攻坚战营造良好的文化氛围；坚持认知嵌入，激发人民群众参与脱贫攻坚的热情，提升人民群众参与脱贫攻坚的能力。

（二）中国脱贫攻坚战，这个"战"不仅是"战役"的"战"，而且是"战略"的"战"，"统揽"是与小康社会建设、供给侧结构性改革、国家治理现代化相联系的一个"抓手"

脱贫攻坚针对治理体系的创新表现为：一是国家治理重心的下移，将为人民服务的宗旨落于实处，通过选派"第一书记""驻村工作队"等干部驻村方式更加贴近群众、帮扶措施更加精准；二是乡村协作治理框架的形成，既包括政府体系内跨部门领导小组及多部门参与反贫困措施，同时贫困县涉农资金县级整合，对涉农资金进行有效的管理和规范；三是多元主体参与，有助于实现减贫效应最大化。

（三）"以脱贫攻坚统揽经济社会发展全局"注重社会意识形态和社会共识的建立，注重经济环境的优化，注重主流化和机制化

以脱贫攻坚统揽经济社会发展全局，既要围绕系统化机制创新和制度建设打造交叉立体、多维覆盖的反贫困政策制度体系，更要着眼于全面建成小康社会，构建更加科学合理的体制机制。脱贫摘帽不仅是脱贫攻坚的终点，更是致富奔小康的起点，二者内在的契合关联决定了必须以脱贫攻坚统揽经济社会发展全局。坚持以脱贫攻坚统揽经济社会发展全局，将产业扶贫作为脱贫攻坚的治本之策实现脱贫攻坚与全面建成小康社会齐头并进、相互促进。

（四）"以脱贫攻坚统揽经济社会发展全局"蕴涵一种"包容式""嵌入式"扶贫攻坚模式，而不是孤立的、头痛医头脚痛医脚式的扶贫

从根本上解决贫困问题需要实现包容性发展以提升贫困户自身发展能力，从而实现贫困户既脱贫又解困。在国家层面，改革和完善诸如户籍、医疗和教育等排他性、冲突性与歧视性的相关制度；在地区层面，扩大资源开发力度、提高资源使用效率，实现结构优化；在个人层面，注重个人自生能力的增强和统筹城乡发展的效果。

（五）"以脱贫攻坚统揽经济社会发展全局"，既为长久的贫困治理基础经验积累，也有助于中国扶贫经验的诠释、中国扶贫政策话语体系和治理范式的理论归纳

2020年脱贫攻坚将实现全面胜利，这并不意味着扶贫工作的结束。这一阶段必须要以乡村振兴为契机，在促进农村崛起的同时重点解决相对贫困问题。一是制定2020年后过渡期政策，确保脱贫人口不返贫；二是做好2020年后扶贫对象与乡村振兴对象的衔接。必须科学识别相对贫困人口和乡村振兴的微观对象，制定精准策略。"以脱贫攻坚统揽经济社会发展全局"，既为长久的贫困治理基础经验积累，也有助于中国扶贫经验的诠释、有利于中国扶贫政策话语体系和治理范式的理论归纳。

四、对未来相对贫困治理和乡村振兴工作的启示

"以脱贫攻坚统揽经济社会发展全局"为全球减贫治理提供了中国方案，对未来的乡村振兴战略、乡村治理实践和相对贫困治理等工作的开展具有重要的启示和借鉴意义。

（一）注意全社会思想和共识的建立和统揽、社会资源的调动和统揽

坚持专项扶贫、行业扶贫、社会扶贫等多方力量有机结合的"三位一体"大扶贫格局，调动各方面积极性助力贫困地区高质量完成脱贫攻坚任务。采取超常规举措激发后发优势，从组织保障、资源和人力投入、方式方法创新等各方面予以全力保障和推进。深度贫困及其对经济社会发展可能形成的掣肘成为贫困地区发展面临的主要矛盾，通过统揽经济社会发展全局着力解决主要矛盾，夯实经济社会发展基础。这种思路对于今后乡村振兴、乡村治理和相对贫困治理等工作具有重要的启示和借鉴意义。

（二）注意不同社会发展阶段的统筹和衔接

不同时间段精准扶贫面临的不同问题，在政策关注点上有所不同。5个一号文件从最初扶贫开发到现阶段脱贫攻坚后的乡村振兴战略，从指导思想上来看，延续中央省市文件精神结合县情实际，做到

思想上领会贯彻精神，行动上落实践行指导思想；从主题词提取看，扶贫、脱贫、振兴是关键，主题保持高度契合；从重点任务上看，2014 年重在创新机制，2015 年强化精准扶贫，2016 年明晰双十扶贫，2017 年健全机制强化脱贫等 18 个方面，2018 年脱贫攻坚推进乡村振兴，注重年度衔接。在具体政策安排上既有长期坚持的政策，又有集中突破。应当在做好脱贫攻坚任务的同时，也为乡村振兴打好坚实的基础，做到可持续性发展。

（三）注意经济发展、社会保护和基础设施建设的统筹

从扶贫手段来看，形成开发式扶贫和保护式扶贫相结合的地方实践。第一，通过基础设施建设从整体上改善区域的生产和生活条件；第二，因地制宜发展面向市场、多元化并且符合贫困户生计特点的产业及增收渠道；第三，通过客观发展条件改善自然资源和产业开发，从而使有劳动能力的贫困户通过自身力量摆脱贫困；第四，对于不能通过开发式扶贫方式解决贫困问题的人口，则采取必要的保护式扶贫手段确保其温饱、住房、医疗、住房等基本需求。

（四）注意不同人群、不同地区的统筹和兼顾

从区域发展的目标来看，既要实现贫困村、贫困户的脱贫，也要实现非贫困村和非贫困户的发展。通过打破城乡二元分割体制，促进城乡要素的平等交换。通过推动产业发展，拓展收入来源路径，有效缓解收入不足问题。完善当地基础设施，改善地区社会经济发展环境。加大基本公共服务投入力度，实现地区公共服务均等化。通过实施贫困村与非贫困村、贫困户与非贫困户相互兼容和有效发展的模

式，实现区域内整体发展。以良好的发展环境给贫困群体提供更好的能力兑换和需求满足，从而形成一个有利于贫困群体的上升发展的良性循环，建立解决相对贫困问题的长效机制。

（本文摘自国务院扶贫开发领导小组办公室委托课题"习近平扶贫论述深化研究"之"以脱贫攻坚统揽经济社会发展全局"的结项成果）

贫困治理：从技术精准到益贫发展

王晓毅[①]

在中国实施专项扶贫的背景下，贫困治理所关注的是建立有效的机制以解决"帮扶谁、谁来帮和怎么帮"的问题。在中国 40 多年的扶贫实践中，扶贫治理在技术层面的进步明显，目标瞄准机制逐步完善，越来越多的机构负有明确的帮扶责任，帮扶措施日益成熟。这为 2020 年实现全部农村贫困人口同步进入小康社会提供了有力保障。随着农村绝对贫困问题的解决，这一贫困治理机制的内在问题也逐渐显现出来，目标瞄准的难度增加，贫困群体被标签化，与非目标群体的低收入农户存在潜在冲突，以及对于缓解整个社会收入差距贡献降低。在全面小康社会的建设中，扶贫需要被融入更多样的社会政策中。

一、政府主导，聚焦贫困地区

20 世纪 80 年代中国开始专项扶贫，经过 40 年的扶贫实践，从

---

① 王晓毅，中国社会科学院社会学研究所研究员。

扶贫对象、组织机构和帮扶方式上都形成了相对独立且完整的体系，贫困治理关注这一体系如何更有效地发挥作用。中国的贫困治理体系在目标人群的确定、帮扶力量的配置和帮扶措施的完善 3 个方面形成了中国经验。

官方确定的贫困线界定出扶贫对象的规模，而多种目标瞄准机制在扶贫的实践层面保证贫困群体得到帮扶，并将非贫困群体排除在外。从 20 世纪 80 年代开展大规模的专项扶贫起，中国先后制定和更新了 3 次贫困线。第一次贫困线是在 1986 年公布的，按照农民人均纯收入 206 元的标准，确定了农村贫困人口规模为 1.25 亿。这条贫困线的确定是基于农民每天维持生存的最基本食物需求制定的，非食物消费只占 15%。到 2000 年，在测算贫困线的同时又公布了低收入线，低收入线是在降低食品支出比例的基础上测算的，非食品支出高于绝对贫困线 25 个百分点，并在 2008 年将低收入线作为中国农村的贫困线。贫困线的提高增加了贫困人口的数量，2007 年，按照原有的绝对贫困线标准，农村贫困人口还有 1479 万，但是按照新的标准，贫困人口则增加到 4320 万。2011 年，农村贫困线又大幅度提高到 2300 元，这比原有的贫困线提高了 92%，并使农村的贫困人口从 2600 万增加到 1.28 亿。

尽管通过贫困线确定了贫困人口的规模，但这是基于抽样调查推算的结果，并不能确定具体的贫困家庭或贫困人口，而要实施目标瞄准必须将扶贫的投入集中在贫困人群并将非贫困人口从受益对象中排除。保障贫困人群的受益是贫困治理中最重要的内容之一。因为贫困人群无法被精确确定，那么将扶贫资源投放到贫困人口相对较多且社会经济发展水平较低的地区可以最大可能地提升目标瞄准，增加贫困人群受益的可能。在实施专项扶贫之初，扶贫资源主要投向了贫困程度较深的中西部地区，特别是集中连片的贫困地区。但是由于区域所覆盖的面积较大且缺少执行能力，国定贫困县或扶贫重点县很快取代了连片贫困地区，成为扶贫投入的主要目标。

1986 年基于农民人均收入 150 元的标准确立了 331 个国家级贫困县，对这些贫困县实施了一些特殊的扶持政策，典型的如对口支援，发达地区和国家部委对这些贫困县提供一对一的帮扶。1994 年实施《国家八七扶贫攻坚计划》，国家重点扶持的贫困县也增加到 592 个。首次明确提出中央的财政、信贷和以工代赈等扶贫资金集中投放到国家重点扶持的贫困县。2011 年国家公布了《中国农村扶贫开发纲要（2011—2020 年)》，确定了以 14 个集中连片贫困地区为主要扶贫目标的扶贫策略，国家级贫困县不仅没有被取消，反而进一步增加，国定贫困县和片区贫困县合计达到 832 个。[①] 国家以贫困县为目标实施反贫困政策，至少有两个优势：第一，便于操作，由于县是一级政府机构，具有较完整的经济和社会发展职能，在政府主导的反贫困中，以贫困县为目标的政策设计和政策执行可以更好地与现有的政府体制相结合；第二，由于贫困县农民人均收入较低且贫困人口比例较高，将扶贫的投入主要集中在国定贫困县可以提高贫困人口受益的可能。但是由于扶贫资源高度集中于贫困县，且随着中央政府在扶贫方面的投入增加，贫困县与非贫困县之间的扶贫资源差距继续扩大，由此导致争抢"贫困县"的帽子，已经进入贫困县名单的县希望继续成为贫困县，而非贫困县则努力加入贫困县的行列。

随着国家在扶贫重点县持续的扶贫投入，贫困人口分布发生了变化，进入 2000 年以后，只有 55% 的贫困人口集中在扶贫重点县，如果扶贫仍然以国家级贫困县为目标就意味着 45% 的贫困人口不能得到来自中央政府的各项扶贫政策和扶贫资源的支持。因此在 2001—

---

① 李培林等主编：《中国扶贫开发报告（2016)》，社会科学文献出版社 2016 年版。

2010 年全国扶贫纲要中提出了整村推进的战略。[①] 整村推进有两个含义：一是识别出 14.8 万个贫困村，国家的扶贫资源将优先投入这些贫困村；二是在贫困村中要整合不同的资源，基于自下而上的村级扶贫规划，对贫困村的特色产业发展和基础设施改善、公共服务水平提高进行整体的帮扶。整村推进是对扶贫重点县体制的进一步深化，改善了扶贫的目标瞄准机制。据测算，80% 的贫困人口集中在贫困村中，整村推进不仅可以覆盖到非贫困县的贫困人口，而且也避免了贫困县内非贫困人口享用扶贫资源。但是在整村推进的实施过程中，由于资金的限制，许多贫困村虽然实施了整村推进的规划，但是贫困问题尚未就此解决；同时，在贫困村的发展中如何使贫困户受益，仍然存在问题。[②]

通过确定贫困线以确定贫困人口规模，并通过在连片贫困地区、国家级贫困县、贫困村和贫困户的识别，保障扶贫资源最大限度地惠及贫困人口，是中国贫困治理的首要机制，在此基础上，形成了政府为主和社会力量广泛参与的扶贫动员机制和以开发式扶贫为主、多种扶贫手段综合发挥作用的扶持机制。

中国扶贫开发的重要特点是政府主导，各级政府承担了扶贫的主要责任。为了统一协调贫困地区发展，1986 年成立了国务院贫困地区经济开发领导小组，1993 年改名为国务院扶贫开发领导小组，成员单位也从 16 个增加到 28 个。领导小组及其下设的办公室承担了全国扶贫的政策制定和项目协调工作，在扶贫领导小组协调下，成员单位从本部门工作出发，制定了相应的扶贫政策和扶贫纲要，比如教育部门针对贫困家庭的学生出台了相应的政策；残疾人针对残疾人的贫

---

① 刘坚：《以"整村推进"提高扶贫成效》，《光明日报》2005 年 5 月 30 日。

② 财政部农业司扶贫处：《整村推进实施过程中绝对贫困人口扶持问题》，《农村财政与财务》2005 年第 6 期。

困问题制定相应的帮扶措施。尽管贫困地区的各级政府都建立了相应的扶贫领导小组，但是发挥主导作用的是从上到下的扶贫办公室系统。作为专业从事扶贫的政府机构，地方扶贫办主导了扶贫项目实施，协调政府其他部门和社会团体的扶贫工作。

二、精准扶贫，多措并举

从 1986 年公布贫困线开始，中国的扶贫开发经过了 30 多年，包括目标瞄准机制、帮扶责任机制和扶贫资源动员与使用在内的贫困治理机制逐渐形成并完善。2013 年 11 月，习近平首次提出精准扶贫重要思想。2014 年 1 月，中共中央办公厅和国务院办公厅联合印发《关于创新机制扎实推进农村扶贫开发工作的意见》，明确提出"建立精准扶贫工作机制"。2015 年底，《中共中央、国务院关于打赢脱贫攻坚战的决定》，确定精准扶贫、精准脱贫是打赢脱贫攻坚战的基本方略，中国进入精准扶贫时期。

精准扶贫实现了有效的扶贫动员，完善了扶贫治理机制，解决了过去扶贫中许多尚待解决的问题，实现了最大限度的扶贫动员。首先，建档立卡工作的完成实现了贫困户的最终锁定。扶贫系统早就有建档立卡的建议，但因为信息复杂和投入过高而一直没有实现，在精准扶贫时期投入了大量人力和物力终于完成了这一任务。在建档立卡完成之前，目标瞄准贫困户还存在一些困难，而随着对所有贫困户进行清楚地识别，扶贫资源集中于贫困户成为可能。其次，通过精准扶贫，各级政府被充分动员起来，责任制进一步明确，形成了贫困地区党政主要领导亲自抓，各级政府和部门全面参与的扶贫格局。大量企业、事业和行政部门通过驻村帮扶方式承担了扶贫的责任，大量党员干部通过联系贫困户的方式投入扶贫工作中。2016年中共中央办公厅和国务院办公厅联合印发的《脱贫攻坚责任制实施办法》明确了各级政府的扶贫责任。最后，在高度的政治动员下，投入扶贫的资源也在不断增加，不仅有更多的政府财政资金投入扶贫中，各种社会帮扶资金也在大量增加。

精准扶贫最大限度地发挥了政府主导的扶贫优势，通过层层传导的压力、各级政府主要领导签署军令状的方式，各项扶贫措施被迅速落实，比如长期以来扶贫部门就希望通过整合贫困地区的各项资金以更好地发挥扶贫的作用，但是成效甚微，开展精准扶贫以来，政府各个部门都承担了扶贫的责任，到2017年，贫困县涉农资金整合试点推开到全部832个国家扶贫开发工作重点县和连片特困地区县；再比如，在过去的扶贫实践中，许多地区都曾派驻干部驻村帮扶，但往往仅限于部分地区，但是实施精准扶贫以后，各级组织部门和扶贫部门携手实现了对14.8万个贫困村驻村帮扶工作全覆盖。

但是这种政府主导的贫困治理在扶贫实践中也遇到一些困难，一些深层问题也逐渐显现。

首要问题是目标瞄准的准确性与合理性。建档立卡是目标瞄准的基础，精准扶贫建立了3种机制以保证建档立卡的准确：第一，村民评议和公示制度，通过村民的民主评议以保证建档立卡的准确和公平；第二，干部深入调查，要求干部访问所有贫困户，特别是参与驻村帮扶的干部，更需要参与建档立卡的核实，并承担责任；第三，建立外部的检查机制，来自上级部门的复核和审查都会纠正建档立卡中出现的问题。尽管这种机制已经相对完善，但是在实践中仍然存在两个问题：第一是公平问题，尽管参照建档立卡的标准在建档立卡中将贫困户和非贫困户区别开来，但是在现实生活中贫困户与非贫困户并非两个截然不同的群体。围绕贫困线存在大量边缘群体，当经济状况相近的农户一部分被划入贫困户而另外一部分没有被划入贫困户，前者得到大力的扶持而后者则没有，这种差别如果过大就会造成村庄内部的不公平。第二，农民的收入往往是不稳定的且难以监测的，特别是在目前贫困村存在大量劳动力外出打工的背景下，在许多村庄几乎无法精确掌握农民的经济状况。依靠村民的参与可以部分解决农户信息不透明的问题，但是乡土社会关系对贫困户识别仍然产生一些影响，特别是在信息不完全透明状况下。

此外，大量资源的投入保证了扶贫目标的实现，但是难以持续。首先是大规模的人力资源投入难以形成可持续的机制。比如驻村帮扶将近50万的党员干部投入扶贫第一线，并且通过严格的监督检查制度使他们认真做好扶贫工作，在这个过程中，一些驻村帮扶发挥了重要作用，但是也有一些干部缺少扶贫经验和扶贫资源，在驻村帮扶中作用有限。一些地方建立的党员干部联系贫困户制度也存在同样问题，一些党员干部利用自身的优势帮助贫困户发展生产，解决贫困户面临的实际问题，切实帮助贫困户脱贫；但也有一些党员干部自身缺少扶贫能力，并没有产生很好的扶贫效果。大量干部的驻村帮扶和党员干部联系贫困户产生了较高的成本，这些成本或者由帮扶单位承担，或者由党员干部自己承担，长期持续的投入面临困难。其次，除了人力以外，扶贫的资金投入也是巨大的，这笔资金除了少量来自中央财政和农户自筹以外，还需要大量融资，并以政府的债务形式体现出来。

精准扶贫制定了严格的目标，要在 2020 年实现现行贫困线以下的贫困人口全部脱贫，关于贫困县、贫困村和贫困户的退出机制都作了明确的规定，[①] 并建立了严格的第三方评估机制，然而这些措施在

---

① 张琦、史志乐：《我国农村贫困退出机制研究》，《中国科学院院刊》2016 年第
3 期。

执行过程中受到诸多其他因素的干扰，比如贫困农户的脆弱性和周期性导致脱贫的不稳定。开发式扶贫的核心是推动农民进入市场，但是小农的生产具有很大不确定性，因为市场波动和自然灾害而导致重新返贫的现象经常出现，脱贫并不意味着不再返贫。此外，贫困还具有周期性，对于低收入的农户来说，劳动力多的时候收入相对也会比较高，而劳动力较少的时候收入相对也会较少，因此家庭的贫困也呈现出周期性的特点。这些不确定性带来了贫困监测的困难，短期的脱贫，甚至持续数年的脱贫也不意味着贫困家庭不会重新陷入贫困，更何况除了贫困户会返贫，非建档立卡户也可能会陷入贫困。

上述这些问题的存在表明，贫困治理在解决目标瞄准、责任、资源动员和投入的同时，也面临着公平、主体性和可持续性等问题。将贫困人口从其他人口中识别出来并对他们实施特殊政策的支持经常面临两个问题：首先是支持的有效性和标签化。只有将贫困人口识别出来，扶贫才能瞄准，才能将有限的扶贫资源集中用于支持贫困群体，但是这也很容易造成贫困人口的标签化。将扶贫的目标瞄准贫困户的时候，社会中有一种不可忽视的现象，就是将贫困归因于贫困家庭的个人因素，如懒惰、不会过日子、酗酒等，并进而上升为"贫困亚文化"的讨论。对贫困家庭的个人归因经常会造成对贫困群体的污名化，造成他们在日常生活中的困难。其次，反贫困的主要成绩体现在贫困人口数量的减少，脱贫必然要体现在数字上，但是当复杂的脱贫被简化为数字以后，那么在数据的采集和加工过程中就会出现数字的失真。数字的采集和加工甚至可能脱离扶贫实践，而成为一个抽象的指标，并进而出现单纯的数字脱贫。[①]

---

① 王雨磊：《数字下乡：农村精准扶贫中的技术治理》，《社会学研究》2016 年第 6 期。

三、走向益贫发展

中国贫困治理机制的完善在解决资源动员和目标瞄准两个方面发挥了重要作用，提高了扶贫的效率，在解决农村绝对贫困问题方面发挥了重要作用，从而使中国农村贫困人口大幅度减少，特别是绝对贫困人口。但是经过多年的大规模扶贫，特别是精准扶贫的实施，以解决温饱问题为主要内容的扶贫攻坚任务即将完成，扶贫的宏观背景和目标都发生了改变，因此贫困治理的机制也面临着巨大的创新需求。

首先，中国的扶贫需要从以绝对贫困人口为对象的扶贫向追求更加公平的社会转变。中国已经进入中等收入国家行列，所面临的贫困问题已经超越了温饱问题，与低收入国家所面临的贫困问题已经有了很大区别，因此未来的贫困治理是如何提高社会的公平程度，使社会的底层群众更多地从改革和经济发展中受益。

其次，从一般性的扶贫向实施有针对性的社会政策转变。精准扶贫对扶贫策略的贡献之一是"五个一批"扶贫方式的提出。在精准扶贫完成以后，农村温饱问题得到彻底解决，扶贫越来越不能以一般性的贫困人口为扶持对象，而是要转型为如何支持具体的弱势群体，将反贫困政策分解为针对社会问题的具体政策，比如目前正在实施的教育扶贫、医疗扶贫，再比如农民工的就业和社会保障问题、农村老年人的养老问题，以及生态脆弱地区的生态补偿等具体的公共政策，通过构建包容和益贫的公共政策，解决不同弱势群体所面临的具体问题。

构建有效的贫困影响评价会有助于提高经济增长和公共政策的益

贫性。从技术精准到益贫发展，需要对具体的发展项目和公共政策进行贫困影响评价。贫困影响评价有助于不断完善发展项目和公共政策，从而使经济发展和公共政策更多惠及贫困人群。①

（本文原载于《宁夏社会科学》2017 年第 5 期）

---

① 王晓毅等：《发展中的贫困与贫困影响评价》，《国家行政学院学报》2015 年第 1 期。

中国扶贫资金对脱贫攻坚的总量与结构贡献研究

于树一　黄　潇①

中国扶贫事业取得了举世瞩目的成就，其中扶贫资金的贡献不可或缺。在脱贫攻坚的决胜阶段，充足的扶贫资金保障尤显重要。然而，新冠肺炎疫情的发生，使得扶贫资金供需双向压力陡然增大：一方面，疫情恶化了经济形势，进而造成扶贫财力紧张；另一方面，因疫情致贫和返贫的风险加大，扶贫资金的增量需求随之加大。在这一背景下，要为如期打赢脱贫攻坚战提供有力的资金保障，亟须在提升资金总量贡献和结构贡献两个层面做好文章，以确保扶贫资金更精准地投入、更高效地使用，进而发挥其更大的贫困治理效能。

一、中国扶贫资金的总体规模和结构

全面掌握扶贫资金的投入和使用情况是测度其总量贡献和结构贡

---

①　于树一，中国社会科学院财经战略研究院马克思主义财经科学研究室主任、副研究员；黄潇，中国社会科学院大学经济学院 2019 级博士研究生。

献的基础。实现扶贫资金贡献的最大化，既要重投入，着力提升资金的总量贡献；也要重使用，着力提升资金的结构贡献。① 近年来，党中央对扶贫事业高度重视，持续增加扶贫资金投入，不断优化扶贫资金结构。

2013—2019 年，中国贫困人口数量从 8249 万人减少到 551 万人，贫困发生率由 10.2%降至 0.6%，贫困地区农村居民人均可支配收入从 6079 元增加到 11567 元。② 与此同时，中国贫困地区基础设施条件和农村贫困人口的生活质量得到实质性改善，儿童接受教育机会明显增加，就医难、上学难等问题得到有效缓解。上述脱贫攻坚的总体成效是多方举措共同取得的，其中扶贫资金的贡献巨大。

自 2015 年习近平提出要坚决打赢脱贫攻坚战以来，中央和地方财政预算安排的扶贫资金规模不断增大。中央财政专项扶贫资金每年净增 200 亿元，从 2015 年的 461 亿元增加到 2020 年的 1461 亿元，除此之外，2020 年还通过结转结余资金一次性增加 300 亿元，累计投入 6066 亿元。③ 与此同时，地方财政扶贫资金投入规模也有大幅增长。经杨良松等测算，地方财政扶贫资金投入规模从 2007 年的

---

① 本文从扶贫资金的投入和使用两个方面分析其总量贡献和结构贡献，这里的"结构"仅指扶贫资金的用途结构。

② 参见国家统计局住户调查办公室：《中国农村贫困监测报告 2019》，中国统计出版社 2019 年版，第 323 页；国家统计局：《2019 年贫困地区农村居民收入情况》，2020 年 1 月 23 日，见 http://www.stats.gov.cn/tjsj/zxfb/202001/t20200123_1724697.html。

③ 参见黄承伟：《脱贫攻坚伟大成就彰显我国制度优势》，《红旗文稿》2020 年第 8 期；《2020 年上半年中国财政政策执行情况报告》，2020 年 8 月 6 日，见 http://www.gov.cn/xinwen/2020-08/06/content_5532865.htm。

1001.85 亿元增至 2018 年的 9135.67 亿元。[①] 目前，中国财政扶贫资金占扶贫资金的比重已达 65%—70%[②]，据此推算，自 2015 年以来，中国扶贫资金投入总规模已经超过 1.5 万亿元。

从使用结构来看，中国扶贫资金的使用侧重开发功能，主要投向贫困地区农业发展、基础设施建设、公共服务体系完善等方面。根据国家统计局数据计算，用于以上 3 方面用途的资金比例分别为 21%、35%、44%。[③]

二、中国扶贫资金总量贡献与结构贡献的实证分析

中国脱贫攻坚取得的成效是非常显著的，其中无疑包含了扶贫资金的巨大贡献。但是，其贡献究竟有多大呢？下文将对扶贫资金的贡献从总量和结构两个方面进行科学测算，这里的扶贫资金是指《中国农村贫困监测报告》中统计的"扶贫投资总额"，包括财政扶贫资金、国际扶贫资金和其他资金。

（一）扶贫资金的总量贡献测算

《中国农村贫困监测报告》的统计数据分为全国农村、贫困地区、

---

① 参见杨良松、周宇、刘俊：《地方全口径财政扶贫支出评估——规模、结构与变迁》，《中国行政管理》2020 年第 4 期。

② 据 2014—2019 年《中国农村贫困监测报告》数据测算，2020 年 5 月 7 日，见 https://navi.cnki.net/knavi/YearbookDetail?pcode=CYFD&pykm=YPKJC。

③ 参见 2015—2017 年《中国农村贫困监测报告》，2020 年 5 月 7 日，https://navi.cnki.net/knavi/YearbookDetail?pcode=CYFD&pykm=YPKJC。

连片特困地区、扶贫重点县 4 个层次。对于扶贫资金的总量测算，聚焦扶贫重点县，原因在于全国层面和地区层面的扶贫资金投入和使用的普惠性均强于县级层面，而测算扶贫资金对脱贫攻坚的总量贡献，应尽可能聚焦，故扶贫重点县是最好的选择。但是，《中国农村贫困监测报告》只是在 2011 年国家贫困线标准调整前公布了扶贫重点县的扶贫资金数据，2011 年以后对贫困人口数量及贫困发生率的统计均采用新标准，综合考虑数据的可得性、可比性和相匹配性，选用 2002—2010 年扶贫重点县的扶贫资金总投入、农村居民人均纯收入、贫困人口数量、贫困发生率数据（见表 1），对扶贫资金的总量贡献进行测算。尽管受统计数据的限制，难以获得最优的测算结果，但这并不影响定量分析的结论。

表 1　2002—2010 年扶贫重点县扶贫资金投入及产出情况表

年份	扶贫重点县扶贫资金总投入（亿元）	扶贫重点县农村居民人均纯收入（元）	扶贫重点县贫困发生率（%）	扶贫重点县贫困人口数量（万人）
2002	250.2	1305.2	24.3	4828
2003	277.6	1406.3	23.7	4709
2004	292.0	1585.3	21.0	4193
2005	264.0	1725.6	18.0	3611
2006	278.3	1928.0	15.4	3110
2007	316.7	2278.0	13.0	2620
2008	367.7	2610.8	11.9	2421
2009	456.7	2842.1	10.7	2175
2010	515.1	3272.8	8.3	1693

数据来源：2011 年《中国农村贫困监测报告》，2020 年 5 月 7 日，见 https://navi.cnki.net/knavi/YearbookDetail?pcode=CYFD&pykm=YPKJC。

以上述统计数据为样本，对扶贫重点县扶贫资金总投入及其减贫情况分别进行一元回归分析，结果表明，在其他条件不变的情况下，扶贫重点县的扶贫资金总投入每增加 1 亿元，农村居民人均纯收入增加 6.94 元、贫困发生率下降 0.05 个百分点、贫困人口数量减少 10.15 万人。

2002—2010 年，扶贫重点县农村居民人均纯收入实际增加 1967.6 元，根据测算结果，需要增加 283.5 亿元的扶贫资金总投入，但实际仅增加了 264.9 亿元，节约资金 18.6 亿元；扶贫重点县贫困发生率实际下降了 16 个百分点，根据测算结果，需要增加 320 亿元的扶贫资金总投入，但实际仅增加了 264.9 亿元，节约资金 55.1 亿元；扶贫重点县贫困人口数量减少 3135 万人，根据测算结果，需要增加 308.9 亿元的扶贫资金总投入，但实际仅增加了 264.9 亿元，节约资金 44 亿元。

可见，中国在降低贫困发生率方面的资金需求相对较大，而在增加农村居民人均纯收入方面的资金需求相对较小；针对不同的资金需求，中国实际投入和使用的扶贫资金均产生了规模效益，且在降低贫困发生率方面的扶贫资金的贡献高于在减少贫困人口数量方面的贡献，更高于在增加农村居民人均纯收入方面的贡献。

（二）扶贫资金的结构贡献测算

由于近年来中国关于扶贫资金的统计口径经常变化，相关统计数据缺失的情况越来越严重，制约了对扶贫资金问题研究的深入开展，导致相关研究匮乏。由于中国 2016 年以后的扶贫资金数据欠完整，考虑到统计数据的可得性，在测算扶贫资金的结构贡献时，选取了《中国农村贫困监测报告》中 2014—2016 年贫困地区具有代表性用途的资金投入及产出数据进行计量分析（见表 2），以测算扶贫资金在贫困地区基础设施建设、基本公共服务方面的结构贡献。虽然实证结果有待在未来获得充足数据后进一步改进和优化，但目前各变量之间呈现的整体性关系均较为显著，实证结果具有较强的使用和参考价值。

表2　2014—2016年贫困地区基础设施和基本公共服务资金投入产出情况表

年份	卫生院和卫生室建设投入（亿元）	村通公路投入（亿元）	农网完善及无电地区电力设施建设投入（亿元）	所在自然村通公路的农户比重（%）	所在自然村有卫生站的农户比重（%）	所在自然村能接收有线电视信号的农户比重（%）
2014	16.6	181.4	42.5	99.1	86.8	86.5
2015	20.9	277.5	64.6	99.7	89.7	90.4
2016	24.6	303.5	81.7	99.9	91.7	93.4

数据来源：2015—2017年《中国农村贫困监测报告》，2020年5月15日，见 https://navi.cnki.net/knavi/YearbookDetail?pcode=CYFD&pykm=YPKJC。

以上述统计数据为样本，对中国贫困地区用于卫生院和卫生室建设、村通公路建设、农网完善及无电地区电力设施建设的扶贫资金投入及产出情况分别进行一元回归分析，结果表明，在其他条件不变的情况下，卫生院和卫生室建设投入每增加1亿元，所在自然村有卫生站的农户比重会提升0.61个百分点；村通公路投入每增加1亿元，所在自然村通公路的农户比重会提升0.006个百分点；[1] 农网完善及无电

---

[1]　这一测算结果具有较强的现实背景：2014年，中国贫困地区所在自然村通公路的农户比重已经达到99.1%，剩余部分大多是地处偏远山区的贫困农户，其自然环境相对恶劣，公路修建难度大、耗时长，修建成本高、风险大。此后，中国继续加大对村通公路的投资力度，到2016年，所在自然村通公路的农户比重已经达到99.9%，接近100%。尽管扶贫资金耗资巨大，但村通公路为贫困地区农户生活、出行提供了极大便利，为其迈出摆脱贫困的"第一步"奠定了坚实的基础。

地区电力设施建设投入每增加1亿元，所在自然村能接收有线电视信号的农户比重提升0.18个百分点。

2014—2016年，所在自然村有卫生站的农户比重实际上升了4.9个百分点，根据测算结果，需要增加8.03亿元的扶贫资金投入，但实际仅增加了8亿元，节约资金0.03亿元；所在自然村通公路的农户比重实际上升了0.8个百分点，根据测算结果，需要增加133.33亿元的扶贫资金投入，但实际仅增加了122.1亿元，节约资金11.23亿元；所在自然村能接收有线电视信号的农户比重实际上升了6.9个百分点，根据测算结果，需要增加38.33亿元的扶贫资金投入，但实际增加了39.2亿元，多支出扶贫资金0.87亿元。

可见，中国在自然村通公路方面的资金需求相对较大，而在自然村建卫生站的资金需求相对较小。针对这两项不同的资金需求，中国实际投入和使用的扶贫资金均产生了规模效益，且二者相比，在通公路方面的贡献更大。但是，在自然村农网完善及无电地区电力设施建设方面的贡献不高，不但未产生规模效益，反而存在资金效率略低的问题，造成了扶贫资金在一定程度上的浪费。

上述实证结果表明，中国扶贫资金对脱贫攻坚的贡献显著，这是因为扶贫资金投入和使用具有较强的层次性，采用了直接投入与间接投入相结合的最佳投入方式，通过建立涉农资金统筹整合长效机制实现了资金"化零为整"。但也要看到，扶贫资金的贡献还未实现最大化，说明在体制机制层面或政策层面尚存在一定的改进空间。

三、中国在扶贫资金贡献方面存在的问题及建议

实践证明，中国仍有部分扶贫资金由于种种原因，或沉睡、或被挪用、或低效运行……没有发挥出应有的作用，如果让这部分资金"回归正途"，那么扶贫资金的总量贡献和结构贡献将会更大。因此，在脱贫攻坚的最后阶段，亟须找出扶贫资金在投入和使用过程中存在的问题，并采取相应对策。

（一）中国扶贫资金的贡献尚存在提升空间

1. 部分资金统筹整合欠充分和闲置影响总量贡献

中国虽已进行涉农资金统筹整合，但受此前扶贫资金分散管理的路径依赖影响，政策执行尚不彻底，仍有部分资金闲置，从而影响了扶贫资金的总量贡献。

2018 年和 2019 年的扶贫审计结果为这一结论提供了依据。2018 年，审计署对全国 145 个国家扶贫开发工作重点县 2017 年扶贫政策措施落实和扶贫资金管理使用情况进行审计，抽查扶贫资金 625.85 亿元。其中，18 个县的财政涉农资金统筹整合政策落实不到位，涉及资金 19.12 亿元，约占抽查扶贫资金总额的 3%；39 个县的 6.7 亿元扶贫资金闲置 1 年以上，约占抽查扶贫资金总额的 1%。[①]2019 年，

[①] 参见《2018 年第 46 号公告：145 个贫困县扶贫审计结果》，2020 年 6 月 20 日，见 http://www.audit.gov.cn/n5/n25/c123562/content.html。

审计署抽查了 52 个县的乡村振兴资金分配管理使用情况，41 个县的 359 个涉农项目因涉农专项资金统筹整合不到位、资金下达晚或项目推进缓慢等，造成 32.73 亿元滞拨或结存在地方财政、农业等主管部门或乡镇，其中 4.94 亿元闲置 1 年以上，最长的闲置超过 4 年。[①] 资金闲置相当于扶贫资金的总规模被缩减，资金整合不到位相当于扶贫资金总的合力还有保留，这两方面共同影响了扶贫资金的总量贡献。

2. 部分资金使用欠精准影响结构贡献

受基层治理体系效能不高所限，目前局部地区在扶贫对象的识别、扶贫方式的选择、扶贫项目的安排等方面仍存在不足，难以做到因地、因村、因户制宜，这些问题导致扶贫资金的使用欠精准，使其结构贡献受限。

从地方具体实际来看，一是部分资金用于"锦上添花"而非"雪中送炭"，扶贫资金贡献于其他方面而未贡献于脱贫，不符合扶贫资金的使用目的；二是部分地区扶贫对象识别欠精准，既存在享受不到帮扶的非建档立卡贫困户，也存在已脱贫贫困户未及时退出和不符合标准的家庭被建档立卡享受帮扶的情况，致使扶贫资金投向存在偏差；三是部分地区的扶贫信息系统及平台欠完善，包括扶贫信息系统部分功能模块设置欠合理、扶贫数据信息录入及变更存在时滞、部门之间的数据互联互通及信息共享不足等，影响到相关信息的准确性和完备性，而扶贫资金使用以此为依据，必然难以精准；四是惠民惠农财政补贴资金"一卡通"管理制度和扶贫小额信贷制度尚不健全，前者存在多头管理、"一卡多户"发放资金等情况，后者存在风险规避与资金需求的矛盾处理难题，从而影响其扶贫功能的有效发挥。

---

① 参见《2019 年第 6 号公告：乡村振兴相关政策和资金审计结果》，2019 年 6 月 26 日，见 http://www.audit.gov.cn/n5/n25/c133005/content.html。

（二）进一步提升中国扶贫资金总量贡献与结构贡献的建议

在当前严峻的经济形势下，扶贫资金投入和使用必须"拉满弓、上满弦"，在现有基础上进一步提升资金贡献，为实现全部脱贫目标贡献更大效能。

1.完整把握并着力扩大扶贫资金的总量贡献

一是完善统计数据，测算出完整的扶贫资金总量贡献。由于统计数据所限，本文测算总量贡献时使用2002—2010年数据，对总量贡献的测算并不完整。建议统计部门完善2011年以后的同口径数据，运用统一的方法，对扶贫资金总量贡献进行完整把握，为决策提供更坚实的依据。二是实现贫困地区涉农资金的充分统筹整合，唤醒所有闲置资金，让走偏的资金回归正途，为实现脱贫攻坚最后的"全部脱贫"目标贡献应有的效能。可以事先测算出的扶贫资金总量贡献为标准，对这部分资金的投入和使用进行约束和考察。

2.根据扶贫资金的结构贡献有针对性地进行资金配置

一是对扶贫资金的结构贡献进行全方位测算。受篇幅所限，本文仅根据重要性和数据可得性，测算了部分用途的扶贫资金结构贡献，目的是"抛砖引玉"，而要把握扶贫资金用途贡献的全貌，应根据决策需要对不同维度的结构贡献进行全面测算。二是对测算出的扶贫资金结构贡献结果进行分析，分类施策。对产生较大贡献的部分，探寻实现贡献最大化的可能性和切实途径，尽可能地提升其贡献；对贡献较小且存在资金损失的部分，探寻其中的原因，并"对症"施策。三是根据扶贫资金结构测算结果和资金投向存在的现实问题，着力提升扶贫资金投入和使用的精准性。在全方位提升基层治理体系和治理能力的前提下，对导致扶贫资金使用欠精准的因素进行排查，保证扶贫资金对贫困人口全覆盖，并且只服务于贫困人口。此外，支持完善地方扶贫信息系统，以保证其提供准确和完备的扶贫信息。

3. 完善保障扶贫资金贡献稳步提升的配套措施

第一，在总体要求上，需从提升扶贫资金贡献的角度，将习近平关于扶贫重要论述的相关要求具体化。随着中国特色社会主义进入新时代，习近平立足中国脱贫攻坚的基本国情，形成了一系列具有开创性的关于扶贫的重要论述，提出"扶贫开发投入力度，要同打赢脱贫攻坚战的要求相匹配"[①]"要加强资金整合，理顺涉农资金管理体系，确保整合资金围绕脱贫攻坚项目精准使用，提高使用效率和效益"[②]等要求。这些要求为提升扶贫资金贡献提供了重要指导，需在以下几方面采取相应的配套措施：一是进一步优化扶贫资金总量和结构安排；二是着力提升扶贫资金投入和使用的透明度；三是探索建立扶贫资金投入和使用的长效机制。

第二，在目标任务的执行上，扶贫资金的贡献与脱贫攻坚目标任务的实现程度成正比，提升资金贡献需着力保障目标任务全面实现。一是根据脱贫攻坚年度目标，加大扶贫资金对贫困县和贫困村外出劳动力在就业地稳岗就业、消费扶贫、扶贫产业恢复发展、易地扶贫搬迁后续扶持、东西部扶贫协作和中央单位定点扶贫、兜底保障、脱贫攻坚普查等任务的支持力度；二是对脱贫攻坚总目标实现程度进行评估，找到尚存的差距和薄弱环节，加大扶贫资金的支持力度，确保脱贫攻坚顺利收官；三是以扶贫资金保障各项目标任务的执行，并把握资金投入和使用的度，杜绝超标准、超范围发放。

第三，在资金监管上，通过建立健全扶贫资金监管体系，为扶贫

---

① 《习近平扶贫论述摘编》，中央文献出版社 2018 年版，第 89 页。

② 《习近平扶贫论述摘编》，中央文献出版社 2018 年版，第 95 页。

资金贡献稳步提升提供保障。一是从保障扶贫资金投入和使用质量的角度，构建主体清晰、权责明确、法规健全、流程规范、措施有力、预警及时的扶贫资金监管体制，并将现代信息技术及大数据平台用于监管过程中，通过强化监管促进扶贫资金贡献提升；二是从完善监管内容、推进全流程动态监管模式、优化监管方法、加大惩治力度等方面健全扶贫资金监管体系，对扶贫资金实施全方位、多层次、全流程监管，以此提升其总量贡献与结构贡献。

（原文发表于《中国社会科学院研究生院学报》2020 年第 5 期）

稳定脱贫长效机制的构建策略与路径

——以贫困治理为分析视角

李海金　陈文华[1]

从贫困的生成机制来看，贫困往往是多重因素相互叠加和累积的结果，而且贫困具有较强的动态性和反复性，贫困人口在脱贫后也有可能再次返贫，贫困也会发生代际传递。习近平强调，"要把防止返贫摆在重要位置，适时组织对脱贫人口开展'回头看'。要探索建立稳定脱贫长效机制，强化产业扶贫，组织消费扶贫，加大培训力度，促进转移就业，让贫困群众有稳定的工作岗位。"[2] 在决胜脱贫攻坚阶段，要从返贫、贫困代际传递和长期贫困等问题出发，探索实现稳定脱贫长效机制的策略和路径。

---

[1]　李海金，中国地质大学（武汉）马克思主义学院教授、博士生导师；陈文华，中国地质大学（武汉）马克思主义学院博士研究生。

[2]　《统一思想一鼓作气顽强作战越战越勇　着力解决"两不愁三保障"突出问题》，《人民日报》2019 年 4 月 18 日。

一、稳定脱贫长效机制的逻辑与意涵

在学理层面，稳定脱贫长效机制实质上是从贫困和反贫困的历史、社会、政治、治理等维度或属性的角度来探讨贫困发生、发展机制并寻求应对策略。

其一，在历史维度上，精准扶贫在目标设定和时间限定等方面的约束，并不意味着贫困作为一个社会问题或社会事实将被完全消除，农村贫困不会也不可能走向终结。在表现形态上，中国农村贫困问题将从原发性绝对贫困进入一个以转型性次生贫困为特点的新阶段，[①]或者说将从原生贫困向再生贫困转变，再生贫困即返贫问题将成为扶贫开发长效性的主要障碍。[②]

其二，在社会维度上，主要涉及贫困的社会属性、社会建构、贫困者主体性等论题。从社会视角来审视贫困问题，"贫困是一种严酷的社会事实，是一种客观的现实存在；贫困也是一种公众的社会评价，是一种主观的价值判断；贫困还是一种不良的政策后果，是一种难愈的社会弊病"[③]。而贫困的社会建构性考察的是从社会实体论抑或社会关系论来辨识贫困问题。立足于反思现代性和发展主义立场，贫困更多的是一种社会性存在。"贫困究其本质，是一种社会性的存在，是人与人关系、地位的表达。"[④]也有学者基于中国农村和城市贫困的

---

① 李小云：《把攻克深度贫困堡垒作为脱贫攻坚的重中之重》，《贵阳日报》2017年8月9日。
② 何华征、盛德荣：《论农村返贫模式及其阻断机制》，《现代经济探讨》2017年第7期。
③ 唐钧：《精准扶贫需在"可持续"上狠下功夫》，《人民论坛》2017年第1期。
④ 张帆：《现代性语境中的贫困与反贫困》，人民出版社2009年版，第19页。

发展脉络更明确地指出，现代化的话语实践与发展困境、制度或国家政策的政治性干预、社区贫困文化的再生产以及非均衡性的发展逻辑等是城乡贫困的社会建构和再生产的根源。① 换言之，贫困的本源性内涵在于，社会阶层对于物质获取能力差异的固化以及现代社会理性扩张导致不同种群与国家之间在物质供给方面的差异。② 为此，应立足于贫困者的主体性及其所生活的社区场域和文化禀赋，建构包括穷人和其他社区成员在内的共同体，增强穷人的生产自救、资本动员、社区参与和管理能力。③

其三，在政治维度上，贫困的产生、延续、传递和消除与一个国家的政治结构、权利格局和社会变迁等具有高度关联。在政治过程的视角下，扶贫资源的配置过程既体现了权力运作又再生产了权力结构。而在西方的政治实践中，宏观层次的政党政治和"再分配悖论"、中观层次的组织层级博弈和信息不对称、微观层次的基层科层制和社会治理体制都会极大地影响扶贫资源的分配方向和方式，其动因在于扶贫的社会福利诉求与国家治理的政治性诉求不完全一致。④

其四，在治理维度上，贫困和反贫困问题与农村基层社会制度和治理样态之间具有高度的相关性，处于开放、流动、分化中的乡村治理环境将对贫困的现实形态和未来走向构成诸多挑战，而从二元、单向、分割走向一体、互动、融合的城乡治理体制将

---

① 潘泽泉、岳敏：《城市贫困的社会建构与再生产：中国城市发展 30 年》，《学习论坛》2009 年第 10 期；潘泽泉、许新：《贫困的社会建构、再生产及应对：中国农村发展 30 年》，《学术研究》2009 年第 11 期。

② 李小云：《贫困的元问题是什么？》，《南都观察》2017 年 7 月 6 日。

③ 沈红：《穷人主体建构与社区性制度创新》，《社会学研究》2002 年第 1 期。

④ 李棉管：《技术难题、政治过程与文化结果——"瞄准偏差"的三种研究视角及其对中国"精准扶贫"的启示》，《社会学研究》2017 年第 1 期。

会为新时期扶贫脱贫战略和策略带来更广阔的发展空间和资源。精准扶贫不仅应满足于摆脱贫困的直接目标，还应着力于建立一套有效而持久的贫困治理体系，推动乡村社会的可持续发展与有效治理。

基于上述分析，将稳定脱贫长效机制界定为，在外部帮扶和支持退出后，贫困人口和地区已具备较强的内生动力和自我发展能力，并形成一套具有稳定性、可持续性的脱贫致富能力和经济社会发展活力的支撑体制机制。本文的关注点在于，在贫困县、贫困村和贫困户脱贫摘帽的过程中，如何通过外部扶持和内部努力，使贫困传递体制机制受到阻断、内生动力极大激发、自我发展能力显著提升。

将贫困、扶贫与脱贫置于治理的研究视角下，探究贫困治理的可持续性与内生性论题，贫困治理至少包括 3 个层次的意涵：一是宏观层次的国家治理，关注国家政治、经济、社会框架和体制与反贫困体系之间的关联，将贫困与反贫困问题置于国家、市场与社会的三维架构中，探讨政府主导型、市场导向型和社会参与型 3 种理想型模式协同架构，构建具有中国特色的反贫困体系；二是中观层次的地方治理，关注作为官僚体系关键环节的县域政治、作为改革发展核心支撑的县域经济以及作为秩序维系基本依托的县域社会三大治理体系为贫困县脱贫摘帽提供支撑条件，以中国独特的横向治理结构为基础，城市与乡村关系样态和制度体系也是贫困和反贫困问题不可回避的因素；三是微观层次的基层治理，主要是贫困乡村和社区层面精准扶贫的"最后一公里"问题，关注基层组织为扶贫政策落实所提供的依托作用，以及贫困干预行动对基层治理格局构成的冲击与影响。

二、稳定脱贫长效机制的挑战与困难

稳定脱贫存在着多个维度、不同层次的意涵，而且这些意涵之间具有内在的逻辑性与关联性。可以将构建稳定脱贫长效机制所面临的挑战与困难概括为 3 个层面：其一，基于贫困的多维性尤其是贫困地区和人口与市场要素的弱关联性，探究贫困地区和人口应对市场风险并运用市场机制的劣势与弱势；其二，出于城乡一体化尤其是城乡公共服务均等化的考量，以县域发展与治理为指向，探索制约农村减贫进程的深层次结构缺陷与体制矛盾；其三，鉴于供给侧结构性改革的新背景和新要求，解析乡村衰败化和发展要素匮乏的主要表现。

（一）市场化背景下如何提升贫困地区和人口的风险应对能力与自我发展能力

在当下的贫困研究视野下，贫困被认为是多维的，多维贫困成为解释贫困成因、探寻贫困的应对之道的核心概念和分析框架。阿马蒂亚·森从基本可行能力的角度探讨多维贫困，认为贫困不仅是指收入贫困，还包括饮用水、道路、卫生设施等其他客观指标的贫困和对福利的主观感受的贫困。[①] 胡鞍钢也认为，贫困的核心概念是能力、权力和福利的被剥夺，贫困不只是收入的贫困，它是一个多维度的现象，可以从收入贫困、人类贫困、知识贫困和生态贫困 4 个维度来界

---

① ［印］阿马蒂亚·森：《以自由看待发展》，于真译，中国人民大学出版社 2012 年版，第 1—2 页。

定贫困类型。[①] 在多维贫困的操作化层面，贫困不仅是缺少收入，也是对过上长寿健康的生活、接受良好教育以及拥有有尊严且体面的生活水平等各项人类发展权利的剥夺。在市场化发展进程中，贫困乡村在市场上的绝对弱势和相对剥夺状态使得农产品的交易运输成本和信息成本大大增加，贫困地区的资源通过市场机制的交易成本增加，市场竞争力下降，不仅难以在市场竞争中获益，而且面临不断被市场边缘化的风险。在脱贫攻坚过程中，贫困人口难以有效适应与对接市场体系的根源主要在于：一是政府在制定和实施产业扶贫等脱贫政策时，很少吸纳贫困人口的参与，导致贫困人口的市场风险应对能力弱化；二是贫困人口缺乏参与市场进程和运用市场机制的主动性与创造性，无法将市场资源转化成脱贫动能，提升其内生动力和自我发展能力。

（二）城乡一体化中如何推动县域民生事业发展与公共服务均等化

立足于中国国情和今后的发展走向，城乡二元结构及其一系列的制度体制是农村贫困发生和存续的重要制度因素之一。城乡二元结构带来了一系列不公平、不合理的制度安排和政策框架，这些制度安排和政策框架极大地限制了农村尤其是贫困地区的发展空间和机会，妨碍了贫困人口的发展权利，导致其难以平等地分享改革发展成果。其直接表征是城乡居民收入差距，城乡差距不仅表现在收入上，还反映在享受公共服务上，如果把一些公共服务的市场价值折算为个人的实

---

① 文丰安：《新时代社会力量参与深度扶贫的价值及创新》，《农业经济问题》2018 年第 8 期。

物性收入，那么城乡之间的实际收入差距还要高得多。① 从新中国成立后的历史发展脉络来看，城乡二元结构及其一系列的制度体制是农村民生事业发展滞后和公共服务水平低下的主要根源。在脱贫攻坚过程中，其现实困难体现在：一方面，贫困县往往属于农业地区或山区，财力有限，难以有效支撑全县民众的民生保障需要；另一方面，基于政府绩效考核体系与官员晋升激励机制，贫困县往往也将工作重点聚焦于县城建设与发展，而对贫困乡村关注不够，更少关注与贫困人口生产生活密切相关的民生事业和公共服务。

（三）供给侧结构性改革过程中如何激活贫困乡村的发展要素

在农业农村供给侧结构性改革的新形势下，我们需要更加有意识、自觉地关注农业、农村和农民的现实状况、困难以及未来的发展趋向，并从供需矛盾的角度深入解析其改进策略与创新路径。当前大量青壮年农民等优质劳动力和社会精英被吸纳到城市，留守农村的基本上都是在劳动能力、教育程度和发展能力等方面均处于劣势、弱势的人群，主要有留守老人、妇女和儿童等。这部分群体自我发展能力孱弱，致使农村地区尤其是贫困地区出现空心化现象、衰败化迹象。这些对脱贫政策的落实构成了严峻挑战，一方面，一些需要较大体能、稍有技术含量的扶贫项目往往难以有效实施；另一方面，资本、市场、技术等基于成本和利润考量又不愿下乡进村，使得长期的城乡二元结构所引发的农村发展要素匮乏越发严重，发展机会微弱，发展活力不足，进而走向贫困边缘或者落入发展陷阱。

---

① 李实：《当前中国的收入分配状况》，《学术界》2018 年第 3 期。

三、稳定脱贫长效机制的构建策略与路径

在限时脱贫摘帽以及脱贫攻坚与乡村振兴有效衔接的双重背景下，注重稳定脱贫与县域治理和发展之间的有机衔接和良性互动，提升贫困县、贫困村和贫困户的自我发展能力，并提高农村基层治理体系和治理能力，是构建稳定脱贫长效机制的主要着力点。这些认识主要基于以下方面：一是鉴于县政和县治的历史传统以及贫困县的制度框架，将贫困县作为贫困治理的基本单位，将稳定脱贫纳入县域治理体系，探寻其衔接与融合机制，以规避与应对小农户在面对大市场和社会化大生产时的弱势和风险；二是沿袭开发式扶贫所蕴含的以发展促脱贫思路，以城乡良性互动和有机融合为目标指向，将贫困县、贫困村与贫困户3个层次贯通起来，实施不同类别的扶贫政策和脱贫项目；三是立足于脱贫攻坚的乡村治理环境与条件，将脱贫的可持续性与基层社会治理样态关联起来，将乡村社会的参与、自治、民主机制与扶贫资源分配、脱贫行动实施勾连起来，达成脱真贫、真脱贫的目标。

（一）贫困退出中实现稳定脱贫与县域治理的有效衔接

在传统中国社会，县是所有治理层级和体系中最独特，也是最关键的，是基层自治权力的中介和纽带。徐勇将县级政治和治理界定为"接点政治"，认为从县级政治看，县政承上启下，是国家上层与地方基层、中央领导与地方治理、权力运作与权力监控的"接点"部位；

从县域社会看，县城是城市与乡村、传统与现代、中心与边缘地带的"接点"部位。① 可见，在精准扶贫政策的落实过程中，都应充分发挥县的联结和转化功能，同时也需要将扶贫脱贫工作与县域治理关联起来。在贫困退出的过程中，应当从县域治理的维度来统领脱贫攻坚，注重脱贫攻坚的专项工作与县域治理的整体工作之间的联动、互促与融合。但是，如果仅仅局限于或满足于脱贫攻坚这一专项工作和短期事务，就不能为脱贫攻坚构建起长效性和稳固性的保障体系，也难以为 2020 年后的发展议程和框架提供有效支撑。为此，应以脱贫攻坚为契机和引领，助推县域经济社会可持续发展和贫困县发展转型，并探索贫困县科学、良性、有效治理的基本框架、实施路径与机制。

（二）以城乡互动和融合为导向，构建稳定脱贫与县域发展的联结机制

城乡二元结构及其一系列不合理的体制机制是造成城乡基本公共服务失衡的重要因素，因此，要实现城乡基本公共服务均等化，必须建立有利于改变城乡二元结构的体制机制，促进城乡发展要素的有效衔接和良性互动。其实现路径与机制主要有：一是破解城乡二元结构和体制，建立以工促农、以城带乡的可持续减贫机制；二是探索以工促农、以城带乡的城乡发展模式，提升城市和二三产业对贫困农村稳定脱贫的辐射与带动作用，推动贫困地区的产业化发展和城镇化建设。②

---

① 徐勇：《"接点政治"：农村群体性事件的县域分析——一个分析框架及以若干个案为例》，《华中师范大学学报（人文社会科学版）》2009 年第 6 期。

② 李海金、贺青梅：《改革开放以来中国扶贫脱贫的历史进展与发展趋向》，《中共党史研究》2018 年第 8 期。

（三）实现稳定脱贫与农村基层治理有机关联

农村基层发展和治理，是脱贫攻坚最关键的约束条件和支撑系统之一。[①] 在公共政策执行层面，脱贫攻坚需要借助于农村基层治理的体制通道、组织平台和动员网络而真正落到实处。基层组织及其体系完善和功能提升对于增强农村贫困人口自我发展能力至关重要。为此，应配强农村基层干部队伍，依托党建扶贫、干部队伍建设和定点帮扶，激发基层党组织、驻村干部、"第一书记"的执行和动员能力，使之成为带领贫困人口脱贫致富的领路人。在县域整体发展层面，建立健全稳定脱贫长效机制需要同时兼顾贫困乡镇、村庄、人口与非贫困乡镇、村庄、人口。除了一些直接针对贫困地区和人口的扶持政策、资金和项目，在脱贫攻坚进入冲刺阶段，不应该对贫困村与非贫困村、贫困人口与非贫困人口作出严格、明确的区分，一是防止过多的资源集中于贫困村庄和人口，有可能出现资源堆积和损耗，二是引发贫困村庄和人口周边的非贫困村庄和人口的心理失衡，导致区域性的发展不均衡和基层治理危机。

（本文原载于《中州学刊》2019 年第 12 期）

[①] 李冬慧：《基于治理资源视角的产业扶贫与贫困治理》，《广西大学学报（哲学社会科学版）》2018 年第 6 期。

第三部分
案例篇

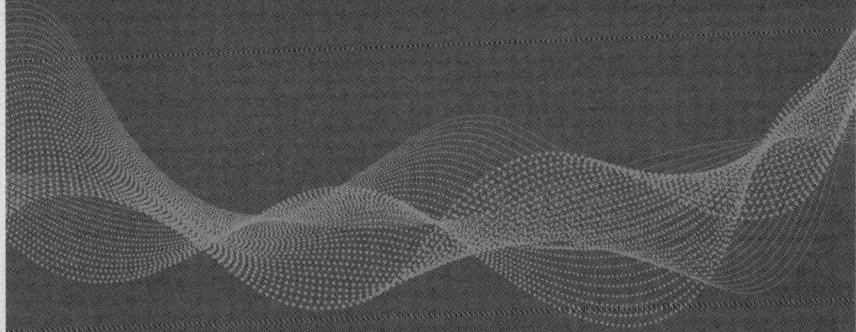

"一带一路"倡议下中国与中东欧国家合作反贫困的现状评价与路径构建

王志章　李梦竹　等①

　　中国与中东欧国家都面临着严峻的反贫困挑战，反贫困目标一致，反贫困需求相似，具有广泛的合作基础和途径，加强反贫困合作已形成广泛共识。2012 年，中国与中东欧国家举办了第一次领导人会晤，自此，双边合作不断加强，合作领域不断扩大且倾向多元化，合作反贫困成效显著，但双方合作也面临着一定的问题。加强"一带一路"倡议下中国与中东欧各国在反贫困领域的合作，共享反贫困经验，对推动该地区脱贫步伐，顺利完成联合国 2030 年可持续发展议程，构建人类命运共同体，具有十分重要的意义。

一、中东欧国家贫困现状的综合测度

　　纵观中东欧国家贫困现状，主要呈现为贫困率高且贫困基数相对

---

① 王志章，西南大学管理学院教授、博士生导师；李梦竹，西南大学管理学院讲师；王静，西南大学管理学院教授。

较大，社会贫富差距大，贫困程度区域差距大，罗姆族贫困问题突出，单身女性、单亲家庭、儿童等弱势群体贫困问题严重，多维极端社会现象突出等问题。究其原因，一是由于经济转轨导致贫困发生率激增，转型过程中贫困率激增主要源自失业率高、收入不平等的增加以及福利制度的大幅削减。二是全球性金融危机使中东欧国家再陷发展困境。2008 年金融危机使得依赖外资的中东欧国家受到了严重的传导影响，在此背景下大量中东欧民众失去工作，基本生活得不到保障，贫困问题日趋严重。三是源于落后的基础设施。中东欧国家落后的基础设施（如铁路、公路、港口等）很大程度上阻碍了中东欧地区资本、货物和人才的充分流动，隔绝了落后地区与外界的联系，进一步加剧了地区贫富差距。四是部分国家国内腐败问题较严重。中东欧地区的腐败问题并没有因为国家政治经济转型而有所减缓，反而在 20 多年的社会变迁中愈演愈烈，制约了国家经济社会发展和民生福祉的改善。

二、中国与中东欧国家合作开展反贫困的主要做法

（一）做好合作顶层设计，夯实合作民意基础

在政府层面，中国与中东欧国家着力做好反贫困合作的顶层设计。首先，反贫困合作是双方领导人会晤的重要议题。自 2012 年以来双方通过定期开展领导人会晤的方式梳理合作成果、确定合作方向，制定合作纲要和发展战略，目前已签订 8 份中国—中东欧国家合作纲要，始终把基建合作、互联互通等民生工程放在优先位置。其次，双方积极召开交通、经贸等促民生反贫困的部长级会议。定期举

办中国—中东欧国家交通部长会议，大力推动亚欧基础设施互联互通和国际大通道建设，有效改善中东欧国家的交通状况，提升民众生活水平。定期举办中国—中东欧国家经贸促进部长级会议，推动产能和装备制造合作，培育贸易新增长点，创新融资模式，将关注民生福祉的合作项目落到实处，通过推动双方经贸合作以提升经济发展，增加对贫困地区的带动作用。

在民间层面，中国与中东欧国家积极夯实合作民意基础。双方通过举办各类民间论坛、会议、博览会等活动促进在教育、文化、卫生等领域的合作交流，探索合作反贫困的路径与模式。举办"16+1"农产品博览会，搭建中东欧农产品电商物流中心，推动中东欧优质农产品走出国门，促进先进农业科技惠及贫困地区；举办中国与中东欧青年政治家论坛，推动双方青年就合作反贫困问题进行交流互访；举办旅游合作高级别会议，探索挖掘贫困地区旅游资源促进区域发展的新模式；在中东欧国家开设孔子学院，搭建文化交流、民心相通平台等，加大了中国与中东欧国家双方民间的交流互动，夯实了开展双边和多边反贫困合作的社会民意基础。

（二）丰富多边合作内涵，发挥龙头项目引领作用

在反贫困合作领域，中国与中东欧国家着力丰富多边合作内涵，通过龙头项目合作发挥引领作用，带动贫困地区发展。在"一带一路"框架下，中国与中东欧国家积极拓展基础设施合作领域，着力打造安全高效的海陆空互联互通网络，有利于推动双方贸易发展，吸引更多外来投资，改善居民生活条件，带动当地就业，有效缓解贫困。在陆路方面，双方积极推动铁路公路合作建设，加强物流基础设施投资合作，推动货物双向流动。

（三）搭建多元合作平台，扩大领域惠及民生福祉

中国与中东欧国家搭建了多个平台参与合作反贫困。第一，双方拥有多层次合作交流平台。以领导人会晤、部长级会议等政府间不同层级的交流合作机制为主，地方、民间、具体领域等多维度互动交流机制为有益补充，双方通过多层次合作平台共同商讨反贫困项目，加强合作反贫困的深度与广度，推动中国与中东欧国家共同发展。第二，双方拥有丰富的资金平台。目前已有"中国—中东欧投资合作基金"、100 亿美元专项贷款、30 亿美元规模投资基金、100 亿欧元"中国—中东欧基金"、1000 亿人民币丝路基金等多种资金平台，主要投资应用于基础设施、能源、通信、农业、金融等领域，同时也是双方推进互联互通、合作反贫困的主要资金平台。第三，综合利用各种展会平台。通过多样化的双向合作交流平台，能够将对方优秀的政府官员、学者、企业家"请进来"，吸引对方对本国优势产业进行投资，有利于推动本国偏远地区的优势商品"走出去"，促进中国与中东欧国家的贸易投资合作，提升经济发展对贫困地区的辐射带动作用。第四，搭建网络宣传平台促进合作反贫困。双方通过"中国—中东欧国家合作"官网、"中国与中东欧国家经贸合作网"、中国外交部公共外交办公室微博"外交小灵通"、外交部欧洲司微博"中欧信使"等新媒体网络宣传平台普及民生合作项目讯息，及时更新反贫困合作项目的工作进展，加深双方彼此了解，助推合作反贫困进程。

（四）建立健全合作支持体系，营造良好服务外部环境

一方面，互设金融支持机构，推动本币结算。2002 年 2 月，中

东欧地区第一家中国银行分行——匈牙利中国银行正式成立；2012年6月，中国银行（卢森堡）有限公司波兰分行开业；2013年9月，中国人民银行与阿尔巴尼亚银行、匈牙利中央银行签署双边本币互换协议，推动本币结算，加强双边金融合作。同时，中东欧国家也在我国市场设立了相应金融机构。例如，2010年，捷克捷信消费金融有限公司在中国开业，截至2017年底，该公司业务遍布中国29个省（直辖市）的312个城市。2017年11月27日，中国—中东欧银联体正式成立，旨在为"16+1合作"重点项目提供多边金融支持，以促进双方经济社会发展，提高各国人民福祉。另一方面，改善贸易便利化服务。为推进中国与中东欧国家的贸易便利化程度，优化经贸投资环境，双方致力于推进通关质检领域便利化措施全覆盖，创新工作机制，优化质检流程，缩短通关时间，加强双方合作交流。

三、中国与中东欧国家合作反贫困取得的成效评价

随着中国与中东欧国家"16+1合作"机制的稳步实施，双方合作关系日趋密切，协同创造更多财富普惠贫困群体，合作反贫困成效显著，具体体现在增加就业、改善民生、促进偏远农村发展3个方面。

（一）双方合作反贫困有效增加当地就业

中国与中东欧国家通过经贸投资、基础设施合作等方式不断扩大合作范围，创造了大量就业机会，具有良好的社会效应。在经贸投

资合作方面，中国与中东欧国家近年来签署了多项合作协定，相互投资已形成互利共赢局面，为对外贸易增添新增长点，促进双方从"16+1"务实合作中获益。在基础设施方面，双方在"一带一路"框架下依托"16+1合作"机制建设了大批基础设施项目，为中东欧地区创造了大量就业岗位，有效提高了当地人民福祉。据中华人民共和国驻匈牙利大使馆经济商务处数据，中国对匈牙利的投资为其带来了近万个就业岗位，有效改善了当地失业贫困状况。[①]

（二）双方合作反贫困有效改善民生

在基础设施建设方面，中国政府在资金、技术、产能装备上的优势对中东欧国家基建升级发挥了巨大的推动作用，大批建成或在建的基础设施项目产生了良好的社会效益，显著提升了该地区居民的生活质量，极大地促进了亚欧之间的互联互通。此外，中方支持中东欧国家进一步开展中医药研究与合作，在中医药领域的紧密合作促使"16+1合作"成果惠及普通民众，切实有效改善民生福祉。如2017年9月，中国与中东欧多个国家在匈牙利佩奇大学签订了《中医药务实合作》协议，该协议能激活偏远地区的健康旅游项目，带动贫穷区域的弱势群体通过种植中草药改善贫困状况，直接提高中东欧居民的生活质量。[②]

---

① 《外媒称中国中东欧合作找到契合点："16+1合作"升级》，参考消息网，2017年11月30日，见 http://www.cankaoxiaoxi.com/china/20171130/2245485.shtml。

② 《中国与中东欧多国签订〈中医药务实合作〉协议》，中华人民共和国驻匈牙利大使馆经济商务处，2017年9月20日，见 http://www.mofcom.gov.cn/article/jmxw/201709/20170902647334.shtml。

（三）双方合作促进偏远农村地区发展

农业合作逐渐成为中国与中东欧国家合作的重点之一。2018 年，中国与中东欧国家的农产品进出口贸易额超过了 12 亿美元。[①] 优势农产品出口至海外能够优化国内农业产业结构，延伸农产品产业链，深化农业经济技术合作，带动中国与中东欧农业发展，增加农民可支配收入。中东欧国家如波兰、捷克等在生物医药、节能环保、质量控制等领域具有很大优势，其科技水平居世界前列，[②] 而中国拥有先进的农业生产技术及管理模式，水稻、玉米等农作物杂交技术居世界领先地位，[③] 双方农业合作有利于农业现代技术的交流学习，破除制约落后农村地区发展的限制，促进偏远落后地区的农业发展。

四、中国与中东欧国家合作反贫困面临的主要问题与路径设计

中国与中东欧国家依托"16+1 合作"机制开展了全方位、多层次、宽领域的合作，为双方合作反贫困打下了一定的基础，但由于双方的合作关系近几年才开始密切，合作框架尚不完善，反贫困合作面临诸多困境，需要进一步补齐合作短板。

[①] 《李克强在第八次中国—中东欧国家领导人会晤上的讲话》，新华网，2019 年 4 月 13 日，见 https://news.sina.com.cn/c/xl/2019-04-13/doc-ihvhiqax2208468.shtml。

[②] 参见秦波、吴圣、梁丹辉：《中国与中东欧农业合作研究现状及展望》，《农业展望》2016 年第 12 期。

[③] 参见王南、江学珍：《中国企业对中东欧国家农业投资战略分析》，《科技经济市场》2017 年第 6 期。

（一）面临的主要问题

1.合作反贫困的顶层设计有待加强

由于中东欧没有统一的区域合作组织能够代表其整体意见开展对话合作，且中东欧 16 国国情各异，发展程度和贫困程度都不尽相同，中国很难在统一框架下与各国展开合作，因而无法就反贫困合作资金及项目分配问题在内部进行协调，也导致中国与中东欧国家合作与中国—东盟、中非、中拉在双方整体合作上存在着显著差距。[①]

2.合作领域过于集中

目前，双方合作重点仍聚焦在经贸合作和基础设施建设上，人文交流、教育、医疗卫生、就业等直接惠及民生领域的合作还有很大的进步空间。要想实现合作反贫困效益最大化，中国与中东欧国家要加强与民众直接对接项目的合作力度，双方在其他领域的务实合作也应依托"16+1合作"框架及时跟进，尤其是惠及双方民生和促进合作反贫困的项目应优先跟进，避免出现中国与中东欧国家合作"空心化"。

3.合作反贫困存在制度壁垒

由于中国的政治经济环境与中东欧差异较大，中东欧国家大部分是欧盟成员国，与非欧盟国家进行贸易合作要受欧盟贸易政策约束，遵守欧盟反补贴、反倾销及进出口禁令等非关税措施，由此进一步加大了中国与中东欧国家合作的难度。此外，中东欧国家大多遵循欧盟法律体系，与中国大陆法系差异巨大，加之双方合作的相关法律制度

---

① 参见虞大威：《中国整体合作外交评析——兼谈中国—中东欧国家合作》，《国际问题研究》2015 年第 6 期。

尚不完善，容易导致双方企业或组织在进行反贫困项目合作时出现争议。

（二）中国与中东欧国家合作反贫困的路径设计

1.要切实做好反贫困合作的制度设计

一方面，坚持优势互补原则。中国与中东欧国家在反贫困方面目标一致，双方应协同合作，挖掘各方利益契合点，积极发挥比较优势，在反贫困合作机制设计中注重优势互补以及合作的协同性、互补性和平衡性。另一方面，关注整体，兼顾局部。双方开展合作反贫困需要从区域发展的整体性出发，关注中东欧国家的共同利益，同时立足各国的不同实际情况，兼顾小国的合作需求，与中东欧16国共同谋划近、中、长期扶贫合作规划，制定开展合作反贫困的具体方向、可行做法和最终目标。据此建立起政府主导、以企业为核心、以民间为重要参与力量的合作反贫困运作机制和完善的合作反贫困项目监测评估制度。

2.要强化项目造福贫困人口的牵引作用

应扩大经贸合作，增强发展的益贫性。一方面，扩大双边贸易规模，为对方提供优惠贸易政策，鼓励中东欧企业对中国出口，改善贸易逆差现象。提升双方贸易便利化程度，加快推进海关、质检相互认证合作。优化贸易结构，开展更为深入的垂直产业链条内的经济合作。另一方面，加快推进与中东欧国家共同建设自由贸易区的步伐，提高自由贸易协定的开放度，减少贸易摩擦和贸易壁垒。

3.加强基建合作，改善双方民生

一方面，要注意基建合作的潜在问题。其一，应注意各国不同的利益需求。中东欧16国在地理区位、资源禀赋、经济发展程度上差别较大，各国的基础设施建设需求也有所不同。其二，基建合作兼顾小国。目前，中国在中东欧地区的合作对象多集中于捷克、波兰、匈牙利等经济发展较好、投资环境相对规范的国家，与相对欠发达的中东欧国家合作还有很大的提升空间。规模较小的国家由于财力或技术问题其基础设施往往更落后，亟须中国加大优惠贷款力度，促使"一带一路"更多成果惠及中东欧全区域。其三，促进基础设施建设合作延伸到贫困地区。在已有的基建合作旗舰项目上，双方应利用发达地区的资金、技术、管理、市场等优势与欠发达地区的自然资源或廉价劳动力进行基础设施建设合作，促进优惠合作项目向贫困地区倾斜，改善偏远地区交通条件。另一方面，应强化其他合作项目的牵引作用。双方应积极拓展以下合作领域：教育合作、旅游扶贫、卫生合作扶贫等，促进合作领域更加多元化。

4.积极拓宽双边反贫困合作层面

其一，重视地方合作反贫困。通过设立常设或非常设合作扶贫机构，以统筹双方地方政府的合作扶贫行动，合理安排人力、物力、财力，保证合作反贫困过程的沟通与协调，建立合作扶贫的动力激励机制与绩效考核制度，以促进合作反贫困取得实质性成效。其二，加强企业合作反贫困。充分发挥企业资金、技术、人才等优势，利用贫困地区丰富的自然资源、旅游资源、劳动力资源等有利条件进行反贫困合作，以达到双赢的目的。其三，促进国际机构合作扶贫。共同致力于增加在WTO、世界银行和联合国等国际组织中的话语权、表决权和决策权，为双方合作反贫困提供有利的制度环境，争取更多的对外援助资金流入双方反贫困合作领域。其四，中国与中东欧国家政府应完善外资扶贫新模式，积极探索国外民间组织参与本国政府扶贫项目、国外民间组织与本国民间组织合作实施反贫困项目、外资扶贫项目等推动贫困地区发展的有效途径和方式。

5.总结凝练中国扶贫经验并融入合作路径

在政府层面，加强双方贫困地区地方政府的合作交流，通过定期举办中国与中东欧国家贫困地区的地方领导人会议，汇报反贫困合作进展，交流反贫困合作经验，促进双方政府反贫困策略的相互学习，共同探讨解决现实扶贫合作问题。在企业层面，中国企业应注意将扎实的项目合作与良好的企业形象相结合，根据中东欧国家不同经济特性和合作需求制定不同的合作方案，发挥中方装备、技术、资金、管理方面的优势，促进互联互通项目在中东欧地区落地，确保合作项目又好又快实施，造福当地百姓。在民间层面，应加强双方扶贫经验的人文交流，如积极邀请中东欧代表团实地参观中国扶贫开发进程和新农村建设情况，增设民间扶贫交流平台以及通过传统媒体与新媒体相结合积极宣传中国形象，扩大中国在中东欧地区的影响力等。还可通过互联网等方式推动中国扶贫经验和可资借鉴的现实案例与中东欧国家共享，为双方反贫困合作提供科学的实践基础。

（本文摘自《中国与"一带一路"沿线国家合作反贫困研究》一书，人民出版社 2019 年版）

东西部扶贫协作机制研究

——以江苏省苏州市对口帮扶贵州省铜仁市为例

陈世海　黄建浩　等[①]

一、苏州市·铜仁市东西部对口帮扶的背景

1978年，党的十一届三中全会作出了改革开放的伟大决策，中国经济社会发展进入跨越阶段。在经济总量不断扩大、综合国力不断提升的同时，区域经济发展不平衡问题也日益凸显。东西部地区发展差距制约着中国经济社会的协调、健康、稳定和可持续发展，西部欠发达地区成为制约中国经济社会整体水平向更高水平提升的短板。贵

---

① 陈世海，贵州省沿河土家族自治县委常委、副县长（挂职），江苏省对口帮扶贵州省铜仁市工作队沿河土家族自治县工作组组长，江苏省张家港市政协副主席；黄建浩，贵州省沿河土家族自治县人民政府办公室副主任、县扶贫办副主任（挂职），江苏省张家港市人民政府办公室副主任；黄丹，江苏省张家港市文体广电和旅游局办公室科员。

州省作为我国贫困人口最多、贫困面最大、贫困程度最深的欠发达省份之一，资源条件差、发展底子薄、经济实力弱、人均收入低等问题凸显。2013 年 2 月，国务院发布《关于开展对口帮扶贵州工作的指导意见》，确定由辽宁、上海、江苏、浙江、山东、广东 6 个省（直辖市）的 8 个城市，分别对口帮扶贵州的 8 个市（州），其中苏州市对口帮扶铜仁市，苏铜东西部扶贫协作关系正式建立，苏州市要帮助铜仁市实现到 2020 年现行标准下贫困人口实现脱贫、贫困县全部摘帽、解决区域性整体贫困的目标。

二、苏州市·铜仁市东西部对口帮扶的 主要做法和成效

自对口帮扶以来，苏铜两地瞄准铜仁深度贫困县、深度贫困乡镇、极贫村、建档立卡贫困人口四大群体，在组织领导、人才交流、资金投入、产业合作、劳务协作、携手奔小康等 6 个方面精准发力，截至 2018 年底，铜仁市累计减贫 100.21 万人，贫困发生率从 2013 年的 30.72% 下降到 4.4%。

（一）组织领导强有力

苏铜两地党委政府高度重视对口帮扶工作，均成立了东西部扶贫协作工作领导小组，由市领导任组长，相关部门单位为成员，承担对口扶贫协作的组织领导职能。领导小组下设办公室，具体负责牵头组织协调东西部扶贫协作日常工作。

1. 领导机构健全，人员配置到位

苏州市明确规定由市发改委统筹协调苏州市与其他地区的经济协作，内设机构是经济协作办公室，下设处室为经济协作处（对口支援处），编制人数为6人。铜仁市在市级及所辖10个区（县）各级扶贫部门全面建立工作机构，并在市扶贫开发办公室设立工作专班，分为综合协调、产业合作、项目资金等7个小组，共24人。同时，两地建立高层联席会议制度，党政主要领导每年至少互访一次，通过联席会议重点研究解决东西部扶贫协作重大事项。

2. 高层协作推动，达成帮扶共识

苏铜两地相继签订《东西部协作和对口帮扶合作框架协议（2016—2020年）》以及教育、农业等领域的对口帮扶协议；出台《苏州市对口帮扶铜仁市"三百工程"医疗卫生工作实施方案》《关于积极主动对接苏州扎实落实对口帮扶重点工作实施意见的通知》等一系列文件，进一步明确帮扶项目、责任单位和考核办法，确保对口帮扶各项工作落到实处。

3. 落实规划引领，编制年度计划

2016年3月，苏州市印发《苏州对口帮扶铜仁工作五年规划（2016—2020年）》，2017年初又会同铜仁市对该规划进行修编。同时，每年编制年度工作要点，明确年度对口帮扶的工作指导思想和主要目标任务。苏州所辖各市区与结对县区均制定了"十三五"规划和年度工作计划。

（二）人才交流程度深

自对口帮扶以来，苏铜两地持续推进干部挂职和专业技术人才交流。2018年，两地互派挂职干部共计295人次，专业人才双方交流

1585 人次，党政干部培训 2708 人次，创业致富带头人培训 1159 人次，输出技术 32 项。

1.紧贴受援地发展需求加大干部人才培训力度

坚持互派干部挂职。苏州共派遣 24 名干部赴铜仁挂职，其中 1 名厅级干部、12 名处级干部和 11 名科级干部，分别明确各自的岗位职责。铜仁每年组织选派优秀党政年轻干部和后备干部赴苏州市挂职锻炼。选派干部培训学习。从 2017 年 9 月起，每年选派两批、每批 50 名优秀年轻干部到苏州市培训 4 个月，到 2020 年共完成 300 名干部培训，全面提高干部能力水平。加强专技人才培训。依托苏州市企业和高层次人才创新创业基地，为铜仁市培养懂经营、善管理的企业家和企业高级管理人员队伍以及科技、教育、医疗等实用型人才，并积极帮助引进急需专业人才。

2.全力实施五个"一百工程"提升专业人才帮扶力度

苏州市每年组织 100 名教师、100 名医生、100 名教授、100 名艺术家、100 家旅行社（导游）到铜仁交流，铜仁市每年选派一批教育卫生科技文化社会人才到东部交流学习。教育方面：2018 年，苏州选派 239 名一线教育工作者到铜仁支教，铜仁组织 392 名教育人才赴苏培训交流。医疗卫生方面：铜仁各县医院均有一所苏州三级医院为对口帮扶医院，帮助铜仁各县医院神经外科、泌尿外科微创手术、介入治疗等医疗新技术取得突破性进展。科技方面：建设帮扶专家库，共同组织开发建设"智缘桥·山水情"网站和微信公众号，搭建交流平台，形成常态化、长效化工作机制。文化事业方面：研究制定《苏州对口帮扶铜仁"新三百工程"——百位艺术家帮扶铜仁工作方案（2017—2020 年)》，每年组织 3 次到铜仁进行交流帮扶。旅游方面：苏铜两地各 100 名导游"一对一"开展业务交流，相互切磋业务知识。铜仁市与同程旅游签订《"新旅游"战略合作框架协议》，在旅游产业投融资、平台搭建、产品推广等方面全方位合作。

（三）资金帮扶力度大

2013 年，国务院明确每个对口贵州的城市年度对口帮扶资金不少于 3000 万元，且每年递增 8%。苏州市 2013 年安排资金 3000 万元；2014 年安排资金 3240 万元，递增 8%；2015 年安排资金 3499 万元，递增 8%；2016 年安排资金 5000 万元，递增 43%；2017 年安排资金 10786 万元，递增 116%；2018 年安排资金 37079 万元，递增 244%。对口帮扶以来，累计投入财政帮扶资金超过 5 亿元。以建档立卡贫困人口数为主要依据，结合《苏州对口帮扶铜仁工作五年规划（2016—2020 年）》中已安排对口帮扶资金情况，精准安排使用帮扶资金。2018 年 3.7 亿元财政帮扶资金中有 3.14 亿元用于县以下基层，当年使用比例达 96.3%。

（四）产业合作成效好

截至 2019 年 6 月，苏州·铜仁共建园区累计入驻企业 201 家，其中苏州企业 16 家，规模以上工业企业 87 家；援建扶贫车间 13 个，吸纳就业 429 人，其中建档立卡贫困人口 133 人。着力拓宽"黔货出山""铜货入苏"渠道，2018 年采购、销售结对地区农特产品金额 1.59 亿元，带动贫困人口 6040 人脱贫。

1. 坚持项目带动

2018 年通过实施东西部扶贫协作项目 244 个，帮助 6.95 万建档立卡贫困人口脱贫，其中贫困残疾人脱贫 4160 人。帮扶项目中，基础设施建设投入 4569.3 万元，其中村内道路 55.32 公里、安全饮水

865.3 万元、贫困户住房 1570 万元；教育医疗投入 5937 万元。

2.合作共建园区

共建省级层面的铜仁·苏州产业园区，国家开发银行苏州分行授信 20 亿元用于共建园区建设，现入驻企业 201 户，初步形成了特色食品、医药用品、轻工用品、大数据产品四大支柱产业。2018 年，两地实现共建产业园区 12 个，引进企业 30 家，完成投资额 42.68 亿元。

3.承接产业转移

出台《关于引进苏州等东部地区企业及关联企业来铜投资优惠政策》等多项优惠政策，积极吸引东部产业转移。苏州市积极组织企业到铜仁考察，菲力生物科技、正能电气设备生产、苗益健医药等一批项目落地。

4.力促铜货出山

在苏州建设"铜仁市优质农产品苏州推广中心"和"铜仁梵净山茶推广中心"，助推"梵净山珍·风行苏州"。与苏州农发集团合作建设"梵净山珍"精品馆，在苏州各市（区）设立铜仁农特产品展示中心或窗口，以苏州市场为目标市场，建立一批直销苏州的铜仁特色农产品生产基地。

5.开展旅游协作

开展"苏州—铜仁旅游'1123'对口帮扶系列活动"：举办 1 届铜仁文化旅游推介会，开发 1 条"多彩贵州、桃源铜仁"旅游精品线路，开展"千人游梵净山""苏州—铜仁百名导游结对帮扶"2 项活动和组织 3 次旅游培训。在苏州举办"美丽梵净山·铜仁过大年""铜仁生态美，梵净天下灵"等旅游推介活动，在拙政园设立铜仁文化旅游推广中心，助推两市文化旅游合作发展。

6.探索金融协作

2016 年，东吴证券与铜仁市达成战略合作协议，2017 年为铜仁市九龙地矿开发有限责任公司和水务投资股份有限责任公司分别发行10亿元绿色企业债券和10亿元债券融资，指导铜仁市玉安爆破工程股份有限公司在新三板挂牌。2018年，苏州金融租赁公司与贵州乌江投资发展有限公司签订1.5亿元融资租赁合作框架协议，助推沿河县旅游业发展，资金已到位。

（五）劳务协作推进快

互设市县两级劳务协作工作站，2018年举办就业培训班99期，培训5107名贫困人员，14家苏州企业与铜仁职校开展校企合作，10470名贫困户就业脱贫。

1.建立健全"四个机制"

包括政策保障机制、责任落实机制、互访对接机制、工作推进机制。苏州市出台《关于做好东西部扶贫协作劳务协作结对帮扶工作的通知》，作为推进扶贫协作劳务协作结对帮扶工作的指导性文件，明确各县（市）区帮扶工作的责任和目标，结合当地地域特征、产业特点等，在对口劳务协作方面发挥其主观能动性，形成上下联动、合力推进的良好工作局面。

2.合作共建"三个平台"

包括人力资源市场平台、就业能力提升平台和劳务信息对接平台。共建苏州铜仁创业孵化基地、苏州铜仁人力资源市场，合力建设苏州铜仁人力资源能力提升中心，定期收集各类优质企业的就业岗位信息，根据铜仁地区劳动力资源的求职意愿、就业能力等特征有针对性地进行筛选推荐，有效拓宽贫困劳动力就业渠道。

3.扎实推进"两个计划"

包括就业帮扶计划、校企合作计划。以"春风行动""高校毕业生就业援助月"等就业专项服务活动为载体，每年组织苏州市优质企业赴铜仁举办各类就业招聘活动。探索实施校企合作新模式进行定向培养，开设用工直招点，建立两市劳务输出技能提升培训计划，按照实际需求培训铜仁劳动力并输入苏州就业。

（六）结对帮扶范围广

苏州市所辖 10 个市区（县级）与铜仁市 10 个区县实现了"一对一"全覆盖结对帮扶。自 2017 年以来，苏铜两地互派 1295 批近 1.4 万人次开展交流考察，各结对市（区、县）主要负责同志每年均开展互访。结对双方围绕协调推进组织领导、人才支援、资金支持、产业合作、劳务协作、携手奔小康等各项工作，全面有效地推进教育、卫生、文广新、旅游、科协等各领域扶贫协作。在此基础上，苏州 98 个经济强镇、206 个村（社区及协会）、188 家企业以及 323 所学校、70 所医院与铜仁市 116 个贫困乡镇、423 个贫困村（含铜仁全市 319 个深度贫困村）、509 所学校、163 所医院建立了结对帮扶关系。张家港市善港村与沿河县高峰村"整村推进结对帮扶"模式在铜仁市推广。

三、苏州市·铜仁市东西部对口帮扶的成功经验

（一）党委政府主导是东西部扶贫协作健康发展的重要保证

习近平指出，"集中优势兵力打攻坚战"，要发挥"集中力量办

大事的制度优势"。①苏铜两地党政领导始终坚持把脱贫攻坚作为头等大事，多次开展互访，共商合作事宜，把苏州资本、技术、市场等优势和铜仁资源、生态、劳动力等优势相结合，全方位、宽领域、多层次推动两地扶贫协作，取得了积极成效。

（二）因地制宜、突出重点、狠抓难点是东西部扶贫协作的有效方法

自对口帮扶以来，苏铜两地结合铜仁实际积极加强跨区域合作，全力推进各领域的帮扶协作，积极推进乡镇房屋产权交易及土地流转、农民资金互助合作社等重点领域试点，着力创新行政区划管理、城市基层管理体制、公共服务社会化外包等改革，走出了一条符合铜仁地方特色的发展之路。

（三）开发式扶贫是东西部协作扶贫成功的重要基石

自对口帮扶以来，苏铜两地始终坚持"开发式扶贫"理念，立足铜仁本地自然资源，通过发展产业、劳务协作等措施着力拓宽贫困人口增收渠道，通过文化文明共建引领、职业教育、就业培训、志愿服务等措施着力加强贫困人口的各方面能力素质，全力鼓励和帮助贫困地区、贫困人口通过发展生产，增强自我发展能力脱贫。

---

① 《习近平谈治国理政》第二卷，外文出版社 2017 年版，第 88 页。

（四）搭建贫困地区的经济支柱是东西部扶贫协作的核心

要打赢脱贫攻坚战，同步全面小康，就要推动扶贫从"输血式"向"造血式"转变，从"分点式"向"区块式"转变。根据苏铜两地经验，以合理的产业链为基础进行集中式区块扶贫，进而进行产业扶贫、就业扶贫、商贸扶贫，通过区块式扶贫辐射影响周边区域，从根本上解决持续脱贫难的问题，是一条行之有效的路径。

（五）提高贫困人口的综合素质是东西部扶贫协作的关键

苏铜两地牢固树立"扶贫先扶志"的理念，将教育扶贫、技能培训、人才交流等工作纳入其中，多措蓄才、多元育才、多方引才，不断满足铜仁市经济社会发展对人才和智力支持的需求，不断巩固人才、教育、科技、文化、卫生、旅游相结合的工作格局，为决胜脱贫攻坚、实现全面小康奠定人才基础。

（六）资金投入保证是东西部扶贫协作的必要保障

脱贫攻坚，资金投入是撬开贫困闸口的最有力杠杆。对口帮扶以来，苏州·铜仁对口帮扶资金超过 5 亿元，并突出向深度贫困地区倾斜，有力保障和推动了各项扶贫工作的开展。

（七）东西部扶贫协作必须把政府行为、市场行为、社会行为有机结合

苏铜两地始终坚持"政府推动、项目带动、产业互动、区域联动"，把苏州资本、技术、市场等优势与铜仁资源、生态、劳动力等优势相结合，以持续增强"造血"机能和内生动力为目标，全方位推进产业扶贫和经济合作，效果瞩目。

（八）东西部扶贫协作必须以市场为导向大力抓好农业综合开发

实施精准扶贫脱贫战略，政府要发挥核心主导作用，也要让市场发挥重要作用。苏铜两地扶贫协作中紧紧抓住特色农产品这一产业，与当地农业龙头企业、农村电商、产业扶贫项目积极对接，建立合作联盟，扎实开展"铜货出山"行动，努力实现经济效应和扶贫效应的"双保障"。

（九）东西部扶贫协作必须创造一个良好的政策环境和社会氛围

打赢脱贫攻坚战，必须高度重视社会扶贫在大扶贫格局中的重要作用。苏铜两地扶贫协作通过搭建各类社会扶贫平台，不断完善社会扶贫激励体系，带动民营企业、社会公益组织、个人等共同参与。同时积极引导社会舆论，在全社会形成"人人皆能为、人人皆愿为、人人皆可为"的良好氛围。

四、苏州市·铜仁市东西部对口帮扶存在的问题和不足

苏铜两地扶贫协作由于开展时间尚短，扶贫任务较艰巨，仍然存在一些问题和不足，比如市场化水平有待进一步提高、各参与主体的积极性与主动性有待进一步提高、对政府引导的依赖性过强等。

（一）客观条件导致的现实困境

截至 2018 年底，铜仁市尚有贫困人口 16.07 万人，占全国贫困人口（1660 万人）的 0.97%，贫困发生率 4.4%，是全国（1.7%）的 2.6 倍，贫困人口数量居高不下。绝大多数贫困村地处边远山区，长期处在自给自足的自然经济状态，缺乏自我发展能力。成熟劳动力流出导致农村劳动力短缺，严重制约着现代农业发展。铜仁市财政正常运转大量依靠中央财政转移支付，基础设施项目资金投入仍然不足，公共文化服务体系发展不均衡态势尚未根本改观，特别是针对残疾人、老年人、未成年人等社会群体的公共文化服务仍然不足。

（二）扶贫协作缺乏可持续性内在动力

从制度安排上来看，省际对口帮扶主要是基于政治考量，对东部发达地区来说，如何保持高度的扶贫内在动力仍是一道难题。此外，东西部扶贫协作刚性约束不足。比如财政资金援助，是根据援助对象人数的多少、贫困程度来测算，还是根据支援省自身财力来确定并未

明确，由于缺乏必要的规范，导致援助效果主要取决于援助主体的自觉性、主动性。

（三）贫困主体不同程度存在"依赖"现象

由于外部援助资源更多的是通过政府渠道逐级向下配置，贫困主体对援助资源的自我选择和对项目的接纳程度往往被忽视，"等、靠、要"现象不同程度存在，过度依赖外源性扶贫资源，内生发展动力不足，一些实现脱贫的农民也面临着一旦失去外源性支持就可能会出现返贫的情况。

五、苏州市·铜仁市东西部对口帮扶的对策建议

（一）东西部扶贫协作要做到"三个关键"

1.加强顶层设计

坚持各级党委政府的总揽领导作用，通过实施"三个一"机制（建立一个完备的组织领导体系、构建一种多元的交流对接途径、健全一套科学的落实管理制度），党政主要领导互访抓对接、分管领导结合项目抓对接、职能部门条线合作抓对接，有效推动东西部扶贫协作扎实推进。健全项目资金规范使用制度，完善项目资金管理办法，明确项目谋划、报批、实施、管理、验收、资金拨付等环节需求，确保项目科学管理、安全运行。

2.创新运作模式

按照"项目支撑、资源共享、优势互补、互利共赢"的原则,搭建产业转移平台,有序承接产业转移,推动两地发展"双赢"。按照建立一个机制(经常性对接互动机制)、共建两大平台(人力资源市场、就业信息交流发布平台)、实施三项计划(人才交流培养计划、就业技能提升计划、劳务输出计划)、联办一项活动(两地扶贫协作劳动力招聘会)的"1231"模式,着力推动两地劳务协作。探索采取中职教育"2+1""1+2"合作办学新模式(在欠发达一方就读1年或两年,次年或第三年整体转入较发达一方就读),实现毕业与就业无缝对接。探索两地在市县、乡镇、村村、村企、园区五个层面全面结对,落实"五位一体"全面结对帮扶新模式。

3.增加内生动力

通过共建产业园区做实产业帮扶,提升产业发展能力,增强对口县域经济"造血功能",长效推进受援地经济社会发展。积极探索"互联网+"扶贫模式,帮助对口县域优质农产品拓展销路。运用"集中培训+跟班锻炼+调研总结"的干部培训锻炼模式,不断拓宽年轻干部视野,提升理论业务素质。创新联合教育模式,增强贫困家庭子女个人素质和工作技能,提升就业能力和创业能力,有效带动贫困家庭脱贫致富。

(二)东西部扶贫协作要完善"六条路径"

1.优化产业结构,推动经济发展

抓好东西部扶贫协作机遇,深入研究对口帮扶双方城市在区位特征、资源禀赋、产业结构、市场互补、科技人才、政策支持等方面的优势和特点,精准对接、精准招商,深化园区共建,积极推动各结对区县之间探索合作共建产业园区或"区中园"，加快提升产业园区发展水平，提高自我"造血"能力。

2. 强化公共支出，优化收入分配

加大厂房、道路等公共支出，不断完善基础设施建设，为经济发展提供硬件保障。强化资金支出的监督检查和绩效考核制度，确保每一笔钱用在刀刃上，确保每项支出都落地可见，用出实效。通过实施"精扶贷"项目，使贫困户采取入股园区保障性住房、基础设施等项目建设获得租金分红和工作岗位，帮助贫困户增收脱贫。

3. 夯实基础设施，推进城镇化进程

突出规划特色，高标准设计城市，把自然山水、民族特色、地方特色和城市建设结合起来，优化城镇产业布局，盘活城镇土地资源，拓展城镇空间，提高城镇的产业容纳能力、就业吸纳能力、人口承载能力和综合竞争能力。深入实施城镇化带动战略，加快完善交通体系、水利设施、能源保障、通信基础，提升支撑能力。

4. 借力区域合作，融入对外开放

依托良好生态积极发展特色产业，抓住结构调整主方向，加快产业升级和承接，筛选一批发展前景好、科技含量高、财税贡献大的项目落户园区延长产业链条。通过市场机制的自发作用不断推动区域合作协作和产业对接，实现互利互赢，促进人员、资金、物流的互通有无和充分聚集。

5. 加大教育帮扶力度，促进人力资源开发

加强与对口帮扶合作单位、部门的工作衔接，组织干部进行挂职、跟岗学习、交流培训，组织教育卫生科技农业旅游文化等行业领域人才到较发达一方开展培训，加大对农村致富带头人及基层干部的培训力度。探索构建两地专家、高层次人才供需信息互通机制，推动两地人才智力科技资源合理配置，促进两地人才智力科技合作不断

深化。

6.推进体制机制创新，提升市场化程度

坚持以市场为导向，按照农业产业化模式发展生态畜牧业和特色种植业，因地制宜走农业产业化发展路子，着力发展人无我有、人有我优的特色农产品，打造一批具有竞争力的特色农产品品牌，实现有龙头企业进行深加工，有规模基地作支撑，有经济组织为纽带，有完善的产业链条，有健全的服务体系，有稳定的市场占有率。

2020年，我国现行标准下农村贫困人口必将如期全部脱贫，贫困县也将全部摘帽，绝对贫困终将消除。但贫困仍将是未来相当一段时间内中国需要关注和着力解决的关键问题之一。不同之处在于，跨越绝对贫困门槛后，扶贫工作将面临新的目标、新的要求、新的对象等一系列新问题，更多复杂性也叠加进来，逐渐走向质量提升和现代化发展的新时代，亟须采取新的战略以应对多维贫困时代的新挑战，提早制定多维反贫困的新目标。

（本文摘自2018年度江苏省社科应用研究精品工程市县专项课题成果）

民族地区精准脱贫的"村寨模式"研究

——基于 10 个特色村寨的调研

李忠斌①

贫困是人类社会共同面临的一大问题,更是我国全面建成小康社会的最大难题。消除贫困、走向富裕是我们对国际社会减贫的庄严承诺,是党和政府心系群众、造福于民的职责担当,必须紧紧依靠全社会的力量,举全国之力来开展一场声势浩大的脱贫攻坚战役,最终实现全面建成小康社会的宏伟目标。脱贫的核心是如何持续地增加群众收入,因此建立起长效的增收机制是脱贫的关键,而这个长效增收机制的着力点就是要让贫困群众能广泛参与和分享脱贫成果。为此,在各类脱贫实践中,要充分考虑各项工作中群众参与的广度和深度,让贫困群体成为脱贫的积极参与者和组织者,使之成为脱贫攻坚的内生动力。唯有如此,脱贫才有牢固的群众基础,才能激发贫困群体活力,使其成为脱贫攻坚的受益者。

对广大的少数民族地区而言,特色村寨是脱贫攻坚的重要战场

---

① 李忠斌,中南民族大学经济学院教授。

之一。^①在特色村寨脱贫攻坚过程中，其民族文化等各种资源将充分发挥积极的作用，特色村寨也将起到带动和示范作用，有可能成为率先脱贫的对象。^②因此，把特色村寨建设好，让村寨群众尽快致富，对加快民族地区的整体脱贫具有重要意义。

一、基础设施建设与精准脱贫

第一，在道路建设方面，尽可能地安排贫困人口参加，通过劳动获得收入。如咸丰县黄金洞乡麻柳溪村仅两年多时间，共计投入公路建设、河堤治理、产业示范园建设、民居"一池三改"、通讯光缆安装、特色居民改造等十多个项目，资金达3370万元以上，广泛动员群众参与建设，获得劳动报酬，一部分群众的收入有了提高。

第二，在村容村貌整治方面的投入，一方面改善了群众的居住条件，另一方面既可以获得直接的补贴收入，又为以后的发展打下了基础。咸丰县麻柳溪村民居改造资金实行乡镇实施、民宗局监督管理的办法，按工程量给予改造农户补偿，民居改造户补贴最多的达8.7万元，最少的也在5000元以上，平均每户补贴2万多元。自2011年以来，全村累计投资3000多万元建设特色村寨，其中仅民居改造就达600多万元，县民宗局投资325万元。共完成民居改造330户，民居

---

① 我们所调研的村寨、乡镇有：湖北咸丰县麻柳溪村、宜昌市车溪土家族村、利川市毛坝乡兰田村、利川市东城区白鹊山村、神农架林区下谷坪土家族乡、恩施市芭蕉侗族乡枹口村，广西龙胜各族自治县大寨瑶寨、龙胜各族自治县黄洛瑶寨，贵州从江县岜沙苗寨、黎平县肇兴侗寨。
② 李忠斌、李军、文晓国：《固本扩边：少数民族特色村寨建设的理论探讨》，《民族研究》2016年第1期。

改造率90%以上。①

第三，在基础设施建设过程中，农户可以为建设单位提供农产品及各种后勤保障服务，从中获得收入。基础设施建设工程量大、工期长、人员多，需要就地采购粮食、蔬菜及服务，可重点安排贫困家庭参加，地方政府及村寨为贫困家庭和贫困人口提供发展生产的条件和技能培训。在这个过程中，贫困人员可获得相对稳定的经济收入促使其摆脱贫困，然而更重要的是，在这个过程中，贫困人员的技能得以增强，发展生产的能力有了提高，为以后的脱贫致富打下了良好的基础。

二、文化发展与精准脱贫

第一，弘扬优秀文化，发展文化事业。包括文艺团队建设、文化设施建设、文艺演出及文化下乡活动，为广大农民提供喜闻乐见的文化产品。在发展文化事业中，尽量吸收有文化基础的贫困人员参加，通过政府购买的方式给他们提供就业收入，由此可以让部分贫困人口脱贫。

第二，发展文化产业，让贫困人口广泛参与其中，获得产业发展的收益。如发展民族文化旅游，在整个产业链的设计上给贫困人口广泛参与的机会，使之成为产业发展各环节中的一分子，在每一个"节点"获得相应的参与机会及收入。

第三，发扬传统工艺文化，发展传统手工艺产业，特别是非物质文化遗产的传承与产品生产，为消费者提供民族文化浓郁的传统手工

---

① 相关资料由湖北省民族宗教事务委员会经济处提供。

艺商品及旅游商品，从而获得传统文化产业化的价值增值收益。

第四，认识文化的资源属性，实现文化的要素转换。文化既是资源，也是要素。要实现文化与产业的深度融合，让文化成为资本，成为产品打入市场的优质符号，成为提升产品竞争力的内在要素，成为地方招商引资的亮丽名片，成为经济活动的活要素。在当前强调供给侧结构性改革的背景下，加强文化建设无疑是十分重要的一环。通过供给侧结构性改革，让落后地区的供给结构、产品质量、产业形态、经济效益有明显改善，最终实现经济环境的本质改变，从而加快经济发展步伐，实现区域整体脱贫。

第五，推动文化产品的对外输出和对外交流，促进民族文化走出去。这既是民族文化的对外交流，也能促进民族文化的国际合作，促进民族文化产品走向世界，可以实现经济效益、社会效益的双赢。在此战略中，拥有民族文化符号，熟悉民族文化的贫困人口可以发挥其比较优势，在文化交流与文化国际合作中获得收入，从而实现精准脱贫。

三、民族旅游与精准脱贫

第一，以文化为核心的人文自然景观旅游。这种开发方式，依托村寨少数民族生产、生活所构成的文化场域，结合自然风光和人文景观，使整个旅游活动融入一个自然人文景观与民族文化互生、互动的场域，满足游客不同层次的需求，更重要的是实现了民族文化的活态展示。

第二，以民族文化为核心的民宿旅游。近年来，民宿旅游异军突起，其本质是满足游客参与深入体验的消费需求。在开发民宿旅游的过程中，要力避简单化和低端起步，应建设有内涵、有文化的差异化民宿项目，提供多样化的、特色鲜明的民宿旅游项目和产品供游人选择。

第三，以民族文化为核心的健康旅游。民族文化博大精深，尤其是在历史演进中形成的有独特功效的民族医药文化应着力开发以适应市场需求。许多民族医药具有养生、保健、康体的功用，将之与旅游结合，形成分工明确、互为支撑的产业体系，让游客感知积淀深厚的民族医药文化，成为名副其实的健康旅游。

第四，以民族文化为核心的文化消费旅游。要将部分民族文化转化为文化产品以满足游客的需求，如民族歌舞、民族传统技艺、民族文化工艺品等。要营造浓郁的民族文化氛围，尽可能地让游客参与其中，享受民族文化带来的精神愉悦，同时有利于民族文化产品走向市场，扩大民族文化的影响，形成文化产业—旅游发展—区域经济增长的良好格局。

第五，以民族文化为核心的特色村寨旅游。特色村寨是民族文化的载体，是民族成员活动的场所，是民族文化的自然展示舞台，是旅游开发的理想资源。在大力推进特色村寨建设过程中，村寨旅游是最普遍的选择。从开发的实践看，过分追求外在形式而忽略内在文化以及变异性开发是最突出的问题。因而，要在处理好保护、利用关系的基础上，突出村寨文化的软实力，把村寨—文化—环境融为一体，形成以村寨为中心的大文化旅游格局，让游客得到更本真的文化体验，从而实现村寨功能的转型和村寨整体的可持续发展。

四、产业发展与精准脱贫

第一，围绕传统优势产业做大做强，既做到整村推进，又能惠及每个农户。在选择传统优势产业时，核心的工作是选准主导产业，既要有优势，又要有规模，更要有市场，同时能让每个家庭参与其中。

第二，发展以村寨为平台的休闲农业。休闲农业具有一定的旅游的性质，但不是完全意义上的旅游，确切地讲是旅游的一种补充形式。在发展形式上，一是结合特色民居改造发展乡村休闲度假，村寨居民通过提供食宿等服务获得收入；二是结合民族传统饮食发展农家乐，不光从事农家乐的家庭获得收入，也能吸纳贫困农户就业，让更多的农户增收。

第三，弘扬传统技艺，发展特色传统手工艺产业，凸显传统文化价值。特色村寨是民族文化的聚集地，是传统手工艺的传承场所，应抓住市场机会，在挖掘、传承、弘扬及其产业化的过程中逐步开拓市场，实现传统文化的经济价值。同时更应该看到的是，传统手工艺品的制作大都是室内操作，劳动强度相对较小，适合贫困人员参与。只要给予政策扶持，给予资金投入，提供市场信息，开拓营销渠道，民族传统手工艺产品也能形成大产业，从而带动更多的贫困人口脱贫致富。

五、村寨环境保护与精准脱贫

第一，在维护现有生态环境的同时，让一部分贫困人口转为护林员等，从特色村寨建设经费中拨出专款以工资的形式支付，让他们获得稳定的工资性收入。这部分贫困人口可以通过身份的转换实现精准脱贫。

第二，特色村寨在对外开放的过程中，也不可避免地伴随环境问题，如游客的丢弃物、生活垃圾等，可招募部分贫困人口参与村寨的日常保洁，由政府、村寨、开发商或经营户支付劳动报酬，由此可使部分贫困人口实现脱贫。

第三，动员广大的贫困人口参与特色村寨生态建设，特别是种植部分经济林木，在认真搞好规划的同时，由地方政府提供种苗及部分启动资金，农户投入活劳动进行种植和维护。这样做的最大好处，一是可以让特色村寨的生态环境更加美好，二是可以为村寨的发展提供新的资源，如苗木、果园、采摘等，三是贫困农户可以通过旅游开发分成和产品销售得到可观且稳定持久的收入。

六、异地重建与精准脱贫

第一，在村寨的周边建设新的居住点，使之成为村寨旅游及产业发展的配套点，如游客集散中心、餐饮、住宿、歌舞、产品展销、传统手工艺展示等。这样做一是可以缓解村寨发展的压力，二是可以给贫困人口提供经营场所，让他们在为村寨产业发展服务的过程中获益。

第二，在统筹规划的前提下，可以让一部分有意愿修建新房或去城镇购买住房的村民，以村寨原有房屋作为置换，采用宅基地、货币化等方式补偿，也可以结合新农村建设和异地搬迁扶贫政策进行集中安置，既可以让他们获得货币化补偿收入，也能更好地解决他们的生产、生活条件，实现更好的发展。与此同时，村寨作为整体开发对象，更加有利于开发主体进行科学的规划和管理，作为资产，开发主体也有保护好民族文化遗存的动力。

七、教育培训与精准脱贫

第一，通过技能培训，提高贫困人口的科学文化水平，提升其劳动技能，拓宽就业渠道，使其获得更高的收入而实现精准脱贫。如恩施市戽口村以茶叶栽培、生猪养殖、林果业的发展、沼气的有效利用等为内容，推广普及农业科技，大力提高群众整体素质，共投入2万元举办8期培训班，共培养科技示范户480户、科技明白人1652人，为推进新农村建设，进一步提高老百姓发家致富本领奠定了良好基础。①

第二，加大基础教育投入力度。办好村小学，改善办学条件，提高教育质量，让更多的孩子接受良好的教育，打破贫困的代际传递，筑牢脱贫致富的基础。

第三，对村寨贫困家庭实施教育救助。一是提供教育补贴，专款到户；二是减免各种费用，减轻贫困家庭的教育支出负担；三是加大生源地教育贷款额度，让贫困家庭的孩子能上学、上好学，通过金融支教减轻贫困家庭的教育压力。

八、利益再分配与精准脱贫

第一，充分认识村寨文化资源的整体性，在村寨开发收益中要让全体村民共享，可通过文化资源产权入股的方式参与分红。在这种分

---

① 相关资料由湖北省民族宗教事务委员会经济处提供。

配方式中要注意的是，这是文化资源产权带来的收益，是每个村民应共同享有的，每个人所分红利应是均等的。

第二，在特色村寨建设过程中，部分贫困村民的资产直接参与进来，或租赁、或入股，要根据资产的性质和份额来确定合理的分配标准，不能损害他们的利益。

第三，要通过内部带动的方式让贫困人口获得收入。如鼓励地段好、经营好的农户吸纳贫困人口就业，先富带后富，最终实现共同富裕。这样做，一方面有助于贫困人口尽早脱贫，另一方面有利于内部团结，建设和谐社区。

九、启示与建议

（一）几点启示

一是特色村寨建设与新农村建设相结合，在建设过程中综合考虑、综合设计。

二是特色村寨建设与产业结构调整相结合。坚持把培育和壮大特色产业作为少数民族特色村寨保护与发展的重中之重来抓，找准产业定位，因地制宜，合理规划，有效避免特色村寨在建设过程中的盲目性、随意性，确保村民在建设中得到实惠。

三是特色村寨建设与尊重村民意愿相结合。注重对少数民族特色村寨保护与发展工作的引导，并纳入经济社会发展规划，归口到相关部门管理，帮助解决建设中的困难和问题。

四是特色村寨建设与各类资源整合相结合。充分利用相关职能部门的独特优势，多做政策的争取、督办和落实工作；充分利用地缘、人缘、资源优势,整合一切可以整合的人力物力。

五是特色村寨建设与特色民居、特色产业、特色文化相结合。在特色民居改造中,在设计风格上,充分体现少数民族民居的建筑元素;在建筑用材上,突破传统的条条框框,坚持现代性、节能性和环保性原则。在传承特色文化中,坚持继承与创新相结合,既挖掘整理、妥善保护文化遗产,又深入研究和挖掘民族服饰、习俗、歌舞等民族文化表现形式和载体,开发、打造一批弘扬优良传统、体现时代精神风貌、有创新魅力的民族文化精品,将少数民族以民风、民俗、民情为特点的人文景观与秀美迷人的自然景观有机结合,以民族文化旅游产业带动特色村寨的发展。

六是特色村寨建设具有极化效应和淋下效应。要以特色村寨的建设为抓手,在使自身经济、社会、文化得到发展的同时,带动周边村寨及区域经济的增长和社会发展,起到以点带面的作用。在此过程中,除调动各利益主体的积极性外,更要时刻关注弱势贫困人口的脱贫,让他们在村寨建设中能参与、有机会、有条件去获得应有的收入,在村寨发展中带动脱贫,这也应该理解为特色村寨建设的一项责任和义务。

(二)政策建议

第一,强化顶层设计,制定宏观政策。把特色村寨建设和精准脱贫同时推进,必须制定相应的政策加以统筹,改变以往条块不清、部门分割的状况,真正做到"多渠道进水,一个笼头放水",提高资金使用效率,建成一个,脱贫一批。

第二,确立政府主导,激发村民活力。特色村寨建设和脱贫攻坚必须确立政府的主导地位和责任意识,各级部门和干部要开展深入细致的工作，摸清贫困人口数量、致贫因素及产业发展条件，做到心中有数，合理配置资源，为村民致富想办法，找出路。同时，要出台具体的激励政策，调动广大贫困人口的脱贫积极性，形成脱贫攻坚的合力。

第三，坚持产业导向，优化协同机制。特色村寨建设和精准脱贫工程都必须坚持产业发展导向，构建精准脱贫的产业支撑体系，让村民在产业发展中获益。就此而言，特色村寨具有天然的产业发展优势，极易形成以"文化+"为基础的产业格局。

第四，加大投入力度，完善考评机制。特色村寨建设和精准脱贫工作都需要加大资金的投入力度，更重要的是要建立起科学的考核体系，建立起动态考评与激励约束相结合的考评机制，确保资金投入安全高效以及建设效果的可视性和可获得性。

第五，搭建互通平台，推动村镇互促。特色村寨是乡镇中的一个个点，是互为依托、相互促进的关系。根据特色村寨在精准脱贫中的特殊地位和作用，优先发展、快速推进是应该的，也是可行的。但切记要发挥好特色村寨的"圈形增长"[1]拉动作用，产生明显的极化效应，形成以点带面的良好格局。另一方面，在乡镇发展的战略布局中要充分考虑对特色村寨的带动作用，目的是实现镇（乡）—村互动、互促。为此，要利用政府、市场的双重力量，搭建起集要素、资金、人才、信息、规划、营销为一体的互通平台，发挥平台在村—镇建设中的"推—拉"作用，实现资源配置效益的最大化。

（本文原载于《西南民族大学学报（人文社科版）》2017 年第 1 期）

---

[1]　李忠斌、李军、文晓国：《固本扩边：少数民族特色村寨建设的理论探讨》，《民族研究》2016 年第 1 期。

"志""智"并扶：革命老区内生性扶贫的关键举措

柳礼泉　周盼盼①

党的十八大以来，以习近平同志为核心的党中央高度重视革命老区的扶贫工作，强调要坚持大扶贫格局，注重扶贫同扶志、扶智相结合，重点攻克深度贫困地区脱贫任务，解决区域性整体贫困，做到脱真贫、真脱贫，尤其是"加快老区发展步伐，做好老区扶贫开发工作，让老区农村贫困人口脱贫致富，使老区人民同全国人民一道进入全面小康社会，是我们党和政府义不容辞的责任"②。面对老区扶贫开发势在必行且十分紧迫的形势，在推进产业扶贫、金融扶贫、旅游扶贫、教育扶贫等工作时，尤其应重视对革命老区的内生性扶贫，认识革命老区扶贫的基础在于"扶志"，关键在于"扶智"，两者缺一不可，必须互促共济，相互结合，相兼并举。

---

① 柳礼泉，湖南大学马克思主义学院二级教授、博士生导师；周盼盼，湖南大学马克思主义学院硕士研究生。

② 《十八大以来重要文献选编》（下），中央文献出版社 2018 年版，第 45 页。

一、扶贫必先扶志，激发老区人
"弱鸟可望先飞"意识

革命老区目前确实处于一种"弱鸟"境地，但物质上的贫困不是最可怕的，精神的贫乏才最致命。习近平指出："'安贫乐道'，'穷自在'，'等、靠、要'，怨天尤人，等等，这些观念全应在扫荡之列。弱鸟可望先飞，至贫可能先富，但能否实现'先飞'、'先富'，首先要看我们头脑里有无这种意识。所以我认为，当务之急，是我们的党员、我们的干部、我们的群众都要来一个思想解放，观念更新，四面八方去讲一讲'弱鸟可望先飞，至贫可能先富'的辩证法。"①

（一）弘扬老区革命精神，重在培养滴水穿石脱贫的志气

老区是中国革命的根，老区精神是根据地的魂，滴水穿石精神就是对老区精神的一种继承与创新。习近平指出，"我推崇滴水穿石的景观，实在是推崇一种前仆后继，甘于为总体成功牺牲的完美人格；推崇一种胸有宏图、扎扎实实、持之以恒、至死不渝的精神。"②一滴水虽然很弱小，看似没有多大的力量，往往容易被人轻视，但是日积月累不放弃对付顽石，即使在一开始见不到显著成效，还是能成为最终胜利的铺垫。脱贫注定是一个漫长而艰难的过程，老区人更是要凭借这股不畏艰苦、持之以恒的志气，打好脱贫攻坚这场硬仗，像滴水

---

① 习近平：《摆脱贫困》，福建人民出版社 1992 年版（2019.10 重印），第 2 页。
② 习近平：《摆脱贫困》，福建人民出版社 1992 年版（2019.10 重印），第 59 页。

穿石一样，锲而不舍，赢得最终的胜利。

事实上，大多数革命老区因受各种客观因素的制约，没有什么脱贫的捷径可走。这就导致这些地区越是落后越是不自信，久而久之缺乏脱贫的勇气。甚至有些地区的人民出现精神怠惰、一心坐等政府帮扶的现象，完全丧失了要靠自己改变现状的观念以及老区的光荣传统精神。据某革命老区县扶贫办主任介绍，有位90多岁的老人身体健康、家庭状况良好，但每年都会特意跑来扶贫办索要政府各项津贴补助，理直气壮甚至假诉苦，这样如何能真正扶贫，也难怪出现了越扶越弱的现象。可见，必须培养新时期革命老区人民滴水穿石的志气，不以自身弱而丧气，不去追求短期显著的扶贫效果，而要以持之以恒、坚忍不拔的精神脚踏实地地努力，激发内在潜力，不抛弃不放弃，打持久战，克服一切困难，将老区宝贵的精神弘扬下去。

（二）发挥老区优良传统，着力培养齐心协力脱贫的自信

艰苦奋斗、团结向上、全心全意为人民服务是革命老区的光荣传统，是老区人宝贵的精神财富。扶贫攻坚的道路上，继承和发扬老区优良传统，会让扶贫之路走得更顺畅，也是革命老区不同于其他贫困区的所在之处。习近平曾指出："要着力推动老区特别是原中央苏区加快发展，决不能让老区群众在全面建成小康社会进程中掉队，立下愚公志、打好攻坚战，让老区人民同全国人民共享全面建成小康社会成果。这是我们党的历史责任。"①完成这一历史责任，就要大力弘扬

---

① 《习近平、张德江、俞正声、王岐山分别参加全国两会一些团组审议讨论》，《人民日报》2015年3月7日。

革命老区的优良传统，把老区精神转化为科学发展的强大精神动力，锲而不舍地抓好扶贫开发工作，切实担当起扶贫攻坚的时代使命。

在革命战争年代，革命老区是践行党的群众路线的生动典范，革命斗争取得的每项成果，无一不是源于人民群众、为了人民群众、组织人民群众、依靠人民群众。在当前，这种革命传统要坚定地继承下去，培养广大老区人民的集体主义意识，把老区建设作为光荣的己任。要知道，一个人的力量微不足道，但团结起来就能拧成一股绳，坚不可摧。必须发挥老区的优良传统，以老区促进会为榜样，全心全意为人民谋福利，团结向上为革命老区的扶贫贡献自己的一份力量。

（三）转变干部落后观念，致力变等"输血"为自"造血"

习近平指出："贫困地区的发展靠什么？千条万条，最根本的只有两条：一是党的领导；二是人民群众的力量。党的领导是通过具体的路线、方针、政策来体现的，而我们的干部是党的路线、方针、政策的具体执行者，干部只有到人民群众中去，并且同人民群众保持血肉相联的关系，才能使党的方针、政策得到更好的贯彻。"[①]群众靠干部来领导，一个担任重要职务的干部，对改变本地区的落后面貌有什么抱负、有什么想法、有什么行动，关系着这个地区整个工作的成败。而干部的观念陈旧腐败，必然导致行动指挥上的失败，因此，转变干部落后观念，解放干部思想，是其敢想敢做敢闯的先决条件。

贫困地区犹如一只"弱鸟"，要想实现脱贫，必须要有"先飞"意识。当前一些干部工作面貌被动倦怠，利用革命老区的特殊地位以及中央对革命老区扶贫的重视，坐等政府拨款扶贫等一系列优惠政策

---

① 习近平：《摆脱贫困》，福建人民出版社 1992 年版（2019.10 重印），第13—14页。

来解决原材料和资金问题，缺乏积极主动带领群众自主扶贫的干劲。扶贫需扶志，当务之急就是要转变干部们的这种"等、靠、要"的思想观念，树立主人翁意识，带头投入扶贫的工作中，从群众中来到群众中去，真心实意为人民解决最重要的问题。老区干部应当继承老区的革命传统，不怕吃苦，发扬首创精神，变等"输血"为自"造血"。

二、扶志尤要扶智，增强革命老区脱贫内生动力

俗话说，人穷穷一时，智穷穷一世。没有智力的支持，不仅个人、家庭难以改变贫穷的面貌，还可能影响到下一代。智力扶贫是造血工程，使扶贫不是昙花一现，而是靠自身努力改变现状。因此革命老区的扶贫光有扶志的信心和决心还不够，扶贫讲求策略，必须要有智慧作支撑。

（一）发展特色教育，以巩固智力扶贫作为精准扶贫的基础工程

革命老区的一砖一瓦都是岁月的沉淀，写满革命历史，老区人民的骨子里也流淌着先烈们的血液，以特有的方式传承老区独有的精神。在革命老区深入开展红色教育，有利于呼唤青年忧国忧民、挑战自我、超越自我、挑战极限、奉献社会。教育当以红土地教育下一代，以哺育人才建设红土地，在烈士鲜血染红的土地上滋养绿色生命，实现革命老区与人的可持续发展。红色教育应当服务于公民道德体系建设、未成年人教育，特别是应着力于鼓励大专毕业生树立远大

的抱负为建设革命老区求学、成才。同时，应当缅怀历史、坚定信仰、学习老区，为老区的扶贫攻坚战役贡献自己的青春年华。

"授之以鱼"不如"授之以渔"。在进一步落实基础教育的同时，必须加强职业教育，培养革命老区中具备创新精神的技术人才。诚如列宁在《提高劳动生产率》中强调的那样，"提高劳动者生产率的重要条件就是提高居民群众的文化教育水平"①。办教育也要因地制宜，要结合革命老区当地特色及需要，培养相应的实用性人才。搞好职业技术教育能使学生走出课堂，参与实践，掌握贫困地区发展经济最需要的实际本领，培养更多技术型人才。开展职业技术教育不能只在"黑板上种田"，一定要让他们成为生产能手，成为脱贫致富的"领头羊"。

（二）依靠科技创新，以提高经济效益作为精准扶贫的强劲动力

"用好革命老区自身资源优势，大力发展特色产业，是实现脱贫致富的重要途径。"②然而，老区的现状是产业结构单一，生产力、生产工具落后，许多得天独厚的优势并没有得到充分利用，导致出现这些问题的关键在于科技力量薄弱。因此，科技扶贫需引起重视，它是脱贫"造血"的动脉之一。当前革命老区的经济发展模式多为单一的自然经济状态，群众对科技知识了解掌握的甚少，各行业技术引进和使用度远远脱节。没有先进的科技作武器，产业结构就无法优化升级，即使再多资金投入，扶贫也是低效低能的，有量没有质。科技创

---

① 参见《列宁全集》第 34 卷，人民出版社 2017 年版，第 169 页。
② 《把革命老区发展时刻放在心上》，《人民日报》2015 年 2 月 17 日。

新与经济发展息息相关，它有利于革命老区因地制宜，发展商品经济，充分发挥资源优势；有利于革命老区改造提升，发展特色产业，转变经济发展方式；有利于革命老区节约资源，发展循环经济，提升综合经济效益。

"科技创新是提高社会生产力和综合国力的战略支撑，必须摆在国家发展全局的核心位置。"[①]老区的发展面临着机遇与挑战，大力推进科技创新将为亟须创新的老区注入蓬勃生机，使其实现质的飞跃，迅速适应经济发展的新常态。因此，老区必须扶科技之"智"，即大力引进科技人才、高端设备，加强职业技术培训，着力培养一批技术骨干与能人，让老区人掌握实用技术，融入多媒体时代。同时发展一条"双向开放"和"双向开发"的道路，积极参与市场竞争。鼓励群众利用科技创新自主脱贫，树立榜样，加强宣传，营造浓厚的氛围，增进科技创新意识。老区的党员干部们也要积极投入时间、资金、心力到加快老区科技发展的步伐中来，着眼于长远利益，而不是一味追求短平快的项目。

（三）挖掘红色文化，以发挥资源优势作为精准扶贫的重要路径

革命老区红色文化资源底蕴深厚，保护利用好这些资源，对党员干部坚定理想信念、增强宗旨意识、加强作风建设等有着重大的现实意义和深远的历史意义。老区人有责任把红色文化资源保护、开发、利用好，做好文化宣传工作，加强保护，加紧收集，加快开发，为促进老区革命精神传承、红色文化繁荣、旅游产业壮大、经济社会快速

[①] 《习近平谈治国理政》，外文出版社 2014 年版，第 119 页。

发展发挥应有的作用。

红色文化是老区独有的精神支柱，老区人应该树立文化自信，在追求富足生活的同时，由内而外提升精气神。不难看出，许多老区目前出现了"头重脚轻"的状态，即重视抓经济工作而淡化甚至忽略了红色文化精髓的学习与传承，这是扶贫工作不愿看到的结果。精神文明建设同物质文明建设同等重要，两者齐头并进，共同效力于扶贫攻坚，才能实现真正的脱贫。红色文化内容丰富多彩，五四精神、井冈山精神、长征精神、延安精神等，都是革命战争时期党领导人民群众赢得胜利的法宝；新中国成立后的大庆精神、雷锋精神、焦裕禄精神、"两弹一星"精神等是对红色文化的弘扬与延伸。这些都是唯有老区拥有的文化特色，是支撑老区人克服困难、奋发进取、创新开路、战胜贫困的内生动力。

三、扶志与扶智并举，推进革命老区
扶贫之可持续性发展

近年来，中央对扶贫开发工作高度重视，"他们（困难群众）的生活存在困难，我感到揪心。他们生活每好一点，我都感到高兴。"①习近平走访了中国绝大多数的贫困地区，提出"扶贫先扶志""扶贫必扶智"等精准扶贫方略，对扶贫理论创新发展。只有将扶志与扶智相结合，才能从根本上改变革命老区现状，使扶贫不会只是短期成效或者出现返贫。

---

① 习近平：《携手消除贫困　促进共同发展——在 2015 减贫与发展高层论坛的主旨演讲》，人民出版社 2015 年版，第 5 页。

（一）以"志"促"智"，扶志是扶贫之源头活水

扶贫不能只靠政策、资金等外在力量的支持，最根本的是靠自己，"输血"重要，"造血"更重要，一定要把扶贫与扶志有机结合起来。精准扶贫下的革命老区的扶贫更是如此，要着力扶志，充分利用老区精神层面的优势，熏陶干部思想，陶冶人民情操，激发老区人民内在脱贫的强烈意识。

有"志"方能促"智"。志在脱贫，困难群众才会主动学习技能，扶贫才能发挥功效。"扶志"，关键就是要把贫困农民自己主动脱贫的志气扶起来，把内因激活起来，脱贫的腰杆才会硬起来，脱贫的办法才会多起来。毛泽东曾说："严重的问题在于教育农民。"①革命老区大多在贫困山区，农民是主体，生产方式以农业为主，小农思想严重。且群山环绕，消息闭塞，与外界联系相对较少，大多数群众安于现状并没有深刻意识到自身与城市的巨大差距。在对革命老区的调查中不难发现，扶贫更多的是政府的"一头热"的主导行为，部分群众对扶贫的意义理解并不深刻。因此，扶贫过程中要向老区群众深入宣传党的政策，宣传扶贫对群众自身当前以及长远的意义。认可了扶贫意义才会有自主脱贫意识，方能主动提升自我从而投入智力扶贫。

"志"能激"智"，有了脱贫的志气，贫困地区的人民群众就会主动想办法脱贫致富。人总是在困境中得以爆发，学会在绝望中寻找希望。老区中也不乏许多敢为人先，靠自身努力挣脱贫困牢笼的优秀代表。例如湖南某县精准扶贫先进人物，只有初中文化水平，因为家庭经济产业只是以传统的楠竹和杉木为主，产业单一，家庭经济收益

---

① 《建国以来重要文献选编》（第 5 册），中央文献出版社 1993 年版，第 725 页。

少，又缺乏实用的技术，缺乏发展启动资金，导致家庭贫困。但他是一个敢想、敢干、致富路上的带头人。他利用乡政府金融扶贫的政策申请了扶贫贷款，发展茶叶产业并开发新品种，又利用茶叶的增收拓宽养殖产业，发展一系列生态产业链，边学边实践边摸索，最终经过近一年的努力成功实现脱贫。

（二）以"智"提"志"，扶智是扶贫的强力保障

治贫先治愚，扶贫先扶智。做好老区扶贫开发工作，要通过扶智来提升志气，有了聪慧的头脑并掌握一身技能，才会有信心和决心啃下贫困这块硬骨头。当前中央已经作出了明确的决策，国家教育经费继续向贫困地区倾斜，向基础教育倾斜，只有这样才能实现教育强国的梦想。贫困地区的家长大都有靠教育改变家庭现状的想法，但还有相当一部分家长没有意识到教育的重要性，因此没有给予孩子的教育充分的重视，很多家长一心想要孩子尽早就业，补贴家用，导致一些孩子连基础教育也没有完成。所谓穷人的孩子早当家，其结果就是让贫困家庭陷入了低就业、低收入的恶性循环中。

革命老区作为贫困地区的典型代表之一，更是要响应号召，做好扶智。邓小平曾经说过，我们要千方百计，在别的方面忍耐一些，甚至牺牲一点速度，把教育问题解决好。因此革命老区的教育工作，同时要舍得花时间花精力。此外，科学技术也是人类智慧的结晶，贫困落后的老区，要大力引进先进的技术，促进产业结构优化和转型，并培养新时代科技创新型人才，与时俱进。通过教育武装头脑，掌握了真本领，老区人民才会由内而外提升自信，有信心通过自身努力为老区的建设和扶贫添砖加瓦。

（三）"志""智"共进，促进扶贫可持续性发展

从某种程度上来说，"扶志"与"扶智"是重中之重，政府再多的物质与产业扶贫，倘若缺乏"志"与"智"，返贫概率都会很高。只有扶志与扶智并举，才能长远地、有效地、稳定地扶贫，走出一条脱贫的精准之道。不扶志，贫困群众依然是扶而不起、帮而不富、助而不强，所以要从根本上帮他们树立起摆脱贫困的信心和勇气，树立起"不是要我脱贫，而是我要脱贫"的意识。

老区人民只有坚定了信心，树立了正确的思想观念，才能为扶智铺平道路。不扶智，贫困群众依旧思想观念落后，没有实用技能，思想道德和科技文化素质低，空有一腔扶贫的热情也无计可施。"扶智"就像看病把脉，望闻问切后找准病因，对症下药。因此，要坚持精准脱贫，对老区人民必须扶智。

总之，在革命老区精准扶贫的道路上，"扶志"与"扶智"二者互相作用，缺一不可。脱贫既要立下愚公移山的志气，咬定目标、苦干实干，也要授之以渔，用大智慧一步步实现目标。要实现的扶贫是真正意义上让老区人民摘掉贫困帽子，走上可持续发展之路。只有通过志智并扶，才能使老区扶贫的可持续性真正成为可能。

（本文原载于《湖南社会科学》2018 年第 4 期）

陕西省"十三五"移民（脱贫）搬迁安置：背景、思路、重点及效益

白永秀　郭俊华　等[①]

一、陕西省"十三五"移民（脱贫）搬迁安置的背景

"十二五"时期，陕西省以陕南秦巴山区移民搬迁为起点，先后启动了陕北白于山区、关中秦岭北麓三大板块的移民搬迁工程，累计搬迁群众 49.6 万户 174.7 万人，在减灾扶贫、改善民生、促进发展、保护生态等方面取得了良好的成效，对解决"三农"问题、统筹城乡发展、促进农村社会变革、巩固党的执政基础等方面产生了一系列广泛而深远的影响。

[①] 白永秀，西北大学经济管理学院教授、博士生导师，陕西永秀智库经济管理研究院理事长；郭俊华，陕西省区域经济研究会副会长、陕西永秀智库经济管理研究院教授；鲁能，陕西永秀智库经济管理研究院院长、高级经济师；赵梦光，陕西永秀智库经济管理研究院副院长、工程师；王睿，陕西永秀智库经济管理研究院副院长、规划师；闫杰，陕西永秀智库经济管理研究院项目经理、规划师。

（一）避灾减灾工作成效明显

"十二五"时期，全省累计建设集中安置点 3815 个，其中陕北、关中地区 1201 个，陕南地区 2614 个。合理确定安置点选址，坚决避开山梁陡坡、险滩沟壑、塌方沉陷区域，使搬迁群众彻底远离"灾害源"和"危险源"。通过移民搬迁，2015 年全省地质灾害、洪涝灾害伤亡率同比 2010 年分别下降了 80% 和 70%，搬迁群众人身安全得到根本保障，打破了长期以来"受灾—重建—再受灾"的恶性循环。

（二）贫困发生率大幅下降

"十二五"期间，全省累计搬迁贫困人口 28.03 万户 106.9 万人。通过移民搬迁，广大贫困群众吃上了"挪穷窝、移穷业、断穷根"的"扶贫套餐"，通过"一点一策、一户一法"逐户规划致富产业，落实增收措施，配套社会保障，促使移民搬迁地区农民人均纯收入增速始终高于全省 5 个百分点以上，贫困发生率由 2010 年的 33.6% 下降为 2015 年底的 12.4%。

（三）城镇化水平显著提升

"十二五"时期，全省通过科学规划布局，合理推进移民搬迁安置点建设，有效统筹工农业园区、重点镇建设、农村危房改造等工作，将移民搬迁同工业化、城镇化、信息化和农业现代化充分结合，分类引导搬迁群众就地、就近、有序进城入镇，促使陕北、陕南地区城镇化率分别提高了 4.6 和 6.99 个百分点，探索出了扶贫开发与城镇化建设的最优组合模式。

（四）生态环境持续改善

"十二五"期间，全省移民搬迁始终把生态环境保护摆在重要位置，通过移民搬迁，实现了陡坡地退耕还林、还草，缓解了人口和资源的矛盾，有效减少对自然环境的人为侵扰；通过对生活垃圾和污水集中处理，改善了农村面源污染不易控制的局面，为天然林保护、山区生态功能恢复奠定了基础。5 年来，全省累计腾退宅基地 0.26 万公顷（4.03 万亩），其中复垦 0.16 万公顷（2.47 万亩）、还林 0.10 万公顷（1.56 万亩），陕南地区年均治理水土流失 2400 平方公里、植树造林 8.44 万公顷（126.7 万亩），保护了生物多样性和生态主体功能，保障了国家南水北调中线工程的水源安全。

"十二五"期间的全省移民搬迁工作，充分体现了省委、省政府关怀弱势群体、扶助贫困群众、推动共同富裕的政策取向，产生了良好的经济、社会和生态效益，得到了搬迁群众的广泛拥护，为"十三五"全省范围内全面推进移民（脱贫）搬迁工程奠定了坚实基础。

二、陕西省"十三五"移民（脱贫）搬迁安置的思路

以党的十八大和十八届三中、四中、五中、六中全会精神为引领，深入学习习近平系列重要讲话精神，全面贯彻落实省委、省政府关于新时期全省移民（脱贫）搬迁工作的决策部署，以"四个全面"

战略布局和五大发展理念为统领，按照"尊重规律、系统谋划、统筹推进、四化同步、一举多赢"的思路和"搬得出、稳得住、能致富"的总体目标，以易地扶贫搬迁为主，同步推进避灾、生态搬迁，统筹做好其他类型搬迁。将移民（脱贫）搬迁作为全省实现"追赶超越"的重要抓手，作为改善群众生活条件的重大民生工程，作为实现精准脱贫、促进城乡一体化发展的创新举措，协调推动搬迁地区的人口聚居、要素聚合和产业聚集，实现移民搬迁、城乡治理、新型城镇化、美丽乡村建设和生态治理一举多赢，使搬迁群众共享改革发展成果，同步够格迈入全面小康社会。

三、陕西省"十三五"移民（脱贫）搬迁安置的重点任务

（一）精准确定搬迁对象

"十三五"期间，全省计划完成搬迁130.79万户465.62万人，涉及陕西省10个地级市及杨凌示范区、韩城市，共104个县（区）（含宝鸡高新区、铜川新区），其中易地扶贫搬迁涉及10个地级市和韩城市，共97个县（区）（含宝鸡高新区、铜川新区）。陕西省移民（脱贫）搬迁涉及易地扶贫搬迁、同步的避灾搬迁、生态搬迁和统筹的重大工程、城镇化、镇村综合改革等其他类搬迁。搬迁对象中，易地扶贫搬迁指建档立卡贫困人口中确需易地搬迁的农村人口；避灾搬迁指生活在工程措施难以有效消除灾害隐患的地质灾害隐患点、山洪灾害频发和采煤塌陷区，且户籍在当地的农村人口；生态搬迁指生活在省级以上自然保护区的核心区和缓冲区、生态环境脆弱区，对生态环境

影响较大，且户籍在当地的农村人口，包括自然保护区和生态脆弱区两类；其他类搬迁指重大工程建设涉及的搬迁群众，以及城镇化和镇村综合改革等涉及的需搬迁农村人口。在搬迁时序上，易地扶贫搬迁涉及的群众最多、比重最大、任务最艰巨，是首当其冲优先搬迁的对象；其次是直接关系到群众生命财产安全的避灾搬迁。在政策衔接上，根据不同的类型采取不同的移民搬迁政策，主要体现在资金补助、建房面积、责任主体等方面。在统筹安排上，牢固树立共享、互动、融合、双赢的理念，既要防止因搬迁出现空心化，引起非贫困户致贫，又要做好贫困户的插花安置，避免贫困户过度集中。

（二）科学选择安置方式

综合考虑安置用地条件、环境承载力和后续发展空间，合理确定安置规模，坚持以集中安置为主，分类落实集中安置规模要求，促进全省人口聚集、要素聚合、产业聚集，进一步形成规模集聚效应。以市为单位，关中集中安置率不低于90%、陕北不低于85%、陕南不低于80%。鼓励搬迁群众进城入镇，推动移民（脱贫）搬迁与四化同步、城乡一体建设深度融合，以市为单位，城镇安置率陕南不低于60%，其他地区不低于65%。规范分散安置，对不具备集中安置条件的搬迁户，采取插花安置、投亲靠友等方式在有一定聚集规模、基础及公共服务设施条件好、有增收致富条件的地方实施分散安置。建档立卡特困户，采取"交钥匙"工程落实住房兜底保障。"十三五"期间，全省集中安置118.96万户423.68万人，占总安置户数的90.96%；分散安置11.83万户41.94万人，占总安置户数的9.04%。其中，采取"交钥匙"兜底保障7.09万户18.19万人。城镇规划区内安置96.11万户342.89万人，城镇安置率达73.48%。

（三）合理确定安置点布局

根据《陕西省新型城镇化规划》《陕西省主体功能区规划》提出的空间格局要求，以关中城市群和南北交通干线、陕北长城沿线、陕南汉江沿岸城镇带为依托，对全省移民安置点进行规划布局，推动安置点与中心城市、县城、重点镇、农村新型社区一体融合发展，推动形成移民安置和新型城镇化结合的最优模式，切实增强移民安置点的辐射力、渗透力和扩散力。按照主体功能区规划，对移民搬迁安置区资源环境承载、产业支撑、基础配套进行适宜性评价，统筹生产、生活、生态空间，优化安置点布局。在安置点资源环境承载适宜性评价方面，重点从地质环境、土地资源、水资源、交通条件、区位条件5个层面进行评价。在产业支撑适宜性评价方面，重点从安置点周边是否有产业园区、产业园区提供就业岗位数、产业发展潜力等方面进行评价。在基础配套适宜性评价方面，重点从与相关规划的衔接、工程建设需求、安置点人口规模、地域文化特色等方面进行评价。在选址的具体操作中，坚持做到"四避开、四靠近、四达到"原则。

（四）切实加强安置住房及配套设施建设

1.安置房建设

对搬迁对象建立"一户一档"，摸清对象的基本情况和安置意愿，签订搬迁协议，约定安置方式、安置地点、户型面积，按照"先人后房、以户定建"的原则，实施安置住房建设。坚持"实用、够用"原则，严格执行建档立卡易地扶贫搬迁人均住房面积不超过25平方米的红线要求。对鳏寡孤独、残疾人等特困单人户和2人户，纳入幸福院、敬老院等养老机构由民政部门实行集中供养；对有一定劳动能力的特困群众，按人均 20 平方米的标准，由政府集中建房，实行"交钥匙"工程免费提供。对 3 人以上家庭的易地扶贫搬迁户，按照保基本的原则，以人均 20 平方米的标准主推 60、80、100 平方米的户型，最大不超过 120 平方米。避灾、生态及其他类型的搬迁户，在严格执行省定宅基地面积标准及建房补助标准不变的前提下，由搬迁对象根据家庭经济状况，合理确定住房面积。

2. 配套设施建设

按照"小型保基本、中型保功能、大型全覆盖"的原则，完善移民安置点配套基础和公共服务设施。对于小型移民安置点，要按照村民小组标准，完善生产生活基本所需的路、电、水、气、讯等设施；对于中型移民安置点，要按照新建社区标准，在保基本的基础上，完善相关公共服务设施，增加有关服务功能；对于大型移民安置点，要按照乡镇标准，配齐医疗、教育、体育、文化、卫生等基本公共服务设施，服务功能实现全覆盖。根据"缺什么补什么"和"适当预留空间"的原则，在充分利用现有基础服务设施的基础上，同步规划、同步建设公共服务设施。对靠近城镇布局、靠近中心村庄布局的安置点，主要利用和共享现有配套设施。建设布局、规模配置和建设标准，按照国家相关行业标准、技术规范和安置区建设规划执行；围绕移民搬迁安置社区，大力发展特色产业，推动产城融合，吸纳就业、集聚人口。加快发展教育事业，持续实施文化、医疗卫生、社会保障等服务配套，实现基本公共服务均等化。

（五）强化安置区产业支撑

结合迁入地资源禀赋、就业容量、搬迁群众能力等实际，发展特色现代农业、劳动密集型工业、劳务经济、现代服务业等，同步编制科学合理的"一点一策、一户一法"脱贫致富规划，为搬迁群众就地就近就业、发展二三产业创造条件，为落实"搬迁是手段，就业是核心，脱贫是目的""以岗定搬、就业优先"等相关要求提供基础支撑。结合搬迁群众就业发展意愿、劳动力等情况，逐户签订脱贫致富协议，明确产业发展方向、就业培训计划、帮扶具体措施等内容，精准对接岗位供给和就业需求，制定创业就业产业脱贫致富措施，实现"订单搬迁、以岗定搬、迁企融合、搬脱同步"。切实增强搬迁群众自身造血能力，稳步实现搬迁与脱贫衔接、生产与生活同步、安居与乐业统筹，阻断贫困代际相传。

（六）提升安置社区管理水平

以提高搬迁群众生活质量和文明素质为目标，以优化服务为重点，以网格化管理为依托，健全移民安置社区管理网络，创新移民安置社区管理模式，延伸社区公共服务，完善村（居）民自治与多元主体参与有机结合的新型社区共建共享机制，加快建成一批机制健全、管理有序、服务完善、文明祥和的移民（扶贫）搬迁安置社区。

（七）加强土地利用与整治

坚持"应保尽保、节约集约、依法规范"的原则，做好移民（脱贫）搬迁安置房建设、基础和公共服务设施及产业发展等各类用地保障，大力实施土地整治，用好用活城乡建设用地增减挂钩政策，全力保障移民搬迁用地。"十三五"期间，全省移民（脱贫）搬迁用地总面积 1.9943 万公顷（折合 29.91 万亩）。其中新增建设用地总面积

1.4709 万公顷（折合 22.06 万亩，含耕地 16.11 万亩）；宅基地和附属设施用地复垦面积 3.1725 万公顷（折合 47.59 万亩，含新增耕地面积 21.41 万亩）。

（八）加强搬迁安置资金筹措

按照"分类筹措、依规拨付、专户归集、专款专用、封闭运行、强化监管"的原则，管好用好各类移民搬迁资金。其中扶贫搬迁资金统筹做好中央财政扶持资金、发行地方政府债券、承接专项建设基金、承接长期低息贷款以及市县级政府整合资金和建档立卡贫困搬迁户自筹资金等各种资金筹措渠道。

四、陕西省"十三五"移民（脱贫）搬迁安置的效益

（一）社会效益

1. 搬迁群众生产生活方式显著改变

移民安置点基础设施配套齐全，教育、医疗、养老、居住条件良好，生活便利，物质齐备，将从根本上改变搬迁群众的生产生活环境，实现由农村向城镇、由贫穷向小康的突破和迈进。同时，随着居住环境、收入水平和社会交往方式的变化，搬迁群众的生活理念、消费观念也将大幅变化，更加适应现代社会发展趋势。

2. 全省新型城镇化水平大幅提升

"十三五"期间，全省将有 118.96 万户 423.68 万名搬迁群众，通

过进城居住、集镇安置、中心村安置、产业园区安置、旅游景区安置等形式，逐步聚集到中心城市、县城、集镇和中心村，陕南地区城镇安置率将达到60%以上，关中、陕北地区城镇安置率将达到65%以上。

3.社会整体发展更加有序稳定

通过移民搬迁，推动农村居民向城镇转移，通过大力发展劳动密集型、就业主导型产业，使更多群众实现在"家门口"就业，从而促进"三留守"问题的解决。通过对各类搬迁对象融合安置，有利于改善人口结构，避免"贫民窟"的形成，社会整体发展将更加有序稳定。

（二）经济效益

1.搬迁群众收入水平显著提升

通过"以岗定搬、就业优先"，与搬迁群众签订就业脱贫协议，精准对接岗位供给和就业需求，提供创业支持、就业培训，增强就业能力，保证每户至少有一人稳定就业。搬迁群众可以把迁出地的"原有承包地、原有山林地和复垦宅基地"使用权流转给农业经营主体进行集中开发经营，或以折价入股专业合作社和龙头企业等形式，取得土地规模经营收益。

2.搬迁群众消费方式得以转变

移民搬迁后，搬迁群众人均收入水平的增加必将带来搬迁对象消费水平和消费结构的变化。同时，按照"四靠近、四达到"原则选址的集中安置社区，各类信息渠道通畅，周边聚集的商场、超市、娱乐场所和便捷的物流条件，也将逐步影响和改变搬迁群众的消费观念和方式乃至生活观念。

3.搬迁地区土地利用效率显著提升

"十三五"期间，通过对旧宅基地及其附属设施用地进行复垦，可增加有效耕地面积，通过高标准基本农田建设，可使耕地质量得到提升。同时，土地集中带来的农业规模化生产、集约化经营，有利于农业生产成本的降低和农业生产效率的提升。

4.搬迁地区产业支撑能力持续增强

通过移民搬迁和产业发展相结合，带动发展特色现代农业、劳务经济、现代服务业，将实现移民搬迁与现代农业园区、工业聚集区发展的良性互动。通过引进劳动密集型企业，大力发展农产品加工、山林经济、三产服务以及庭院经济、家庭手工业等就业主导型的产业，将使搬迁前主要依靠耕地生存和外出就近务工向发展第二、第三产业进行转变，搬迁地区产业支撑能力将持续增强。

5.搬迁地区经济发展活力持续释放

以集中安置为主的安置方式将带来人口和产业集聚，带动现代农业产业化发展，推动安置区劳动密集型产业快速发展。同时，随着搬迁群众收入水平的提高，以及消费方式、生活方式和思维方式的改变，必将为当地经济发展注入新的活力。

（三）生态效益

1.改善搬迁地区人居环境

通过为移民搬迁集中安置社区统一建设污水处理设施和垃圾处理设施，对生活污水、固体废物统一处理，将从根本上显著改善搬迁群众居住环境，有效避免对河流、空气、农田、森林、植被的污染，改善农村面源污染现状。

2.修复迁出地区生态环境

通过"四避开"的移民搬迁安置点选址，能够使搬迁群众远离自然保护区、生态脆弱区，安置地选址避开基本农田、自然保护区，将从根本上减少对自然环境的人为扰动。此外，通过还林还草生态修复，将促进自然植被的恢复，增强水土保持功能，促进生态系统逐步修复。

3.美化农业生产环境

通过对迁出区土地综合整治，逐步形成"农田成片、路渠配套、排水畅通、绿化成网"的农田结构，单位面积生物量、光能利用率将显著提高，实现路相通、渠相连、林成网，有利于净化空气，降低地表径流，既美化了环境，又保护了生态。

宁夏贫困地区"脱贫摘帽"后产业
可持续发展研究

王国庆　李梦玲　等①

　　产业扶贫是在长期实践中总结出来的纾难解困的重大举措，更是贫困地区产业可持续发展进而实现稳定脱贫的重要途径。2016 年 7 月习近平在宁夏考察时强调指出，发展产业是实现脱贫的根本之策，应因地制宜，把培育产业作为推动脱贫攻坚的根本出路。习近平的这一重要指示标志着宁夏扶贫开发工作已经进入了新时代。宁夏在原有产业扶贫的基础上，积极探索适合宁夏贫困现状的新的发展方式，并倡导以产业带扶贫、扩就业、促增收，深入挖掘和发展扶贫产业的优势，带动更多贫困户彻底摆脱贫困，实现农村居民可支配收入持续增长，脱贫效果十分显著。2019 年末宁夏仅有 1.88 万贫困人口，贫困发生率已降至 0.47%，为 2020 年实现全面建成小康社会目标奠定了坚实的基础。因此，精准扶贫只有与产业发展深度融合，并贯彻落实以产业可持续发展带动脱贫攻坚的发展理念，才能做到产业扶贫可持续发展与乡村振兴的有效衔接。

---

①　王国庆，宁夏大学西部发展研究中心副主任、教授；李梦玲、许萱、田露、刘初脱、吕灿雪，宁夏大学经济管理学院农业经济管理专业硕士研究生。

一、宁夏贫困地区扶贫产业发展现状

（一）特色优势产业发展规模不断壮大

近年来，宁夏围绕特色、高质、高端、高效的"一特三高"现代农业发展方向，秉持"一县一业、一村一品、一户一特"的特色产业发展理念，优先发展特色优势种养业，2018年贫困县（区）特色产业收入占农村居民人均可支配收入的40%以上。宁夏大力发展枸杞、葡萄、红枣、红梅杏、红树莓、苗木（林）等特色产业，重点支持马铃薯、蔬菜（瓜果）、中药材、小杂粮等特色种植业，且已逐步建成以草畜、优质粮油、特色林果、苗木等为主的特色产业体系。2018年，宁夏贫困县区马铃薯种植206.7万亩、玉米种植200.1万亩、瓜菜种植90.2万亩、小杂粮种植156.9万亩、油料种植49.6万亩、黄花菜种植14.8万亩，肉牛饲养量185.2万头、肉羊饲养量1133.5万只、生猪存栏105.5万头。盐池滩羊、西吉马铃薯、中宁枸杞、香山硒砂瓜4种特色农产品生产贫困县（区）被列入中国特色农产品优势产区。

（二）新兴扶贫产业发展势头良好

乡村旅游产业逐渐成为所有新兴产业发展的领头羊，为宁夏扶贫攻坚作出了突出贡献。2018年，宁夏开展"农业＋旅游"扶贫，培训旅游扶贫示范村72个，彭阳县、隆德县被评为国家级休闲农业与乡村旅游示范县，自治区评定休闲示范农庄53个，带动农民就业

8900 人。2018 年，宁夏红色旅游、乡村旅游提质增效较为明显，十大特色产业示范村建设、十大旅游特色街区、十大特色农家乐培育成果显著，旅游服务质量提升"十百千万"工程也圆满收官，全年接待游客和旅游收入分别增长 10% 和 12%。此外，扶贫车间带动贫困户就业能力不断提升。与传统种植、养殖等产业扶贫项目相比，扶贫车间的投资较少、见效较快，具有帮扶面广、风险可控，既能扶"志"又能扶"智"的特点，在解决贫困户就业的基础上，变"输血"为"造血"，带动广大贫困群众持续稳定增收，体现了思路创新、机制创新、方法创新，具有可借鉴、可复制、可推广性。目前，通过创建各类就业扶贫示范基地和扶贫车间，吸纳建档立卡贫困劳动力 2.4 万人，培育和遴选就业扶贫劳动经纪人 1539 名，带动建档立卡贫困劳动力就业 4.2 万人。截至 2019 年 5 月底，全区已建成扶贫车间 199 家，主要分布在各市（区）县的乡、村、移民安置点和扶贫产业园区。

（三）产业融合发展成效显著

贫困地区大力发展农产品加工业，延长产业链条，贫困县（区）新建马铃薯储藏窖 300 座、枸杞烘干房 71 座、果蔬冷藏库 43 座，新建产地保鲜、冷藏、分拣为一体的初加工农产品市场 21 个，贫困县区农产品加工转化率达到 60%。积极培育特色农产品品牌，形成了盐池滩羊、固原黄牛、西吉马铃薯等区域公用品牌 6 个，累计创建中国驰名商标 7 个、宁夏著名商标 55 个，"三品一标"认证 186 个。拍摄 10 集宁夏特色优质农产品品牌专题片，在中央电视台进行广告宣传，盐池滩羊肉成功入选杭州 G20 等专供食材。积极开展农产品产销对接，在全国重点城市建设 31 个宁夏特色优质农产品外销窗口。

此外，银川市兴庆区、中卫市沙坡头区、盐池县、隆德县亦成功跻身于全国一二三产业融合发展先导区。

（四）扶贫产业示范带动能力不断增强

宁夏大力实施"四个一"示范带动工程，2018年打造扶贫示范村109个，引进扶贫龙头企业124家，规范培育扶贫合作社779家，提升发展致富带头人4642名，带动5.4万贫困户发展特色产业。华润集团、伊泰牧业、壹加壹牧业、国隆医药、四丰绿源、中核集团等一批带动能力强的龙头企业，发挥了较好的示范带动效应。例如，海原县华润集团"基础母牛银行"已为7116户贫困户赊销基础母牛21682头；隆德县国隆中药材公司为贫困户垫资发放种子、种苗，以每斤高于市场价0.2元订单回收，带动了87户发展中药材种植。

（五）贫困群众发展技能不断提升

贫困户是扶贫产业可持续发展的受益主体，要想摆脱贫困，提高其自身发展技能最重要，政府在这一方面起到了重要作用。在就业帮扶方面，政府结合实际，大力发展扶贫车间，组织实施了就业扶贫"百千万"行动，就业扶贫示范基地扩增到199个，从业人员10万人次，其中吸纳农村贫困劳动力2.4万人次。通过建立动态就业信息监控系统，按照市场需求和劳动力意愿，建立政府引导、社会参与、市场运作的培训模式以及"企业订单、培训机构列单、培训对象选单、政府买单"的机制，按照"应培尽培"的原则，持续开展"点单式""配送式"培训，仅2018年就培训贫困劳动力

81674 人。同时制定了《2018 年专家服务团队技术帮扶工作方案》《宁夏产业扶贫实用技术指南》，开展举办集中培训班 349 场次，现场入户指导培训人数 8.3 万人。实施新型职业农民培育工程，新建农民田间学校 9 所，培训新型职业农民 8427 人，其中脱贫致富带头人 3479 名。

二、宁夏扶贫产业可持续发展的机遇与挑战

（一）宁夏扶贫产业可持续发展的机遇

1. 乡村振兴战略开始实施

2018 年中央一号文件进一步对实施乡村振兴战略作出了具体部署，同年 2 月，《中共中央、国务院关于实施乡村振兴战略的意见》中明确指出了"乡村振兴，产业兴旺是重点"，这为今后宁夏不断探索产业的可持续发展指出了新的思路，成为宁夏实现产业兴旺的主要依托和实现脱贫富民战略的主要路径。

2. 农村农业改革不断深化

自 2006 年起农业税全面取消，这既减小了农民的农业生产负担，也极大地改善了农村的生产生活面貌，进一步激发了广大农民的生产积极性，推动了农业产业化的发展进程。目前，宁夏已经形成了以出租和转包为主，转让、互换、股份合作及其他流转形式并存的格局，一大批新型农业经营主体成为农村土地流转的参与主体和农业产业化经营的主力军，为农业产业可持续发展奠定了坚实基础。

3.社会各方力量助力脱贫攻坚

闽宁对口扶贫协作不断深化。福建省对宁夏投入财政帮扶资金3.1亿元,全年新建闽宁示范村36个。另外,中央定点扶贫对接多个项目相继落地。9家中央定点扶贫单位高度重视定点帮扶工作,主要领导或分管领导先后多次深入宁夏帮扶县(区)调研指导。

(二)宁夏扶贫产业可持续发展的挑战

1.产业脱贫任务重

在实现扶贫产业真正落地时,不仅需要克服贫困户思想陈旧、龙头企业及种植大户责任意识弱、资金短缺和资源缺乏、体制机制不完善等困难,还要探讨如何实现扶贫产业带动贫困户稳定脱贫以及产业如何可持续发展等诸多问题,扶贫产业发展依然任重而道远。

2.农业生产条件较薄弱

宁夏整体虽具有良好的农业产业发展基础和发展条件,但是深度贫困地区依然面临着环境脆弱、干旱少雨的现实情况,不利于农业产业的进一步发展,更不利于进一步推动现代农业发展。

3.农业基础设施水平低

近年来,宁夏扶贫企业虽引进了大量先进的农业设备和农业技术,但相对于其他农业发达的省份来说,依然比较落后,缺乏推动扶贫产业进一步发展的基础设施条件。宁夏南部山区依山而立,道路蜿蜒曲折,难以满足实际经营中先进设备和农产品运输。加之农产品受时间约束力较强,道路通行困难直接阻碍了农产品的运输和销售,降低了贫困地区的农业产业收入,甚至有可能给扶贫企业和贫困户造成不必要的经济损失,不利于在企业和贫困户之间形成利益联结,间接影响着扶贫企业与农户之间的利益伙伴关系。

三、宁夏扶贫产业可持续发展仍然面临的突出问题

（一）扶贫产业缺乏竞争力

宁夏扶贫产业的开发工作取得了较为显著的成效，但目前的脱贫攻坚是在密集的优惠政策叠加之下，举全区之力、众志成城实现的，因而现阶段的产业扶贫存在着相当程度的不稳定性和脆弱性。

1. 产业发展缺乏统一布局

宁夏扶贫产业还没有根据资源条件和地理优势制定出具有整体性和科学性的规划，没能充分协调和调动各种资源的有效利用，亦没有充分考虑产业布局、区位条件、生产规模、生产要素、产业壁垒、产业发展前景等限制因素，导致个别扶贫产业的发展不可持续。

2. 产业培育处于初级阶段

宁夏贫困地区的产业规划、技术规范、人力资本等措施跟进不够及时，导致县、村级产业发展不稳定且形式单一，没能形成完整的产业链条以支撑产业的可持续发展。而且，现有部分产业发展在很大程度上依靠产业扶持政策，自身抗风险能力较弱。另外，由于宁夏集约化程度较低，宁夏扶贫产业创新能力不足，大多数产品仍处于出售原料或粗加工状态，且种类单一，所得利润偏低，造成了产业带动发展能力较弱的局面。

3. 产业规模需进一步扩大

宁夏在产业发展过程中具有产业多、规模小、市场占有率低等特

点，所生产的产品容易与周边地区雷同，各经营主体之间生产要素的融合又不充分，专业化分工尚不明确，难以根据地域特点准确定位生产主体等因素，也间接影响了农业生产效率和规模效益。

4.产业融合发展程度较低

首先，产品精深加工程度不够，产业链延伸不足。目前，全区贫困县区亿元以上龙头企业仅 5 家，占全区 7.1%，且大部分以生产初级农产品为主，农产品加工转化率仅 60%，比全区总体水平低 4 个百分点。其次，农产品品牌效应不强。除"盐池滩羊肉"品牌价值达 68 亿元外，固原黄牛、六盘山冷凉蔬菜、西吉马铃薯、彭阳辣椒等区域公用品牌知名度还不高。

（二）扶贫产业经营主体缺乏带动能力

扶贫产业在发展过程中，其经营主体缺乏带动能力。

1.扶贫企业经营理念落后

在引入扶贫企业的过程中，有些企业抱着借助扶贫项目获取资金的想法，利用政府的扶贫资金、低利率贷款或税收优惠等政策获取扶贫资金，而没有真正将贫困户的切身利益列入企业发展计划之内，导致贫困户受益微薄，脱贫效果不明显。

2.扶贫企业自身能力不足

大多数龙头企业实力较弱，缺少技术和资金，生产设备相对落后，扶贫企业总体管理机制不健全，管理人才相对缺乏，并且扶贫企业大多缺乏根据市场需求动态调整种植活动的市场敏锐性，不能帮助农户有效规避风险。

3.产业组织化程度不高

目前，扶贫资金重点支持贫困户产业发展，对带动贫困户产业发展的家庭农场、农民合作社、龙头企业等新型经营主体特殊政策支持少，导致新型经营主体参与产业扶贫的积极性不高。另外，龙头企业作为扶贫的重要主力，参与扶贫项目的利润有限，难以满足企业自身发展壮大。

（三）贫困户参与扶贫产业的内生动力不足

贫困户作为脱贫致富的受益主体，参与扶贫产业内生动力不足，阻碍着贫困户摆脱贫困，以及扶贫产业的可持续发展。

1. 贫困户自我发展意识薄弱

尽管宁夏已经完成了从"输血式"扶贫方式向"造血式"扶贫方式的转变，但由于"输血"阶段过长，导致很多贫困户习惯于延续以前对政府扶贫工作的认知模式，养成了"蹲在门口晒太阳，等着政府送小康"的惰性，靠自身参与扶贫产业实现勤劳致富的积极性、主动性不强，脱贫内生动力不足。

2. 贫困户科技素质较低

在种养殖方面，大多数贫困户只懂得遵循历代相传的种植、养殖方式，缺少科学种植、养殖方面的技术培训，当面对外部环境变化导致农作物和畜牧业发生变化的情况时便无法作出相应的生产调整。同时，大多数经营者对新技术的接受能力和学习能力仍普遍存在不足。

3. 贫困户参与扶贫产业积极性不高

原因主要包括：其一，贫困户家庭收入来源有限，主要以种养业和劳务输出为收入的主要来源，且种养业大多投入多而获益少；其二，农村地区人才流失以及劳动力的快速无序转移导致农村人才匮乏。农业活动具有劳动强度大、收益低、生活环境差等特点，因此那些通过提高自身知识能力走出农村的青年人，大多选择扎根城镇，从而导致农村人才大量流失。

（四）扶贫产业利益主体联结不够紧密

产业扶贫涉及行业多、牵涉部门多，当前部门间统筹协调、综合施策的对接机制尚未完全建立。

1. 产业扶贫部门协作机制有待加强

农业农村厅由乡村产业发展处总体牵头产业扶贫工作，但相关行业处、局参与度不高。这在一定程度上影响了产业扶贫工作的持续推进，也影响了已扶持产业的可持续发展。

2. 利益主体地位不对等

在农业产业扶贫进程中，企业和农户是推动其发展的两大利益主体，形成了相互合作却又相互博弈的局面。由于比较利益低下和产品市场信息不对称，导致两大利益主体地位不对等，企业在整个交易活动中占据主导地位，农户的主体地位不断被弱化。

3. 利益联结机制约束力弱

利益联结机制的约束力不强主要表现在扶贫企业和贫困户都具有违约的可能性。违约一方面造成贫困户的切身利益得不到保障，削弱了产业扶贫的经济效益；另一方面也造成了企业赔本扶贫，社会平均利润得不到保障，从而丧失扶贫信心。

四、推动宁夏"脱贫摘帽"后产业可持续 发展的对策建议

（一）进一步夯实产业可持续发展基础

产业可持续发展是稳定脱贫的重要抓手，同时也是实施乡村振兴战略的重要组成部分，为此必须采取强有力的措施夯实产业可持续发展基础。

1. 推进产业扶贫与乡村振兴战略有效衔接

做好顶层设计与微观政策、信息数据、资源要素等方面的优化配置，推动产业扶贫与乡村振兴战略有效衔接。

2. 壮大新型农业经营主体

从培育壮大家庭农场、农民专业合作社、产业化联合体，增强贫困户内生发展动力等方面出发，积极引导小农户多渠道与现代农业对接，推动贫困地区产业可持续发展。

3. 巩固新型农村集体经济制度

推进农村集体产权制度改革，完善土地流转体系，发挥村级党组织对集体经济组织的领导核心作用，从而激发出农村各类要素的潜力与活力，形成发展合力，为扶贫产业可持续发展奠定基础。

（二）不断提升"脱贫摘帽"后产业可持续发展能力

在推动"脱贫摘帽"后产业可持续发展过程中，坚持"宜农则农、宜林则林、宜牧则牧"的产业稳定可持续发展理念。

1. 深入贯彻绿色发展新理念

加强宣传绿色发展理念，强化责任意识，继续完善生态保护补偿机制，将产业脱贫与生态脱贫有机融合，实现农业生产绿色可持续发展。

2. 发展特色优势产业

立足当地资源禀赋，坚持"宜农则农、宜林则林、宜牧则牧"的产业稳定可持续发展理念，科学分析产业发展前景，全力打造能够帮助贫困户脱贫致富的区域特色优势产业，合理扩大产业规模，提高产业效益。

3. 实现扶贫产业之间协调发展

延伸产业链，积极推动一二三产业融合发展，重点发挥充分利用本地特色资源的"扶贫车间"示范作用，加快新型产业的培育、发展和融合，促进贫困户持续增收。

（三）逐步完善农业社会化服务体系

随着大量新兴扶贫产业的兴起和新型农业经营主体的发展，不论是生产、经营还是管理，在各个环节都对参与者提出了更高的要求。

1. 完善新型职业农民培训体系

加强人力资源开发，进行线上线下融合培训，加强技术跟踪服务，不断提高贫困户自身素质，提升贫困户学习能力。

2. 加快构建人才体系

通过政策倾斜聚集人才，用集体经济股权吸引人才，在贫困村建立层级管理和日常联系机制，激发农村产业发展新活力，为扶贫产业发展注入新鲜血液。

3.鼓励农业科技创新

加大科研投入，加快产业技术升级，建立市场化运作、专业化服务的农业技术推广体系，提高农产品的市场占有率和核心竞争力。

（四）大胆创新产业扶贫金融体系

实现贫困户稳定脱贫离不开产业的培育，而产业可持续则需要获得充足的资金支持。因此，创新产业扶贫金融体系，发挥扶贫资金的"造血"功能，是目前产业可持续发展的重要环节。

1.拓宽资金整合渠道

用好、用足、用活中央与地方政府划拨的各类财政扶贫资金，鼓励各类资本市场主体参与投资扶贫产业，发展多元化融资方式，把产业发展急需的资金集中捆绑使用，发挥扶贫资金的"造血"功能，夯实扶贫产业发展的基础。

2.健全农业保险体系

提高扶贫产业参保率，积极开发多种保险形式，构建区域农业再保险公司，完善农户信用评级体系，减少自然风险影响，切实保障农民利益，减轻直接农业补贴带给政府的巨大财政负担，为产业的可持续发展保驾护航。

3.完善农业补贴体系

建立规范的扶贫产业补贴标准，调整农业补贴对象，提高补贴的实效性，推进农业补贴的转型升级。

（五）全面建立各方利益联结机制

实现产业的可持续发展必然需要各主体间形成长久而有效的利益

关系，应创新发展多种利益联结模式，从而促进产业更好更快发展，帮助贫困户增加收入。另外，将收入水平略高于建档立卡贫困户群体逐步纳入扶贫对象也成为解决相对贫困的重要环节。

1. 推广多种利益联结模式

通过政策、资产、工资、订单合同、股份合作等形式的收益联结机制，促进扶贫产业主体之间形成长效的利益联结方式。

2. 建立扶贫企业、扶贫车间监督管理机制

加快建立现代企业管理制度，规范扶贫企业、扶贫车间相关行为管理。

3. 建立制度约束机制

建立贫困户利益分配机制，确保贫困户的相关利益；建立风险防范机制，从而最大限度地降低产业发展过程中的自然风险和市场风险；落实监督控制机制，进一步推动"脱贫摘帽"后产业稳定可持续发展。

五、结论

习近平指出："脱贫摘帽不是终点，而是新生活、新奋斗的起点。"[1] 本文在综合分析宁夏扶贫产业发展现状、存在问题的基础上，从进一步夯实产业可持续发展基础、不断提升"脱贫摘帽"后产业可持续发展能力、逐步完善农业社会化服务体系、大胆创新产业扶贫金融体系以及全面建立各方利益联结机制等方面提出了推动"脱贫摘帽"后产业可持续发展的相关对策建议。同时认为，绝对贫困问题即

---

[1] 习近平：《在决战决胜脱贫攻坚座谈会上的讲话》，人民出版社 2020 年版，第 12 页。

将得到彻底解决，而相对贫困问题亦将成为今后研究的重点内容。为此，今后将重点关注收入水平略高于建档立卡贫困户这一相对贫困群体的生产生活发展，为实现脱贫攻坚与乡村振兴战略有效衔接尽绵薄之力。

精准扶贫的"宁德模式"

叶兴建①

20世纪80年代末以来，宁德市干部群众坚持习近平倡导的"滴水穿石"闽东精神、"弱鸟先飞"进取意识、"四下基层"工作作风，把摆脱贫困放在重要位置。通过大念"山海田经"、推进城乡融合，并创新形成"造福工程"、小额信贷等扶贫模式，久久为功，初步形成扶贫开发的"宁德模式"。党的十八大以来，宁德市继承以往的扶贫经验，认真贯彻精准扶贫、精准脱贫战略思想，形成了精准识别、精准帮扶、精准管理的新局面。通过落实"六到户""六到村""四到县"分层推进措施实现扶贫开发工作全面精准。注重精神引领作用、因地制宜开发、政府市场社会合力等是宁德市精准扶贫的基本经验。宁德市精准扶贫实践充分说明，萌芽于宁德的习近平扶贫论述是扶贫开发工作的根本遵循。

---

① 叶兴建，厦门大学马克思主义学院副教授。

一、宁德市扶贫开发的历程

（一）20 世纪 80 年代，以解决温饱为基本任务

宁德市有计划的扶贫开发始于 20 世纪 80 年代中期。该时期的扶贫被形象地称为"输血式扶贫"（"救济式扶贫"），即以采取送钱送物为主，对尚未解决温饱问题的农民个人与家庭进行救助。20 世纪 80 年代末，习近平担任地委书记以后，大力提倡因地制宜和扶贫扶志，大唱"山海田经"，基本解决了绝大多数贫困人口的温饱问题。

（二）20 世纪 90 年代，以脱贫致富奔小康为工作主线

在此期间，国家明确提出开发式扶贫的方针，倡导和鼓励贫困地区的贫困农户在国家必要的帮助下，逐步形成自我积累、自我发展的能力，在劳动过程中发展生产，创造财富，解决温饱问题。宁德市以国务院批准闽东为"开放促开发扶贫综合改革实验区"为契机，坚持以开放促开发，精心组织八七扶贫攻坚，在福建省率先开展"造福工程"，采取"抓两头带中间"超常规发展措施。

（三）2001—2012 年，以全面建设小康社会为目标

新世纪头 12 年，宁德市按照《中国农村扶贫开发纲要（2001—2010 年)》《中国农村扶贫开发纲要（2011—2020 年)》的精神，坚持

开发式扶贫方针，以经济社会发展薄弱乡村为主战场，以贫困和低收入人口为主要帮扶对象，除继续推进前期的"造福工程"搬迁扶贫外，还认真组织整村推进扶贫、小额信贷扶贫、技能扶贫等，形成综合开发扶贫的态势。

（四）2013 年以来，以全面建成小康社会为目标

党的十八大以来，宁德市继承以往的扶贫经验，全面学习贯彻习近平提出的精准扶贫、精准脱贫方略。通过大力推行精准扶贫"六六四"工作机制[①]，形成了精准扶贫的新局面，脱贫攻坚成效显著，进一步丰富了"宁德模式"的内涵。

二、宁德市扶贫开发的主要措施

（一）传承思想，咬定开发

1988 年至 1990 年，习近平任宁德地委书记期间，把脱贫致富工作放在极其重要的位置，坚持走发展"大农业"路子，大力倡导"滴水穿石"的闽东精神、"弱鸟先飞"的进取意识、"四下基层"的工作作风，组织"经济发展大合唱"，大念"山海田经"，带领宁德市人民艰苦创业，矢志摆脱贫困，掀开了扶贫开发事业的新篇章。此后，

---

① "六六四"，即干部帮扶、龙头带动、造福搬迁、信贷扶持、能力培养、社会保障"六到户"；领导挂钩、项目资金、扶持村集体经济、龙头企业结对帮扶、基础设施和公共服务配套、党建扶持"六到村"；资金扶持、山海协作、交通改善、城镇化推进"四到县"。

宁德历届党委政府始终传承总书记当年的好传统好作风，始终把摆脱贫困放在重要位置，一任一任接着干，一年一年持续抓，不断推进扶贫事业。

（二）融入融合，协调开发

宁德市扶贫开发的又一重要特点是把扶贫开发融入"三农"工作、产业发展、城镇化、美丽乡村建设中，通过扶贫开发促进脱贫致富，促进城乡协调发展，也促进区域可持续发展。

宁德市集中力量大力扶持发展水果、食用菌、茶叶、水产养殖等产业。统计数据显示，1985年以来全市水果、食用菌、茶叶、水产养殖产量大增（见表1）。在此过程中，闽东打造了10多个农产品"全国之乡"品牌和50多个国家地理标志保护产品。著名的如古田的食用菌、柘荣的太子参、福鼎的白茶、福安的葡萄、霞浦的水产品等。据统计，全市农民50%以上的收入、贫困户60%以上的收入来自农业特色产业。

表1 宁德市产业发展变化

（单位：万吨）

产　业	1985 年	2015 年
水果	1.07	41.00
食用菌	2.03	17.85
茶叶	1.11	9.30
水产养殖	9.99	88.60

资料来源：宁德市农业局。

绿水青山就是金山银山，宁德市域内到处是青山绿水，自然风光优美。在扶贫开发过程中，宁德市注重依托景区，结合新农村建设和美丽乡村建设，打造乡村旅游品牌，以旅游带动农产品销售和家庭手工业、交通运输业、住宿餐饮业等相关产业发展，提高农民二、三产业经营收入水平，带动贫困户脱贫。以"中国扶贫第一村"赤溪村为例，2005年开始，赤溪村立足生态，依托太姥山景区，利用九鲤溪旅游资源，先后引进万博华、枫林园艺、耕乐源等旅游公司及专业合作组织，投入7800多万元进行畲族特色旅游景点开发建设，致力于发展景区依托型乡村旅游，现已建成系列农业观光体验游产品，发展农业观光体验游。赤溪村的旅游业及延伸产业促进了村民增收，赤溪村农民人均纯收入从2009年的3200元增加到2015年的13649元。村财政收入保持稳步增长，从原来负债10多万元增加到2016年的50万元。

（三）聚焦难点，专项开发

为解决"一方水土养不活一方人"的深度贫困问题，宁德市在20世纪90年代初即开始探索搬迁扶贫之路，为全国的搬迁扶贫开了先河。习近平在宁德和福建主政期间，宁德市造福工程主推"农村茅草房改造"和"连家船民上岸定居"，省委省政府、宁德市委行署先后制定出台一系列优惠政策。其中，1996—1997年重点解决了2104户7701人农村茅草房改造，1997 -1999年完成了4723户19378人连家船民上岸定居任务，基本结束了连家船民漂泊海上、居无定所的历史，此后，宁德市继续弘扬"弱鸟先飞、滴水穿石"的闽东精神，沿着习近平当年扶贫、脱贫的工作思路，持续推进宁德市造福工程向"整村搬迁、集中安置"阶段提升。

宁德市在金融扶贫方面成效显著，已成为金融扶贫的典型范例。福安市、霞浦县分别于2001年、2003年成立了农户自立服务社，屏南县于2007年成立小额信贷促进会，古田县于2015年成立民富中心，寿宁县于 2017 年成立民富中心。当地政府通过"政府搭台、金融参与、社会管理、市场运作"模式，引入社会企业机制，实施组织创新，促进土地、资金、劳动力等生产要素的合理流动与优化配置，实现金融扶贫的供给侧结构性改革。

宁德市高度重视老区社会经济发展和脱贫致富工作，通过健全扶持机制、加强基础设施建设、发展特色经济、提升社会保障水平等措施，开展老区扶贫攻坚，加快老区小康建设。习近平指出，"我们的事业方方面面，千万不能漠视少数民族事业这一重要方面。这是一个原则，基于这个原则，我们有必要深刻地思考关于促进少数民族共同繁荣、富裕的几个问题"①。宁德市始终牢记习近平"一个都不能少，一个都不能掉队"的重要指示，把少数民族畲族脱贫和发展作为第一要务，创新工作思路，加大扶持力度，精准发力，通过发展特色产业，建设特色村寨，传承特色文化，为少数民族群众如期实现全面小康奠定了基础。

（四）产业就业稳定脱贫

宁德市对产业就业稳定脱贫采取了针对性对策措施，形成了良好机制。宁德市着力打造产业脱贫机制。一是特色农业带动。宁德市在"两带一区"农业发展布局和大力推进"茶乡、菌都、药城、果竹与水产大市"的现代农业总体布局中统筹推进产业扶贫工程。二是引导龙头拉动。通过"龙头企业（或农民专业合作社）＋村党支部（扶贫工作队）＋贫困户"的形式，提高贫困群众的生产组织化、规范化程度，将贫困群众迅速纳入产业链，减少小农经济给贫

---

① 习近平：《摆脱贫困》，福建人民出版社 1992 年版（2019.10 重印），第 115 页。

困户带来的风险；加强正向引导，从 2015 年开始，每年开展"精准
扶贫示范社"评选认定，激发社会经济组织带动贫困户发展生产的
积极性，引导 333 家农民专业合作社带动贫困户 1680 户 4525 人，
实现户均增收 4917 元，其中，90 家合作社被确认为精准扶贫示范
社，带动贫困户 956 户，得到了市县两级财政每社 10 万元奖励；累
计引导 137 家农业龙头企业带动贫困户 632 户 2735 人，实现户均
增收 5703 元；累计引导 321 个家庭农场（生产大户）带动贫困户
871 户 2667 人，实现户均增收 2628 元。三是路径创新促动。各地
积极探索"三变"路径（资源变股权、资金变股金、农民变股民），
探索盘活农村资源，积极发展电商扶贫等精准扶贫新路子，带动贫
困户脱贫。目前，80%的贫困户都落实了一个以上的农业生产经营
项目。

就业稳定脱贫机制的建设，一是加强贫困户劳动力就业培训，二
是引导劳动力"走出去"，三是充分挖掘和发挥本地一、二、三产业
在农业增效农民增收中的潜力和作用。宁德市利用工业化、城镇化加
速推进的有利时机，依托工业园区、农产品聚集区，根据工业企业、
农业龙头企业用工需求，有针对性地开展面向本地农民就业的"订单
式"培训，提高农民职业技能，搭建畅通便捷的就业服务平台，促进
农村劳动力就近转移、就地就业，大幅度提高农民的域内务工收入。

（五）构筑社会安全网

宁德市加大了农村社会保障力度，努力建设覆盖城乡居民的社
会保障体系，重点推进养老、医疗保险全覆盖。2017 年，宁德市将
农村居民最低生活保障标准提高到 3050 元，超过 2017 年度的国定
贫困人口标准线，目前，全市共有 1.12 万农村贫困人口纳入农村

低保。

宁德市大力开展"资医助学"工作,医疗方面,推广全民低成本健康"海云工程";教育方面,2016 年共有 27103 名家庭经济困难学生获得国家助学金和相关免学费等补助 5547.684 万元,其中,普通高中建档立卡家庭经济困难学生免学费 1758 人、140.64 万元,全日制中职学校学生免学费 12012 人、2735.64 万元;生源地信用助学贷款受助大学生 21177 名,发放贷款金额达 1.382 亿元,总量连续 8 年居全省首位。

在加大医疗扶贫力度、健全医疗保障体系方面,霞浦县已出台了相应措施,主要做法:(一)重大疾病救助。霞浦县政府于 2016 年制定出台《霞浦县建档立卡贫困户大病救助工作实施方案》,以全县户籍人口 55 万人为基数,按每人每年 7 元筹集资金 380 万元,列入扶贫基金管理。对年度住院和门诊特殊病种医疗结算总费用个人支付部分 1 万元至 3 万元、3 万元至 5 万元、5 万元以上的,分别按 50%、60%、70% 的比例予以补助;建档立卡贫困户精神病患者医疗费个人支付部分有正式发票的全部予以补助,最高封顶补助不超过 10 万元。今年上半年已上报 114 例,发放补助资金 280 多万元。(二)医疗新农合保障。2017 年对贫困户参加医疗新农合个人缴费部分(150 元)由县政府给予全额补贴。2016 年建档立卡贫困人口共 15020 人,获参保补助资金 220 多万元。(三)办理女性安康险。为全县建档立卡的年龄在 30—60 周岁的女性(共 2817 人)购买一份 100 元安康保险。重大疾病者,最高可报销 4.5 万元。(四)慢性疾病救助。贫困人口得慢性疾病长期服药,无法纳入大病救助的,按病因病情给予适当药费补助。

三、宁德市扶贫开发的成就

（一）贫困率大幅下降

宁德市扶贫开发成就明显，贫困面大幅下降，贫困人口从 1985 年的 77.5 万人下降到 2012 年的 16.78 万人和 2016 年的 7 万多人。贫困发生率从 1985 年的 31%下降到 2012 年的 5.9%及 2016 年的 2.1%（见表 2）。到 2017 年底，全市只有 668 人未稳定脱贫，贫困发生率降到 0.028%，解决了区域性贫困问题。

表 2　1985—2016 年宁德市贫困人口的变化

时间	贫困标准	贫困人口（万）	全区人口（万）	贫困人口占全市人口的比率（%）
1985 年	人均收入 160 元以下	77.5	249.33	31.2%
1990 年	200 元	60	290.09	20.7%
2000 年	865 元	30	323.6	9.2%
2012 年	2300 元（2010 年不变价）	16.78	284	5.9%
2016 年	国定贫困县 3026 元 省定贫困县 3707 元	7.3247（其中国定对象 3.84 万人，省定对象 3.507 万人）	352.24	2.10%

注释:2012 年贫困人口是 2016 年贫困人口加上 2013 年（脱贫 2.5 万人）、2014 年（脱贫 3 万人）、2015 年（脱贫 3 万人）、2016 年（脱贫 3.98 万人）脱贫人口数的结果。
资料来源：宁德市农业局扶贫办、宁德市统计局。

（二）社会经济发生巨大变化

首先，经过长期的扶贫开发，宁德市农村人口经济收入水平发生明显变化。表3显示了宁德市农民人均纯收入的提高过程。其次，人民群众的生产生活条件发生明显变化。以"造福工程"搬迁户为例，他们一般都在市郊、镇区、中心村或交通便捷、人口集中、生产生活方便的主村，水、电、路、通讯、光电等公共基础设施和就医就学问题基本上都得到了解决。再次，通过扶贫开发，促使贫困人口形成勤劳致富的习惯和斗志，学文化、学技术的理念得到提升，精神面貌发生变化。通过对茅草屋畬民下山的改造与连家船民上岸的帮助，民族关系得到改善。最后，通过扶贫搬迁的"换血"和综合开发的"造血"帮助，贫困地区原有格局发生明显变化。

表3 1985—2016年宁德市农民人均纯收入的变化

时间	农民人均纯收入	占全国平均水平的百分比	占全省平均水平的百分比
1985年	329.65元	83%（397.17元）	83.1%（396.45元）
1990年	603.54元	95%（630元）	79%（764元）
2000年	2850元	128.5%（2253元）	88.2%（3230元）
2014年	11302元	107%（10489元）	89.3%（12650元）
2016年	13516元	109%（12363元）	90.1%（14999元）

资料来源：宁德市农业局扶贫办。

（三）形成扶贫开发"宁德模式"

宁德市扶贫开发的成就还表现在形成了对其他地区有启发意义的

"宁德模式"。该模式的精神内核就是习近平主政宁德期间所倡导的"弱鸟先飞"意识、"滴水穿石"精神、"久久为功"态度和"四下基层"作风。具体内涵就是因地制宜，在贫困地区发展独具优势的特色产业促进群众增收；把脱贫致富融入"三农"工作、城镇化建设；通过专项扶贫解决特殊贫困，如通过"造福工程"给贫困人群赋权解决生存困境，通过组织机制创新推进普惠金融，给贫困户提供融资便利等。"宁德模式"的本质即从贫困对象的实际出发，实施精准帮扶。

四、宁德市精准扶贫的基本经验与启示

（一）基本经验

1.因地制宜

摆脱贫困，"必须探讨一条因地制宜发展经济的路子"①。长期以来，宁德市干部群众正是以此为指导，逐步走上脱贫致富道路的。首先，根据区域实际，大胆推进产业转型，发展特色产业，发挥地方后发优势，在实现产业就业稳定脱贫上有成效；其次，结合国家政策，根据实际，地方政府大胆作为，通过推进"造福工程"赋权予民，创新小额信贷普惠金融，促进城乡融合发展，建构扶贫开发长效机制；再次，传承传统，创新科学扶贫、精准脱贫"六六四"模式，把群众脱贫与贫困县、贫困村发展结合起来。

---

① 习近平：《摆脱贫困》，福建人民出版社 1992 年版（2019.10 重印），第 6 页。

2. 激发内生动力

脱贫致富，离不开人的精神作用。习近平强调，"要把脱贫与农村社会主义精神文明建设结合起来"[1]。脱困，既要从物质上因地制宜，谋求发展，更要从精神上摆脱贫困意识。广大干部群众思想上不脱贫，脱贫工作难以主动有力地进行，脱贫成效也很难巩固持久。"扶贫先扶志"，广大党员干部要先做到。广大干部始终坚持传承和弘扬"滴水穿石"精神、"弱鸟先飞"意识、"四下基层"作风，久久为功推进精准脱贫，是宁德市脱贫攻坚取得成效的又一基本经验。

3. 凝聚合力

在长期的扶贫过程中，宁德市逐步形成了行业扶贫、专项扶贫、社会扶贫等多方力量、多种举措有机结合和互为支撑的大扶贫格局。例如，在山海协作上，宁德市通过内引外联，一手从外部接力，一手从内部做起，形成了多层次的对口帮扶格局。连续28年与福州、莆田、三明、南平等开展闽东北五地市经济协作，连续16年与福州的长乐、福清、晋安、苍山等市（区）开展山海协作。以霞浦县为例，自2015年以来，省委统战部、省船舶公司、福州海关、省台联、省贸促会和晋安区等相关单位领导先后多次深入霞浦县对接落实对口帮扶工作，全力推进帮扶项目建设。下党村则与泉州蓉中村进行多方面合作，推进党建扶贫和"定制茶园"等产业发展。

（二）主要启示

宁德市广大干部在扶贫开发过程中，密切联系群众；坚持"因地制宜""分类指导"；关注群众的积极性和自我发展能力的提高，重视

---

[1] 习近平：《摆脱贫困》，福建人民出版社1992年版（2019.10重印），第8页。

贫困地区的产业发展培育；加强党的领导和农村基层党组织建设；重视扶贫机制的建立和完善。所有这些说明，宁德扶贫成就最根本的是以习近平扶贫论述为根本遵循，同时也表明习近平在宁德工作时的扶贫思想与担任总书记后提出的扶贫思想一脉相承。

（本文摘自《精准扶贫的"宁德模式"》，厦门大学出版社 2018 年版）

中国脱贫攻坚调研报告——延安篇

燕连福　李新烽①

　　延安这片革命圣地，曾经黄沙漫天、荒凉贫瘠，多次被联合国教科文组织称为"不适合人类居住的地方"。在中国特色扶贫开发道路的指引下，在延安精神的照耀下，延安坚持精准扶贫、精准脱贫的基本方略，彻底摆脱了困扰延安人民千百年来的绝对贫困问题。2018年底，延安市693个贫困村，19.52万贫困人口脱贫摘帽。2019年5月7日，陕西省人民政府宣布，延安市延川、宜川两县脱贫摘帽，延安实现整体脱贫。

一、延安减贫经历了4个阶段

　　从20世纪30年代到今天，延安的减贫步伐从未停歇，延安的发展不断改变模样。延安经历了1935—1949年中共中央落脚延安时

---

① 燕连福，西安交通大学马克思主义学院院长、教授、博士生导师；李新烽，中国非洲研究院常务副院长，中国社会科学院西亚非洲研究所所长、研究员。

期的减贫实践、1949—1978 年新中国成立初期的减贫实践、1978—2012 年改革开放以来的减贫实践，以及 2012 年至今新时代以来的精准脱贫实践 4 个阶段。

（一）1935—1949：中国共产党带给延安希望

1935 年 10 月，红军长征从江西瑞金一路到达陕北后，非常重视延安地区贫穷落后问题。通过进行大生产运动、开办窑洞合作社、响应毛泽东发出的"自己动手，丰衣足食"的号召，开启了一系列伟大探索，为延安带来新的生机。同时，中国共产党在延安建立了中国人民抗日军政大学（简称"抗大"），招收中国工农红军高级干部，吸引了大批爱国青年从中国各地来到延安，为建设延安增加了新的动力。

（二）1949—1978：新中国使延安换新颜

1949 年 10 月，中华人民共和国成立，延安开始了经济社会全面发展之路。在农业方面，延安发展水利事业，防御自然灾害；推广"两法"种植，有效提高粮食产量，农业得到了初步发展。在工业方面，延安工业发展以"突出石油，抓住化工，发展建材，搞活轻工"为策略。一项项措施的落实给延安的工业松了绑、插了翅，延安市的工业迅速走出低谷，产值、利税同步快速增长，连年跨上新的台阶。

（三）1978—2012：改革开放唤醒延安活力

1978 年沐浴着改革开放春风的延安，积极发展交通运输业，摆脱了交通闭塞的历史；掀起波澜壮阔的"绿色革命"，发展了生态农业；调整了工业结构，扭转了工业亏损。从改革开放到2012年党的十八大前，延安人民发扬延安精神，调整经济结构，深化体制改革，推动农业生产，转型工业体系，在提升经济发展水平的同时打造绿色生态环境，延安人民在黄土地上大步流星地创造着新的辉煌。

（四）2012至今：新时代延安精准扶贫路

新时代的延安人民，传承延安精神，积极推动经济发展方式转型，实施精准脱贫方略，推进"八个一批"工程，加强生态文明建设，推进乡村振兴战略等一系列脱贫攻坚举措，有效促进了延安人民群众脱贫致富。延安的生态环境、城镇建设发生了翻天覆地的变化。

二、延安减贫交上6份答卷

延安坚持以脱贫攻坚统揽全市经济社会发展大局，用延安精神建设新延安。在解决区域贫困、增强经济实力、改善基础设施、提升脱贫能力、实现整体蜕变、提高可持续发展能力6个方面，延安交上了让人民满意的答卷。

（一）区域贫困整体解决

延安，这个承载着中国革命希望，铭记着中国共产党初心和使命的圣地，终于实现了世世代代以来梦寐以求的丰衣足食的愿望，成为陕西省率先实现区域性整体脱贫的地级市，成为中国革命老区较早实现整体脱贫的地级市。

（二）经济实力显著增强

自脱贫攻坚开展以来，延安人民传承延安精神，积极发展林果、养殖、棚栽、旅游、文化等特色优势产业，推动了延安地区经济实力的不断增强。这主要体现在延安地区生产总值[①] 和农民人均收入两个方面。延安地区生产总值由 2015 年的 1198.63 亿元[②] 增加到 2019 年的 1663.89 亿元[③]，是原来的 1.4 倍，延安经济实现飞跃式发展。延安农民人均可支配收入突破 1 万元，年均增幅保持在 8% 以上。[④] 延安农民的收入高于陕西省的平均水平，达到了中等偏上收入国家的水平。

（三）基础设施全面改善

基础设施落后是制约延安地区经济发展，导致老区人民长期处于贫困线以下的重要原因之一。自 2015 年以来，为了改善延安人民的生活环境，延安市加大了农村基础设施投入力度。5 年来，在延安各级政府和延安人民的共同努力下，延安农村贫困地区修上了水泥路，喝上了自来水，用上了动力电，生活过得越来越甜美。

---

① 地区生产总值，又称地区 GDP，是指本地区所有常住单位在一定时期内生产活动的最终成果，地区生产总值等于各产业增加值之和。
② 延安市统计局网：《2015 年延安市国民经济和社会发展统计公报》，2016 年 3 月 31 日，见 http://tjj.yanan.gov.cn/index.php?m=content&c=index&a=show&catid=15&id=2408。
③ 延安市人民政府网：《2019 年延安市经济运行总体平稳》，2020 年 2 月 10 日，见 http://www.yanan.gov.cn/gk/tjxx/tjfx/409350.htm。
④ 延安市统计局网：《延安市国民经济和社会发展统计公报》（2015—2019 年），见 http://tjj.yanan.gov.cn/index.php?m=content&c=index&a=lists&catid=15。

（四）贫困户脱贫能力提升

自脱贫攻坚开展以来，延安把提升贫困群众脱贫能力作为脱贫工作的重点之一。依托能力扶贫，提升了贫困户的种植管理能力，改变了过去依靠政府救济的生活方式。依托产业扶贫，提升了贫困户的产业发展能力，改变了过去靠天吃饭的苦日子。依托智志双扶，提升了贫困户的自力更生能力，改变了过去"等、靠、要"的懒散观念。

（五）延安整体旧貌换新颜

脱贫攻坚，让延安实现了由黄到绿、由穷到富、由传统到现代、由封闭到开放的根本性转变。在生态建设方面，截至 2018 年，延安森林覆盖率由 33.5％增加到 52.5％，植被覆盖度由 46％提高到 81.3％，[①] 成功实现了由黄转绿、由浅绿到深绿的历史性巨变；在致富产业方面，延安全面扶持有劳动能力的贫困户发展林果、棚栽、养殖等产业，做到了户户有扶持资金、有发展项目、有增收产业；在农业转型方面，延安以现代农业示范园区带动优质农产品基地建设，以新型农业经营主体带动农户发展，成功实现了从传统农业到现代农业的历史性大跨越。

---

① 《从黄土满坡到秀美山川——延安市退耕还林调研》，《延安日报》2019 年 12 月 9 日。

（六）可持续发展能力增强

在城乡融合发展方面，延安积极推进城乡一体化的进程，通过实施民生"八大工程"①，让延安农民拥有了和城镇居民一样的发展机会；在产业平衡发展方面，延安紧紧围绕国务院办公厅发布的《关于推进农村一二三产业融合发展的指导意见》，以做强一产、做优二产、做活三产为目标，构建农业与二三产业交叉融合的现代产业体系；在县域经济均衡发展方面，延安积极推动延安2区1市10县的经济保持均衡较快增长，进一步推动全市实现经济转型高质量发展。

三、延安扶贫的7个有效举措

新时代以来，延安脱贫致富的"法宝"可以概括为7个方面：扶贫组织工作有力、精准施策扎实推进、扶贫资金有效融合、产业扶贫全面开花、生态扶贫绿山富民、社会扶贫凝聚合力、精神扶贫拔掉穷根。依托这些有效措施，延安坚决打赢脱贫攻坚战，推动实现人民对美好幸福生活的向往和追求。

（一）组织扶贫工作："四级书记"共抓扶贫

延安作为地级市，根据党中央"五级书记"一起抓扶贫的要求，

---

① 民生"八大工程"：教育工程、就业和再就业工程、公共卫生工程、社会保障工程、住房保障工程、农村基础设施建设工程、公益性文化体育设施建设工程、城乡社区服务体系建设工程。

作出了市、县、乡、村"四级书记抓扶贫"的工作部署。从市委书记、市长，再到各区县、各乡镇党政主要负责人，通过抓脱贫规划部署、脱贫攻坚十项重点工作、脱贫责任分工、脱贫队伍建设等工作重点，做到目标明确、任务明确、责任明确、举措明确。对标"两不愁三保障"的标准，按照"村村过硬、户户过硬、全面过硬"的要求，确保延安地区所有贫困人口同全国人民一起进入全面小康社会。

（二）推进精准扶贫：围绕"四个问题"扶贫

延安贯彻中央精准扶贫、精准脱贫基本方略，紧紧围绕"四个问题"推进脱贫攻坚。在"扶持谁"的问题上，通过建档立卡把贫困户找出来，通过数据清洗核实精准把握贫困户信息，通过建立手机APP，精准把握贫困人口信息状态；在"谁来扶"的问题上，扶贫干部是帮扶主体，贫困群众是脱贫主体，社会各界是帮扶力量；在解决"如何扶"的问题上，根据中央提出的精准扶贫"五个一批"脱贫工程，进一步细化确定了"八个一批"脱贫工程；在"如何退"的问题上，通过设定时间表、留出缓冲期，实行严格评估、逐户销号，确保脱贫成效经得起历史和人民的检验。

（三）融合扶贫资金："三类"资金盘活产业

在脱贫攻坚过程中，延安市灵活高效运用扶贫资金，撬动当地经济和产业的发展。在资金投入上，通过财政扶贫基金投入、金融扶贫资金投入以及发挥互助金资金作用，为扶贫提供保障；在资金的使用上，加强涉农资金整合、创新资金运作模式，培育和支持特色产业发展。同时，延安市以农业现代化为发展方向，深入推进以"资源变资产，资金变股金，农民变股东"为主要内容的"三变"改革。成功打造出了"三变＋现代果业""三变＋特色种养""三变＋乡村旅游"等一批"三变"改革样板村，有效实现了农民增收、农业增效和农村繁荣的目标。

（四）推进产业扶贫：从"无中生有"到"冷中生热"

延安牢固树立"户户有增收项目、人人有脱贫门路"的目标，以"无中生有，有中生新，冷中生热"为策略。一方面大力发展休闲农业、光伏产业、新能源产业和电子商务等新兴产业，实现就地就近创业就业，全方位拓宽群众脱贫增收路径；另一方面，全市因地制宜，确立了"坮塬苹果、沿黄红枣、河谷川道棚栽、沟道养殖"的生态产业布局，确保有劳动力、有发展条件和发展意愿的贫困户至少有 1 个稳定增收产业。同时，积极培育红色旅游、文化旅游、生态旅游、乡村旅游等旅游扶贫新热点，有效提升了贫困地区的自我发展能力。

（五）推进绿色扶贫："生态扶贫"绿山富民

延安按照党中央提出的生态文明建设方案，首创生态扶贫。在新一轮退耕还林的过程中，实施生态公益岗位就业脱贫、公益林生态效益补偿增收、退耕还林补助增收、林业产业发展致富、林业工程劳务创收及森林旅游服务增收、林业实用技术技能培训"六项措施"，多渠道增加了贫困户收入，取得了生态修复、生态效益和经济效益"三赢"的效果。延安成功走出了一条"绿水青山就是金山银山"的绿色发展之路，为世界提供了一个修复生态、绿色减贫的典型样本。

（六）推进社会扶贫：多方协作凝聚群体力量

在脱贫攻坚过程中，延安充分优化整合社会帮扶力量。在中央单位定点扶贫上，国家核电技术有限公司①、中国盐业总公司、中国证监会，分别与延安的延川县、宜川县、延长县3个国家级贫困县建立结对帮扶关系，开展定点帮扶工作。在东西部扶贫协作上，无锡的江阴市与延川县结对，宜兴市与延长县结对，新吴区与宜川县结对，有效开展携手奔小康行动。同时，延安建立起了"3+X"帮扶体系。其中的"3"是指着力推进国企合力团②、百校帮百县、优质医疗资源下沉三大帮扶活动的开展，破解脱贫攻坚重点难题。"X"是指凝聚其他社会帮扶力量参与，为脱贫工作提供有力支撑。

（七）推进精神扶贫："志智双扶"拔掉穷根

延安市对于贫困群众中存在的"等、靠、要"等消极懒惰思想，通过弘扬延安精神、推动教育扶贫、抓好党建工作，激发贫困群众的内生动力，提高自我发展能力。鼓励贫困群众依靠勤劳致富，实现美好幸福生活。

---

① 国家核电技术有限公司与中国电力投资集团公司在2015年6月合并组建为国家电力投资集团有限公司。

② 按照企业主体、市场主导、助力产业脱贫的思路，陕西省国资委有效整合国企资源，充分发挥国企优势，动员55户驻陕央企、44户省属企业，依据规模和行业，通过合理搭配、优势互补，组建了9个助力脱贫攻坚国企合力团，对接9个地级市，以"打包捆绑"形式注入资金、布局项目，组建企业、培育产业。

四、延安市区县脱贫各有妙招

延安下辖 1 市 2 区 10 县，在脱贫攻坚的过程中，确立了"一县一图、一乡一图、一路一图"①的工作思路。各市区县大力推进精准扶贫，因地制宜，形成扶贫特色，破解发展难题。

（一）安塞区"三变"破解资金难题

安塞区因受自然条件的限制，经济基础薄弱，农村人口多，脱贫难度大。为融合扶贫资金，安塞区推行了以"资源变资产、资金变股金、农民变股民"为主要内容的"三变"改革，打造了南沟、魏塔、西营等一批"三变"改革示范村，激活沉睡资源，增强发展动能。2018 年安塞区整体脱贫，截至 2019 年底，7015 户 20051 人摆脱贫困，贫困发生率下降到 0.67%。安塞区走出了一条极具特色的扶贫道路。

（二）宝塔、志丹推进精准脱贫攻坚

宝塔区针对人口密集、人口老龄化趋势日趋严峻的问题，创造性地推行"一岗两助"惠民工程。通过政府购买公益性岗位，选择有意向的城市零就业和困难家庭的劳动力，对社区的孤寡老人、无人照顾

---

① "一县一图、一乡一图、一路一图"：延安将每个县区未通畅行政村需建项目在地图上进行标注，制定了"作战图"，挂图作战，明确了责任单位、责任部门、责任人和完成时间。

的残疾人等困难群体，进行居家养老服务帮扶活动。这一措施既解决了困难群众生活无人照料的问题，也解决了困难群体的就业问题。2018年宝塔区整体脱贫；截至2019年底，累计减贫6595户、10569人，贫困发生率从2014年的4.91%下降到2019年底的0.27%。

志丹县是典型的黄土高原丘陵沟壑区，由于自然条件十分艰苦，导致近年来劳动力人口外流较多，严重制约了当地经济的发展。志丹县统筹脱贫资源，通过发展资本要素、技术要素、人才要素等，落实产业、人才、文化、生态、组织五大振兴行动方案，有效助力社会各界人士返乡创业，辐射带动贫困村、贫困人口脱贫。2018年，志丹县整体脱贫；2019年，贫困发生率降至0.20%。

（三）洛川、延川解决农村产业落后

洛川县是著名的"中国苹果之乡"。然而，由于农户分散生产、不懂管理、技术落后，导致苹果产业在发展过程中面临着单位面积产量低、组织化程度低、精深加工能力不足及销售渠道不畅等难题。在脱贫攻坚工作中，洛川依靠标准化生产、专业化生产、加强产业"后整理"、打造电商销售平台等措施，全面实现苹果种植良种化、技术标准化、果品绿色有机化、经营产业化、品牌国际化。打造出了"苹果大产业，农民大脱贫"的产业扶贫模式，有效带动了贫困群众的脱贫致富。

延川县是著名的"中国红枣之乡"，红枣栽培历史长达4000多年。然而，多年以来延川红枣由于缺乏资金、技术和销路，未能形成完整的延川红枣产业链。近年来，延川县通过驻村工作队和县红枣办摸底子、结对子的方式，合理规划红枣产业发展，积极开展"红枣+"扶贫模式，通过"红枣+资金""红枣+技术""红枣+销路"模式，让枣农走上了脱贫之路。2019 年，延川县成功脱贫摘帽，贫困发生率降至 0.78%。

（四）吴起、黄龙保护西部山区生态

地处毛乌素沙漠南缘的吴起县是延安贫困县。这里曾经漫山放牧，生态环境极其恶劣，群众大多广种薄收，贫困发生率高达 8.69%。2015 年，吴起县将脱贫攻坚与绿色生态相结合，在陕西省率先推出林业项目倾斜、劳务造林优先、生态补偿帮助、护林管护扶持、创新服务机制 5 项生态扶贫举措，走出了一条百姓富与环境美互促双赢的生态惠民新路子。2018 年，吴起县整体脱贫；2019 年贫困发生率降至 0.41%。

黄龙县属于黄土高原丘陵沟壑区，经济社会发展缓慢。为解决贫困问题，自 2015 年以来，黄龙按照"生态立县、旅游带动、统筹城乡、全面小康"的战略部署。通过大力推进生态旅游集群化、积极鼓励农业产业生态化、统筹推动一二三产业融合化，大力发展生态产业，积极促进生态旅游。2015 年黄龙县在延安所属区县中实现率先脱贫的同时，还通过壮大生态产业不断巩固脱贫成效。

（五）富县、黄陵探索脱贫致富新路

延安富县为解决贫困问题，按照"企业带动、规模经营"的产业发展思路，以"保险＋期货＋扶贫"的新思维、"53421"模式培育的新技术、"协会＋合作社＋蜂农"的新方法，破解传统产业的发展瓶颈。不断把优势产业做强，把特色产业做优，从而带动全县贫困群众实现脱贫致富。2018 年，富县整体脱贫；2019 年，贫困发生率降至 0.93%。

黄陵县由于地理环境的限制，传统产业发展滞后，为破解脱贫难题，黄陵县以"旅游 +N"模式，积极探索"旅游 + 创新""旅游 + 文化""旅游 + 农业"的旅游产业发展新模式，有效促进经济社会全面发展。

（六）甘泉、延长社会扶贫攻坚实践

甘泉县是延安市贫困面较大、产业较薄弱的县区之一。为了建立长期稳定的产业基础，甘泉县按照"调粮、增菜、扩果、兴畜"的产业发展思路，制定了《农业产业建设暨脱贫攻坚扶持办法》，通过"保底 + 分红"、"四免一补"服务、"公司 + 贫困户 + 电商"等方式，带动蔬菜、苹果、养殖等特色农业的发展，实现贫困户的脱贫致富。2018 年，甘泉县整体脱贫；2019 年，贫困发生率降至0.63%。

缺乏长效产业是造成延长县贫困的主要原因。针对这一情况，延长县持续抓好产业培育这个根本，注重加强与企业的合作，开展"万企帮万村"[①] 社会帮扶行动，联合蓝耳朵养殖专业合作社、西安市延长商会等 50 多家民营企业进行帮扶。共帮扶 83 个贫困村，1229 户5380 口人，落实投入资金 747 万元，为全县打赢脱贫攻坚战发挥了积极作用，成为延长县扶贫的一大亮点。

---

① "万企帮万村"是由全国工商联、国务院扶贫办、中国光彩会 2015 年共同发起的一项精准扶贫行动。以民营企业为帮扶方，以建档立卡的贫困村、贫困户为帮扶对象，以签约结对、村企共建为主要形式，力争用 3 年到 5 年时间，动员全国 1 万家以上民营企业参与，帮助 1 万个以上贫困村加快脱贫进程，为促进非公有制经济健康发展、打好扶贫攻坚战、全面建成小康社会贡献力量。

（七）宜川、子长自力更生扶贫攻坚

精准扶贫过程中，针对部分贫困群众"懒、散、愚、等、靠、要"等精神贫乏的突出问题。宜川县把发挥群众主体作用作为脱贫致富的关键之钥。通过教育扶贫、党建扶贫、爱心超市激励等举措，帮助贫困群众树立摆脱困境的斗志。有效破解了部分群众"习惯穷""争当穷""无奈穷"等思想顽疾，使得贫困群众想干、敢干、能干、会干，依靠自身努力摆脱贫困。

延安子长市虽然土地、矿产资源丰富，但因无资金、欠开发，脱贫困难重重。近年来，子长在脱贫攻坚工作中立足于实际情况，重视精神扶贫牵引作用。通过志智同扶、移风易俗、"合作社＋贫困户"模式、"党支部＋贫困户"模式、"能人大户＋贫困户"模式等扶贫方式，建立起一套完整的帮扶脱贫模式，为全市人民铺设了一条幸福之路。2018年，子长市整体脱贫；2019年，贫困发生率降至0.71%。

五、延安脱贫是中国减贫与发展的缩影

延安将中国特色扶贫开发道路成功付诸实践，在中华大地上演绎出了奋力向上的脱贫攻坚伟大奇迹。延安的脱贫是中国减贫事业取得历史性成就的一个缩影，是中国精准脱贫的一个缩影，是中国绿色脱贫的一个缩影，也是中国革命老区可持续脱贫的一个缩影。延安有辉煌的过去，更有无限美好的未来。在这里，黄河黄土地孕育了中华文明；在这里，中国革命由胜利走向辉煌；在这里，山川大地由黄变绿；

在这里，人民告别贫困走向幸福。在未来乡村振兴的道路上，一个红色延安、人文延安、生态延安、魅力延安正在以美丽迷人的形象走向世界。

（本文摘自《中国脱贫攻坚调研报告——延安篇（中英文）》，中国社会科学出版社 2020 年版）

中国脱贫攻坚调研报告——湘西篇

李新烽　　刘琪洲　　等①

2013 年 11 月，中共中央总书记习近平赴湘西考察，并在当地十八洞村首次提出了精准扶贫的理念。从此，作为精准扶贫的原点和发源地，湘西的扶贫工作步入"快车道"，脱贫攻坚进入了新阶段。

十八洞村和湘西所积累和形成的经验和做法，是可以复制并且值得推广的，湖南省和全国其他贫困村落和地方都可以从中借鉴、吸取和学习。同时，这些具有湘西特色和中国特色的扶贫减贫经验，可以为非洲国家以及其他发展中国家和地区的减贫事业提供参考和借鉴。

一、精准扶贫的提出

湘西是习近平精准扶贫理念的首倡地。总书记在湘西花垣县十八洞村考察时，作出了"实事求是、因地制宜、分类指导、精准扶贫"

---

① 李新烽，中国非洲研究院常务副院长，中国社会科学院西亚非洲研究所所长、研究员；刘琪洲，湘西州团结报社记者；王南，中国非洲研究院特约研究员、《人民日报》国际时政版前主编。

的重要指示，殷切嘱托贫困地区要从实际出发，把种什么、养什么、从哪里增收想明白，帮助乡亲们寻找脱贫致富的好路子。

所谓精准扶贫，是粗放扶贫的对称，是指针对不同贫困区域环境、不同贫困农户状况，运用科学有效程序对扶贫对象实施精确识别、精确帮扶、精确管理的治贫方式。一般来说，精准扶贫主要是就贫困居民而言的，谁贫困就扶持谁。精准扶贫所注重的6个精准要求包括：扶持对象精准、项目安排精准、资金使用精准、措施到户精准、因村派人精准、脱贫成效精准。

精准扶贫理念的提出，以及它在包括湘西在内的中国各地的实施和贯彻，是中国共产党治国理政方针和实践的有机构成，也是中国共产党团结带领中国人民摆脱贫困、奔向富强的又一标志和象征。它既是中国共产党扶贫理念和实践的提高和升华，又是中国共产党全心全意为人民服务宗旨在扶贫领域新的体现和诠释。

习近平是在湘西首次提出精准扶贫的理念，时代将这一历史性机遇给了湘西。湘西既是精准扶贫的首倡之地，也是湖南省和中国脱贫攻坚的重要战场。当时，湘西的贫困人口还有75.47万人，随着精准扶贫的提出，该地区进入了减贫人口最多、农村面貌变化最大、群众增收最快的时期。

二、湘西精准扶贫的举措

（一）发挥党组织的领导作用

遵照习近平"加强党对脱贫攻坚工作的全面领导，建立各负其责、各司其职的责任体系"以及"尽锐出战"的指示要求，湘西州县两级均成立由党委书记任组长的精准脱贫攻坚工作领导小组，连续 6 年出台关于精准扶贫、精准脱贫工作的州委 1 号文件，建立起比较完善的脱贫攻坚目标、责任、政策、投入、考核和监督体系，形成了州县乡村 4 级书记带头抓、全州上下齐心干、社会各界同参与的脱贫攻坚大格局。

（二）把握精准扶贫要求

湘西坚持把提高脱贫质量摆在首位，始终做到"四防两严"，即：防庸，力戒思想麻痹、庸碌懈怠；防急，力戒慌急毛躁、盲目蛮干；防散，力戒扶贫工作缺乏整体性、扶贫资金撒胡椒面、扶贫精力不集中等问题；防虚，力戒做虚功，搞"数字脱贫"，使群众"被脱贫"；严格扶贫对象动态管理、项目资金管理；严肃群众纪律、工作纪律和财经纪律，着力加强制度建设，严实工作作风，确保实干实效。

（三）建立精准扶贫有效机制

建立形成扶贫资源整合投入有效机制，推动实现扶贫资金使用、项目实施由"大水漫灌"向"精准滴灌"转变。

推行脱贫帮扶"三个一"机制，全州各级驻村扶贫干部坚持帮扶一月一走访、情况一月一报告、问题一月一清零，全面翔实掌握贫困户各方面情况，及时发现问题、主动解决问题。

建立扶贫工作全覆盖督导考评机制。由州里统一对县市脱贫工作进行评估，采取不发通知、不打招呼、不听汇报、不用陪同接待、直奔基层、直插现场的"四不两直"方式，对全州 115 个乡镇（街道）、1751 个有贫困人口的村（社区）进行全覆盖工作评估，倒逼责任落实、工作落实、政策落实。

（四）利用各方有利资源

湘西抓好东西部扶贫协作、对口扶持、定点扶贫和社会扶贫。加强与济南市对接，编制了《济南市扶贫协作湖南湘西规划（2017—2020 年)》。认真做好省辖长株潭等 6 市对口扶持 6 县、国家部委和中央企业定点扶贫协调服务，积极开展"千企联村"精准脱贫行动，汇聚脱贫攻坚强大合力。

（五）推进精准扶贫十项工程

多年以来，湘西州始终把脱贫攻坚作为头等大事和第一民生工程抓细抓实，既不降低标准，也不吊高胃口，重点推进发展生产、乡村旅游、转移就业、易地搬迁、生态补偿、教育发展、医疗救助、社会保障、基础设施、公共服务精准扶贫脱贫"十项工程"。

（六）确立"两不愁三保障"目标

在"两不愁"方面，湘西把工作着力点放在增加贫困户股金、薪金、租金收入上。重点推行直接帮扶、股份帮扶、托管帮扶、社会帮扶等模式，抓实产业园区、龙头企业、农民合作社、大户能人带动脱贫工作，做好兴产业、置家业、增就业"三业"文章。

在"三保障"方面，湘西把着力点放在兜实民生保障上，加大资金整合，加大财政投入。加快农村幼儿园建设，改善中小学办学条件，落实义务教育免费、学生资助政策和农村教师定向培养计划。加快乡镇卫生院、村卫生室医疗服务能力建设，推进健康扶贫"一站式"结算。加大易地扶贫搬迁，加快农村危房改造。

三、湘西精准扶贫的成就

（一）全州实现脱贫摘帽

自 2014 年以来，湘西精准扶贫推进力度、减贫规模、脱贫质量前所未有，陆续实现了许多既定的减贫目标。当前，湘西州 8 个县市全部实现了脱贫摘帽，区域性整体贫困问题基本得到解决，湘西州"十三五"时期的脱贫攻坚事业取得了伟大胜利。

至 2019 年底，全州累计减贫 55.43 万人，贫困发生率由 31.93%下降到 4.39%，农民收入年均增长 12%以上。减贫重心实现了从救济式到参与式的转变，扶贫方向实现了从广泛到精准的转变。湘西州扶贫事业取得的相关成果主要有以下方面：

1. 脱贫攻坚任务全面完成

实现了区域性整体脱贫的千年目标。湘西州建档立卡未脱贫人口为 6745 户 15668 人，贫困发生率降至 0.65%。其中，吉首市从 25.90%降至 0.26%、花垣县从 28.44%降至 0.55%、保靖县从 31.88%降至 0.54%、永顺县从 31.52%降至 0.66%、泸溪县从 35.69%降至 0.61%、龙山县从 29.73%降至 0.78%、古丈县从 35.65%降至 0.79%、凤凰县从 26.59%降至 0.76%。

2. 经济实力显著增强

农民人均可支配收入大幅度提高。2019 年，湘西州实现地区生产总值 705.71 亿元，年均增长 7.5%，其中第一产业增加值 94.86 亿元；财政总收入 126.81 亿元，其中地方财政收入 64.13 亿元，年均增长速度分别达到 11.9% 和 9.3%；农民人均可支配收入 10046 元，年均增长 9.3%。

3. 农村特色产业规模和实力不断增强

2019 年，以"两茶两果"为代表的农村特色产业规模化、产业化水平进一步提高：共建成万亩特色产业标准园区 24 个，农民专业合作社 5761 个，农产品加工企业 938 家，家庭农场 2490 户。各县都形成了自己的特色优势产业。

4. "三保障"任务完成较好

一是认真落实九年义务教育"两免一补"、中职教育免学费政策和生活补助政策、大学新生一次性资助政策，全州贫困学生义务教育阶段入学率达 100%；二是实施医疗救助帮扶工程，全面落实"三提高、两补贴、一减免、一兜底"，各村都建立了标准化卫生室，加强"先诊疗后付费"一站式结算服务，贫困人口基本医疗保险和大病保险参保率达到 100%，建档立卡贫困户、农村低保户、大病及特殊慢性病患者"四类人群"住院医疗费用报销比例达 85% 以上；三是强化危房改造、实施易地搬迁脱贫工程，2014—2019 年完成危房改造 100902 户，完成易地扶贫搬迁 19813 户；四是巩固提升饮水安全，农村饮水安全问题得到有效解决；五是织密兜底保障网，实现应保尽保、应兜尽兜，全州建档立卡兜底保障 50123 户 124183 人，占全部建档立卡贫困人口总数的 18.88%，实现了农村居民最低生活保障标准与困难群众扶贫标准"两线合一"。

5. 农村基础设施显著改善

围绕贫困村的"五通五有"需求，湘西州加大农村基础设施投资建设力度，实现了乡乡通水泥路、村村通公路、乡乡通宽带、村村通移动通信，乡乡有公立幼儿园，村村有农家书屋、党群服务中心，农村电网改造率达 99.35%，所有村民小组均实现安全用电。全州公共服务能力也因此不断增强。

6. 精准脱贫"十大工程"全力推进

脱贫工程为贫困村实施乡村振兴战略奠定了坚实的基础。从产业扶贫来看，到 2019 年，1110 个贫困村累计成立了 1974 个合作社，加入专业合作社的贫困户占比达到 85.6%；从乡村旅游脱贫情况来看，2015—2019 年累计有 139 个村发展了乡村旅游，乡村旅游经营户达 1968 户，农家乐经营户有 540 户，从业人员 3173 人；从就业扶贫来看，建档立卡户中有 234833 人实现了各种形式的就业，占全部建档立卡人口的 35.7%，其中公益岗位安置就业 13333 人。贫困村的产业发展有了良好的基础，出列村村均集体经济收入 2019 年为 5.47 万元。

（二）十八洞村变化巨大

十八洞村是精准扶贫的首倡地，该村地处湘西州花垣县排碧乡西南部，紧临吉茶高速、209 和 319 国道，距县城 34 公里，全村有 4 个自然寨、6 个村民小组、225 户 939 人，属纯苗族聚居区。由于深处湘西大山之中，山高路远，人多地少，生存条件极为恶劣。2013 年，十八洞村人均纯收入仅为 1668 元。村里有句俗语："三沟两岔山旮旯儿，红薯土豆玉米粑，要想吃餐大米饭，除非生病有娃娃。"这便是该村贫困面貌的真实写照。

在精准扶贫方针指引下，2019 年该村人均年纯收入由 2013 年的 1668 元增加到 14668 元。在精准扶贫举措帮扶下，十八洞村已由一个自给自足的小农经济村，变为如今拥有旅游、劳务、猕猴桃、山泉水、苗绣五大支柱产业的小康村。十八洞村迅速摘掉了贫穷的帽子，发生翻天覆地的变化，引起社会各界广泛关注，成为湘西乃至全国众多贫困地区脱贫攻坚的榜样模范，实现了以脱贫样本到脱贫读本的转变。

四、湘西精准扶贫的经验和启示

2013 年，习近平在湘西提出"精准扶贫"，从此，一场具有划时代意义的精准扶贫和脱贫攻坚战在全国打响。这也表明，习近平和党中央以非凡的意志和智慧，带领着全国各族人民，展开了中国反贫困斗争伟大决战的新时代画卷，并为世界减贫贡献了中国智慧、提供了中国方案。

（一）湘西精准扶贫的经验

湘西州脱贫攻坚取得的成就，是贯彻和践行习近平新时代中国特色社会主义思想、攻克贫困堡垒取得决定性胜利的一个生动和鲜活的缩影，得益于把贯彻习近平关于精准扶贫重要指示体现在责任落实、政策落实、工作落实之中，归纳起来，湘西州精准扶贫的主要经验至少有以下几点：

一是始终牢记总书记的殷切嘱托，提高政治站位。以政治忠诚引领脱贫攻坚深入推进，注重学深悟透习近平关于精准扶贫等扶贫工作理念，及时纠正思想和行为偏差，有力保证了脱贫攻坚责任落实、政策落实、工作落实，全州减贫人口之多、群众增收之快、脱贫基础之实、农村面貌变化之大前所未有，以强有力的工作执行力彰显了政治担当。

二是始终强化党委领导，压实4级责任。湘西连续7年出台精准扶贫工作的州委1号文件，不断完善脱贫攻坚目标、责任、政策、投入、考核和监督体系，做到帮扶精准、增收稳定、保障到位、脱贫真实、群众满意。推行"州级领导联县包乡、县级领导联乡包村""州县市单位包村、党员干部结对帮户"等制度，促使领导精力更集中、乡镇责任更明确、部门作为更积极、驻村队员更尽职、村组干部更细心、群众脱贫更主动。

三是始终坚持分类指导，实施"十项工程"。着力推进发展生产脱贫、乡村旅游脱贫、转移就业、易地搬迁脱贫、教育发展脱贫、医疗救助帮扶、生态补偿脱贫、社会保障兜底、基础设施配套和公共服务保障等精准扶贫脱贫"十项工程"，下足绣花功夫开展脱贫攻坚问题以户清零、以村清零、以事清零"三大清零"行动，逐个攻克深度贫困堡垒，贫困群众"两不愁"质量水平明显提升，"三保障"突出问题总体解决。

四是始终突出精准发力，促进"五个结合"。着力提升治贫能力和成效，扭转了过去贫困人口徘徊在65万左右减不下的困境。在扶贫动态管理上注重公开透明与群众认可相结合，做到应进则进、应出则出；在内生动力激发上注重典型引路与正向激励相结合，真正让贫困群众想脱贫、敢脱贫、能脱贫；在发展扶贫产业上注重统筹布局与因地制宜相结合，扎实做好兴产业、增就业、置家业"三业"增收文章，发展小养殖、小庭院、小作坊、小买卖"四小经济"；在基础设施建设上注重留住乡愁与实用美观相结合，真正让农村既有美丽又有乡味；在攻坚力量统筹上注重发挥基层党组织堡垒作用与党员干部先锋作用相结合，大力推行"党建引领、互助五兴"基层治理模式，不断增强农村基层党组织的战斗力。

五是始终注重脱贫质量，做到"四防两严"。着力防庸、防急、防散、防虚，严格扶贫对象动态管理、项目资金管理，严肃群众纪律、工作纪律和财经纪律，确保实干实效。建立扶贫资源整合投入有效机制，确保所有产业发展、公共服务和基础设施等扶贫项目精准落实到村。建立风险防范机制，注重防范产业扶贫失败、易地扶贫搬迁稳不住、已脱贫人口返贫、扶贫项目工程质量安全和资金使用、信访问题带来不稳定"五个风险"，竭尽全力把短板补得再扎实一些，把基础打得再牢靠一些，确保"脱真贫、真脱贫"。

（二）湘西精准扶贫的启示

同样，湘西脱贫攻坚取得的举世瞩目的成就，特别是在精准扶贫方面的实践和经验等，对于湖南省和全国，乃至世界其他国家和地区，尤其是那些现在仍然较为贫困，或是处于较低发展水平的国家和地区，也都具有某种启示。它们极具中国特色，是中国为世界减贫事业贡献中国智慧、提供中国方案的体现之一。

第一，打赢打好脱贫攻坚战，思想认识是第一位的。习近平提出的关于精准扶贫的理念，是马克思主义反贫困理论的最新成果，是习近平新时代中国特色社会主义思想的重要组成部分，既是方向指南，又是方法指导，是打赢打好脱贫攻坚战的根本遵循。把总书记精准扶贫理念作为攻克贫困堡垒的制胜法宝，坚持用心用脑学、深入系统学、融会贯通学，切实树牢"四个意识"、践行"两个维护"，从政治担当上、为民情怀上、工作作风上向总书记看齐。认真领会贯穿其中的坚定执政初心和鲜明人民立场，深入理解贯穿其中的正确认识论和科学方法论，把精准基本方略体现到工作谋划、对象识别、政策落实、项目推进、作风保障等方面，做到不好高骛远、不栽"盆景"、不搭"风景"。注重提高战略思维能力，按照"区域发展带动脱贫攻坚，脱贫攻坚促进区域发展"基本思路，把脱贫攻坚放在区域发展大格局中推进，通过"产业四区""四宜城镇""美丽湘西"和重点经济区带动脱贫攻坚，为推动高质量发展和更高层次跨越打好了基础。

第二，提升精准扶贫脱贫的质量水平，需要围绕精准精细发力。湘西州坚持精准扶贫、精准脱贫基本方略，把推进精准扶贫脱贫"十项工程"作为重要抓手，着力在贫困户增收上下功夫，做好兴产业、置家业、增就业"三业"文章，发展小养殖、小庭院、小作坊、小买卖"四小经济"，搞好劳务培训、对口输出，增加贫困户股金、薪金、租金收入，抓实社会保障兜底工作，织牢社保兜底网，确保脱贫攻坚不留"锅底"，确保扶贫扶到"点子上""根子上"、扶到老百姓的心坎上。坚持不懈抓重点、补短板、强弱项，结合乡村振兴战略，有什么问题就解决什么问题、什么问题突出就重点解决什么问题，加快补齐公共服务、基础设施等短板，统筹好"后三年"和"三年后"的工作，推进脱贫攻坚和脱贫巩固"两手抓""两手硬"。坚持实事求是、把准节奏，既不降低标准、影响质量，也不放慢进度、影响脱贫，确保脱贫攻坚工作务实、过程扎实、结果真实。

第三，集中优势啃下硬骨头，汇聚精准扶贫脱贫的内力合力。扶贫开发是全党全社会的共同责任，要动员和凝聚全社会力量广泛参与。湘西坚持以脱贫攻坚统揽经济社会发展全局，建立健全脱贫攻坚政策体系、责任体系、制度体系、工作体系和社会动员体系，形成所有工作向脱贫攻坚聚焦、所有资源向脱贫攻坚聚集、所有力量向脱贫攻坚聚合的格局。坚持扶贫必扶志、扶智，做好贫困群众的宣传、教育、培训、组织等工作，防止政策养懒汉、助长不劳而获和"等、靠、要"等不良习气，深入推进抓党建促脱贫攻坚，全面强化农村基层党组织领导核心地位，打造一支永远带不走的"工作队"。积极用好山东省济南市扶贫协作、省辖 6 市和国家部委、中央企业结对帮扶政策，加强在产业合作、劳务协作、人才支援、资金支持、社会参与等方面的对接，动员方方面面力量广泛参与扶贫事业，不断壮大扶贫力量。

第四，持续推进作风大转变，确保精准扶贫脱贫的最大实效。打赢打好脱贫攻坚战，必须打赢打好作风攻坚战。按照习总书记"阳光扶贫、廉洁扶贫"的指示，湘西州把作风建设贯穿脱贫攻坚全过程，大力发扬调查研究、连续作战的优良作风，把工作重心沉到村、沉到户、沉到人，始终同贫困群众想在一起、干在一起，提升做好群众工作的本领。优化简化考评办法，精简会议文件和填表报数，减轻基层工作负担，让基层党员干部把更多精力和时间放在办实事、解难题上，既集中力量解决好扶贫领域责任落实不到位、措施不精准、资金使用不规范、工作作风不扎实等问题，又坚持严管厚爱结合、激励约束并重，让有为者有位、吃苦者吃香，提振干部和各类扶贫工作人员的精气神。着力解决形式主义、官僚主义和不担当不作为等作风问题，坚决查处扶贫领域弄虚作假、贪污挪用、"雁过拔毛"等腐败行为，以作风攻坚促进脱贫攻坚。

（本文摘自《中国脱贫攻坚调研报告——湘西篇（中英文）》，中国社会科学出版社 2020 年版）

丛书策划：蒋茂凝　辛广伟
责任编辑：刘海静
封面设计：姚　菲
版式设计：周方亚
责任校对：张红霞

图书在版编目（CIP）数据

新时代脱贫攻坚前沿问题研究 / 黄承伟，燕连福 主编 . — 北京：人民出版社，
　2021.1
ISBN 978－7－01－022735－1

I.①新… II.①黄…②燕… III.①扶贫－研究－中国 IV.① F126

中国版本图书馆 CIP 数据核字（2020）第 241912 号

新时代脱贫攻坚前沿问题研究

XINSHIDAI TUOPIN GONGJIAN QIANYAN WENTI YANJIU

黄承伟　燕连福　主编

人民出版社 出版发行
（100706　北京市东城区隆福寺街 99 号）

中煤（北京）印务有限公司印刷　新华书店经销

2021 年 1 月第 1 版　2021 年 1 月北京第 1 次印刷
开本：710 毫米 × 1000 毫米 1/16　印张：22.75
字数：295 千字

ISBN 978－7－01－022735－1　定价：85.00 元

邮购地址 100706　北京市东城区隆福寺街 99 号
人民东方图书销售中心　电话（010）65250042　65289539